城市轨道交通咨询及监理工作指南丛书

丛书策划：王洪东　谢小兵
丛书主编：米晋生　黄威然
丛书主审：竺维彬　钟长平

U0730042

城市轨道交通机电设备监造手册

主　编：滕君祥　王　颖　吴海冰
副主编：杨金霞　黄惠群　贾龙华
主　审：邹　东　简　锋

URBAN RAIL TRANSIT

中国建筑工业出版社

图书在版编目（CIP）数据

城市轨道交通机电设备监造手册/滕君祥，王颖，吴海冰主编. —北京：中国建筑工业出版社，2019.9
（城市轨道交通咨询及监理工作指南丛书）
ISBN 978-7-112-23989-4

Ⅰ.①城…　Ⅱ.①滕…②王…③吴…　Ⅲ.①城市铁路-轨道交通-机电设备-手册　Ⅳ.①U239.5-62

中国版本图书馆 CIP 数据核字（2019）第 149244 号

责任编辑：戚琳琳　刘颖超
责任设计：李志立
责任校对：焦　乐

城市轨道交通咨询及监理工作指南丛书
丛书策划：王洪东　谢小兵
丛书主编：米晋生　黄威然
丛书主审：竺维彬　钟长平

城市轨道交通机电设备监造手册
主　编：滕君祥　王　颖　吴海冰
副主编：杨金霞　黄惠群　贾龙华
主　审：邹　东　简　锋

*

中国建筑工业出版社出版、发行（北京海淀三里河路 9 号）
各地新华书店、建筑书店经销
北京科地亚盟排版公司制版
北京中科印刷有限公司印刷

*

开本：850×1168 毫米　1/16　印张：14½　字数：405 千字
2020 年 1 月第一版　　2020 年 1 月第一次印刷
定价：**59.00** 元
ISBN 978-7-112-23989-4
（34292）

城市轨道交通机电设备监造手册

编 委 会

丛 书 策 划：王洪东　谢小兵

丛 书 主 编：米晋生　黄威然

丛 书 主 审：竺维彬　钟长平

本 书 主 编：滕君祥　王　颖　吴海冰

本书副主编：杨金霞　黄惠群　贾龙华

本 书 主 审：邹　东　简　锋

编　　　委：（排名不分先后）

主 编 单 位：广州轨道交通建设监理有限公司

广州地铁集团有限公司

序

目前，随着我国粤港澳大湾区战略持续深化，城市化水平的不断提高，城市公共交通体系逐渐向多层次、立体化方向发展。广州作为中国第四个拥有地铁的城市，自2013年到2018年，广州地铁线网里程从260公里扩展为478公里，日均客运量从563万人次增长到829万人次，客运强度居全国前列。

城市轨道交通系统因具有运力大、污染小、效率高、占地低等优点已成为大型城市绿色公共交通体系的主要组成部分，其特有的优势在于它既能缓解城市交通压力同时又节能环保，既能满足低碳经济目标同时又有较高的安全性，因此，一直受到各大城市交通规划的青睐。以广州为例，根据广州市城市轨道交通近期建设规划和广州市城市轨道交通第三期建设规划，广州地铁集团有限公司启动了多条城市轨道交通的建设。

机电工程是城市轨道建设中关键的一环，机电工程设备种类繁多，不仅包括电扶梯、屏蔽门、配电设备、冷水机组、冷却塔、空调机组等大型设备，还包括FAS、BAS、AFC、信号、公安通信、民用通信、综合监控等专业系统设备，其设计、制造、安装质量直接影响乘客的安全和使用体验。为了保障机电工程中设备生产、现场施工符合质量、安全等要求，设备监造工作显得日益重要。

城市轨道交通设备监造的范围涵盖了设备采购招标、合同谈判、设计联络、内外部接口协调、接口测试、生产监造（含样机生产、样机试验、出厂测试及试验等）、供货管理、安装调试管理、试运行、验收、质保管理等全过程。虽然广州地铁集团及我公司拥有丰富的设备监造管理经验，然而设备监造业务涉及面之广、管理设备数量之大，这对设备监造从业人员的职业素养、业务能力提出了较高的要求，需要满足设备监造全过程高效率管理、规范化管理、完整性管理的要求。

诚然，广州地铁的设备监造工作并非在全国范围内最先开展，但经过多年耕耘，设备监造工作在广州地铁建设过程中已产生积极贡献，"BIM＋物联网"、"云计算"等先进管理模式亦促进着设备监造的发展，为优化地铁建设取得了显著的经济和社会效益。本书作者结合广州轨道交通多条线路的设备监造积累的经验，归纳总结出各专业的工作流程以及技术要点，涵盖内容丰富、图文并茂、数据翔实，具有重要的实践参考价值和工程指导意义。本书旨在将广州地铁人在设备监造实践中的智慧汇聚成结晶，为日后地铁机电工程的发展提供参照依据，更值得在全国范围内积极推广，共建中国轨道大时代。

前　　言

　　近年来，随着国内城市轨道交通项目大规模大范围的建设，机电设备监造扮演的角色愈显重要。设备监造作为工程咨询体系的一个分支，在我国轨道交通领域已经逐步推开，目的是为了保证轨道交通机电工程高质量顺利实施，推动和促进轨道交通行业高质量发展。

　　机电设备是地铁建设中的重要部分，占工程造价总额 30％ 以上，并且系统及设备种类繁多，包括通风空调系统、低压配电系统、给排水及消防系统、火灾自动报警系统、环境与设备监控系统、门禁系统、自动灭火系统、屏蔽门系统、防淹门、电扶梯、广告灯箱及导向牌、地面建筑、综合监控等系统。

　　经过多年的发展，设备监造已对轨道交通建设产生十分积极的作用，被人们广泛重视。笔者以广州地铁为背景，对设备监造的工作内容、操作流程、重点难点、质量控制汇集总结，供同行参考。

　　质量是工程的生命，亦是工程项目建设的核心，笔者仅浅谈了设备监造部分内容，尚不能概括全部，目的在于把握重点，推动全局，切实把工程设备质量控制到位，向业主提交一份满意的答卷。

目　　录

第1章 机电设备监造概述

1.1 背景

随着我国经济持续增长和城市化进程的大力发展以及中国城镇化率不断提高，交通出行压力变大。城市公共交通建设主要解决的问题是提高出行效率，公共交通的运力持续增长，而城市轨道交通在公共交通运输方式中效率最高，是解决城市出行问题的最佳方式。因此，地铁建设的发展将愈加繁荣，同时地铁工程建设的"规范化、专业化、标准化、精细化"的需求及要求也随之增长和提高。

地铁机电设备是轨道交通建设的重要组成部分，许多设备是具有高精细化、高集成度、技术复杂的特点，为确保设备质量、进度、投资、安全满足工程建设的要求，机电设备需要运用专业的技术人员，标准的规范实施管理。设备监造商作为业主单位委托的机电设备管理单位，在业主单位授权下对设备供货商元器件采购、生产制造实施全过程管理，其主要工作阶段包括设备招标及合同谈判、设计联络、样机生产、生产监造、出厂验收、到货开箱、安装调试、验收移交及设备质保期等阶段。

设备监造商主要依据设备监造合同、设备采购合同、相关决议、行业及国家规范等文件确定监造管理思路、制定监造方案，检测验收设备，进而确保机电设备顺利完成移交。

1.2 机电系统简介

地铁建设工程中，车站系统包括通风空调系统、低压配电系统、给排水及消防系统、火灾自动报警系统、环境与设备监控系统、门禁系统、自动灭火系统、站台门系统、防淹门、电扶梯、广告灯箱及导向牌、综合监控系统等。

1.2.1 通风空调系统

地铁通风空调系统由隧道通风系统、车站公共区通风空调系统（简称车站大系统）、车站设备管理用房通风空调系统（简称车站小系统）和空调水系统组成。

1.2.2 低压配电系统

低压配电系统主要为地铁全线的所有用电设备（不包括车辆）提供低压电源并负责动力与照明设备的控制及保护。该系统包括动力配电及照明配电、动力与照明设备的控制、接地与防雷等几个部分。

1.2.3 给排水及消防系统

给排水及消防系统工程是为车站和区间的生活、生产、消防等提供满足水质、水量、水压等要求的可靠水源；并排出车站和区间内的生活、生产、消防、渗漏、雨水等的污、废水。

1.2.4　综合监控系统

为了实现地铁信息互通、资源共享，提升自动化水平，提高地铁的安全性、可靠性和响应性，设置综合监控系统（以下简称"ISCS"）。综合监控系统集成了火灾自动报警系统（以下简称"FAS"）、环境与机电设备监控系统（以下简称"BAS"）、变电所自动化系统（以下简称"SCADA"）、屏蔽门（以下简称"PSD"）、防淹门（以下简称"FG"）等子系统，同时与广播系统（以下简称"PA"）、闭路电视监控系统（以下简称"CCTV"）、车载信息传输系统（以下简称"TIS"）、乘客信息显示系统（以下简称"PIDS"）、自动售检票系统（以下简称"AFC"）、信号系统（以下简称"SIG"）、时钟系统（以下简称"CLK"）等互联。

1.2.5　环境与设备监控系统

为给地铁乘客创造安全可靠和舒适的乘车环境，车站、区间隧道内设有各种正常运营保障设施和事故紧急防救灾设施。为确保以上系统的安全可靠运行，特别是在地下车站发生火灾的情况下，使有关救灾设施按照设计的工况运行，保障人身安全，设置车站环境与设备监控系统（即 BAS 系统）。环境与设备监控系统可以对全线通风空调系统设备、给排水设备、自动扶梯、车站公共区照明、广告照明、车站事故照明等车站设备进行自动化管理。

1.2.6　火灾自动报警系统

火灾自动报警系统（即 FAS 系统）主要设置在地铁车站、车辆段和与地铁运营有关的建筑内，实现火灾探测及报警功能，通过接收火灾探测器、手动报警按钮、感温电缆等现场设备的报警信号，发出声响报警。另外 FAS 系统负责监视防火阀、防火卷帘、消火栓泵的动作状态，在确认火灾后，系统控制防火卷帘下降、控制消火栓泵启动，同时将火灾确认信号传给环境与设备监控系统，由后者直接启动防排烟设备及其他救灾设备，或者在消防控制室内的消防联动控制盘手动启动救灾模式和设备进行救灾。

1.2.7　自动灭火系统

自动灭火系统设置在车站、车辆段及综合基地、控制中心、主变电所、集中冷站等忌水和贵重设备房。火灾时，启动自动灭火系统设备能及时有效地扑灭地铁内重要电子设备房内部的各类火灾，灭火介质低（无）毒、环保、不危及人员及设备安全。

1.2.8　门禁系统

门禁系统在车站通道和主要设备管理用房设置，分为中央和车站两个管理级以及现场控制级。门禁系统的门禁卡与地铁员工票合用，作为进入授权区域的门禁卡。门禁系统可识别的门禁卡包括：公交"一卡通"系统发行但由地铁进行二次编码的员工票，以及由地铁独立发行的专用员工票。

1.2.9　自动扶梯及电梯

自动扶梯及电梯专业包括自动扶梯、无机房电梯，设备主要安装在车站内和出入口。自动扶梯安全、可靠，能满足在大客流量的环境条件下长期工作，能快速地疏导乘客。

无机房电梯安装在车站内站厅至站台以及站厅至地面，主要是为了疏导不方便乘坐自动扶梯和走楼梯的乘客。

1.2.10　站台门系统

屏蔽门设置在车站站台，将车站站台与行车隧道区域隔离开，降低车站空调通风系统的运行能耗，同时减少列车运行噪声和活塞风对车站的影响，防止人员跌落轨道产生意外事故，为乘客提供舒适、安全的候车环境，提高地铁的服务水平。

1.2.11　防淹门

在地铁隧道穿越江河时，为防止因突发事件造成隧道破裂后江水涌入地铁站造成事故扩大，在江段两端的地铁站端邻与隧道接口处设置防淹门以便发生事故时能紧急关闭闸门，封闭珠江隧道，保护地铁站内人身和设备的安全。

1.2.12　广告灯箱及导向牌

车站广告灯箱设置在站厅、站台、通道、轨行区，包括6封公共区灯箱、12封公共区灯箱、12封轨行区灯箱及梯牌等类别，主要用于发布广告信息及部分运营信息。车站导向牌系统用于组织正常运营及紧急疏散时的客流方向，在正常运营状态下，导向指示系统用于引导乘客快速进入与离开车站；在紧急疏散状态下，导向指示系统用于引导乘客快速离开车站。导向指示牌有五种形式包括：（1）吊挂式（含门楣），（2）柱立式，（3）悬挑式，（4）贴附式，（5）盲文导向牌。

1.3　工作依据

（1）国家和部门（行业）执行的有关地铁车站设备相关的质量检验评定标准、试验和检验规定及验收规范等；

（2）与车站设备有关的国际国内技术标准等；

（3）车站设备监造采购项目合同文件；

（4）车站设备监造采购项目包含的设备采购合同文件；

（5）经批准的设计文件及业主、设备监造商和供货商达成的有关协议或会议纪要等。

1.4　监造内容

设备监造过程包括设备招示、合同谈判、设计联络、设计图纸审查、样机生产、生产监造、接口控制、设备安装调试、设备验收移交、质保、培训以及设备图纸文件管理，各阶段具体工作范围包括以下内容：

一、合同招标及谈判

    （1）按阶段制定合同谈判工作安排和计划；

    （2）协助业主开展设备及材料采购招标、合同谈判。

二、设备联络及样机生产管理

    （1）负责设备系统及材料设计联络、接口管理、生产下单管理；

    （2）负责样机生产、样板验收管理。

三、设备监造及出厂验收

    （1）负责元器件采购环节管理；

    （2）负责设备（含软件）及材料生产监造；

    （3）负责出厂验收。

四、到货开箱及安装督导

    （1）负责到货管理；

    （2）负责与业主、设计、监理、施工单位及相关接口设备供货商或材料供货商的协调工作；

    （3）负责安装督导的管理。

五、调试、检测及验收移交

    （1）负责单机调试管理；

    （2）负责接口调试管理；

    （3）负责功能验收相关组织及管理；

    （4）负责车站设备系统联调管理；

    （5）负责协调管理消防、智能、节能等第三方检测；

    （6）负责验收管理；

    （7）根据业主工程管理的体系标准，对工程进行全面评估，并提供评估报告；

    （8）负责车站资产移交。

六、后期质保

    （1）负责设备及材料整改问题处理；

    （2）负责设备及材料项目竣工资料、结算资料归档；

    （3）负责编制地铁线网设备监造管理体系标准；

    （4）负责设备及材料合同质保期管理。

七、其他工作

    （1）负责设备及材料合同支付审核；

    （2）负责设备及材料的设计变更、合同变更、保函管理；

    （3）负责供货商考核；

    （4）负责建立、更新项目整体台账（包括但不限于合同变更、保函、资金、到货、调试等内容）；

    （5）负责建立及维护网络存储及网络共享本项目所有资料，并移交业主；

    （6）负责建立并执行换乘站（含改造站和接入站等）的协同管理机制。

第2章 设备招标及合同谈判

2.1 工作内容

（1）设备监造商应协助业主完成设备监造管理范围内设备及材料的招标、合同签订工作。

（2）设备监造商在合同谈判前应统计并提交招标文件与投标文件的各设备材料参数的对比表，设备监造商受业主委托，组织设备供货合同谈判会议、协助业主完成合同谈判工作。审查合同文本，确保设备供货合同文本严谨、周密。确保参加合同谈判的技术和商务人员具有丰富的相关项目经验。

（3）设备监造商督促供货商完成提交满足要求的合同保函的工作，并建立相关设备保函台账。

2.2 管理流程

2.2.1 招标流程

机电设备功能是否完善，技术是否先进，性能是否符合要求，关键环节在于设备采购招标阶段，招标文件的要求将起到关键定性的作用。同时，招标文件将是项目合同签订的依据，关键性的技术要求、接口条件和责任划分都要在招标文件中予以明确。具体流程见图 2-1 招标工作流程。

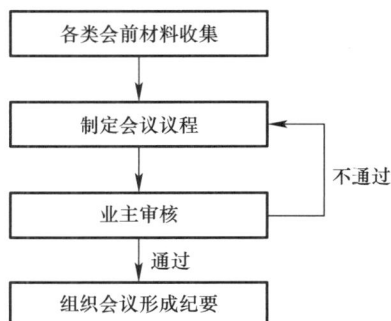

2.2.2 合同谈判流程

设备监造商组织并主持合同谈判，派遣相关项目的有经验的工程师及商务人员参与合同谈判；在合同谈判前应统计并提交招标文件与投标文件的各设备材料参数的对比表；详细审查通风空调供货商合同文本并提交审评意见；拟定合同谈判会议纪要；督促供货商完成提交满足要求的合同保函的工作，并建立相关设备保函台账。具体流程参见图 2-2 合同谈判流程。

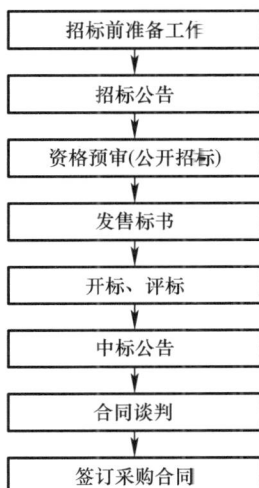

图 2-1 招标工作流程图   图 2-2 合同谈判流程图

2.3　工作方式

（1）按阶段制定合同谈判工作安排和计划，并组织实施。

根据上报业主并审核同意的合同谈判进行工作安排和计划。

（2）审查中标候选人投标文件，并收集统计询标问题提交业主。

① 对比各设备厂家的投标文件与招标文件的出入处，做统计表提交业主。

② 对比各设备厂家的投标文件的设备参数与招标文件的响应情况，做相应表格提交业主。

③ 收集统计各单位询标问题，提交业主。

（3）编制合同谈判会议安排和主要问题，完成设备投标文件的清标工作，编制技术和商务对比表。

① 统计收集合同谈判主要问题，编制合同谈判会议安排，并提交业主审核确认。

② 编制设备投标文件清标工作完成情况统计表及未完成部分的计划。

③ 编制各设备厂家的投标文件与招标文件商务部分对比表，更新技术部分响应情况表，并提交业主。

（4）根据招标要求和投标文件准备合同谈判资料，组织并参加合同谈判准备会议。

整理上述资料，通知相关单位参会。

（5）组织并参加合同谈判会议，协助进行技术和商务的合同谈判，对谈判过程进行记录并形成会议纪要，共同确定并签署会议纪要。

（6）督促中标候选人提供合同谈判会议要求提供的资料，并予以审查。

（7）编制合同文本之合同附件部分，审查合同文件。

（8）组织中标人完成合同文件审查，并对反馈意见进行审查。

（9）根据业主要求协助业主签订合同文件。

2.4　招标中工作管控要点

（1）投标文件与招标文件对比的工作量较大，需预留足够时间，细心完成。

（2）合同审查特别需关注供货厂家是否按照会议要求、业主反馈意见进行修改；需注意合同文本的逻辑性、严密性、规范性，工作量大，需预留足够时间，细心完成。

2.5　招标中工作成果文件

（1）参与各方共同签署的合同谈判会议纪要。

（2）设备采购合同文件。

2.6　设备监造商管理文件编制

设备监造单位将依据设备供货合同，设备设计（制造）图纸、规格书、技术协议，设备制造相关的质量规范和工艺文件以及国家有关法规、规章、技术标准规定编制《设备监造工作大纲》。

设备监造大纲将从质量、进度、投资、信息、安全对设备监造实施全过程管控。

第 3 章　设备监造准备

3.1　设计联络

3.1.1　目的及组织安排

3.1.1.1　目的

设计联络是工程设计和产品设计进行接口的重要环节，需要委托方、设备监造商、设计单位、供货商各方参加。设计联络的目的在于：能够澄清一些设计上含糊不清的技术问题，确保设备厂商在设计联络后能够完成产品设计，立即投入设备生产过程。

3.1.1.2　组织原则

为便于组织和管理，结合设计联络的某些共性，在设计联络分组与车站设备系统的分类相匹配。对于不同设备系统的复杂程度，安排设计联络的次数也不相同：复杂的、技术含量高的一般安排不少于三次；技术含量低的、技术复杂程度小的以及通用的成型的设备设计联络次数可安排两次；设计联络会议地点应是采购方所在地及设备供货厂家所在地相结合，具体次数安排及会议地址安排须与委托方及其他相关方协商确定。

3.1.1.3　设计联络组织管理

设计联络主要以会议形式开展，设备监造商须客观、公正地记录会议内容，根据自身专业素养、工作经验及时提出可行生建议和注意事项，本阶段工作流程如图 3-1 所示。

3.1.2　各系统设计联络内容

各专业设计联络内容如下（不限于且可根据合同要求修改）：

3.1.2.1　通风空调系统

（1）各方互提基础资料，确认系统和设备的功能与技术参数。

（2）供货商编制《安装与验收标准》、《安装质量记录卡》、《测试记录卡》、《测试、调试报告》、《使用维修手册》等供审查确认。

（3）供货商介绍外协、外购单位情况，并提供质量证明和产品执行标准供审查。

（4）供货商介绍详细的培训计划和教材。

（5）确认产品设计方案。

（6）确认设计及制造标准、验收及性能试验标准。

（7）确认风机的全性能曲线、技术数据表，根据要求提供并联风机的性能曲线，八个倍频段的噪声（噪声频谱），进出口声功率数据。

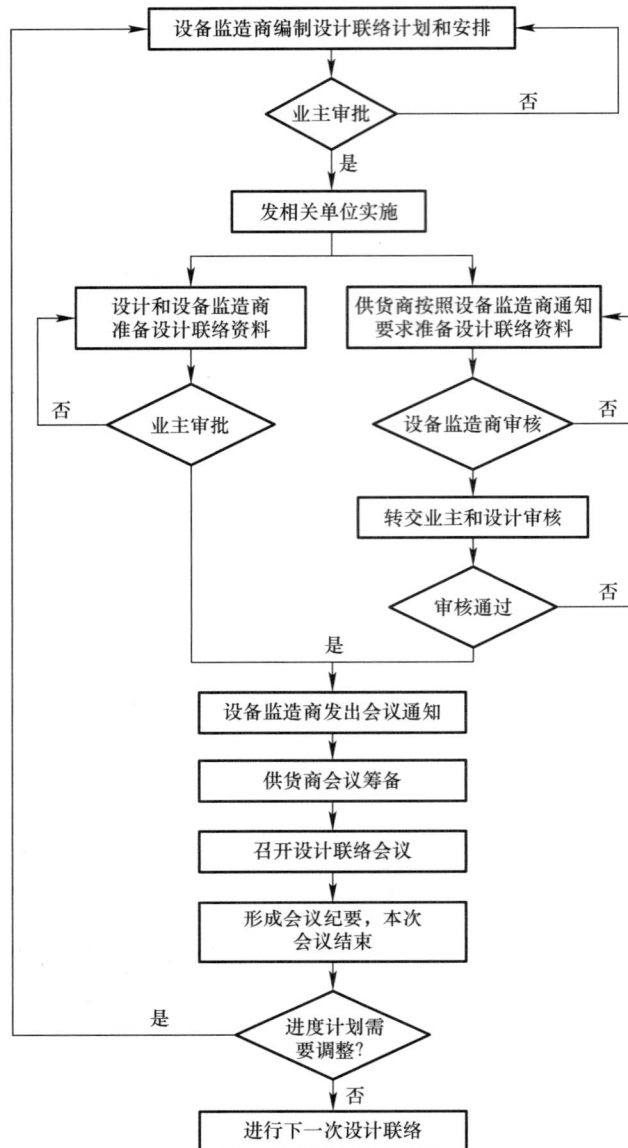

图 3-1 设计联络组织管理流程图

（8）确认结构示意图、设备接线图及根据技术要求提供低压配电接口。

（9）审查有关试验及测试报告：空气动力试验（正转和反转），动平衡试验、噪声试验、振动试验。

（10）审查电机性能参数及有关检测报告。

（11）各相关接口的深化设计和接口条件的确定。

（12）确认合同设备清单、备品备件清单，确定包装、运输、到货及仓储等相关要求。

（13）供货商提供详细的设备安装图由设计单位确认，安装及试验手册、调试手册和维修操作手册供业主单位/设备监造商确认。

（14）供货商提供安装调试、维护等培训教材、调试验收的表格供业主单位/设备监造商确认。

3.1.2.2 低压配电系统

低压配电系统设计会议内容主要包括：

（1）系统说明书。

（2）系统一次方案图。

（3）系统二次原理及接线图。

（4）配电及控制机柜平面布置图。

（5）输入输出卡件及接线端子布置图。

（6）系统进线端子接线图。

（7）系统通信网络结构拓扑图。

（8）接地系统图。

（9）柜内接线图。

（10）机柜/机架详细尺寸图。

（11）土建安装图。

（12）所用协议标准。

（13）通信数据格式及内容。

（14）监控对象表。

（15）事故照明电源装置系统方案。

（16）事故照明电源装置平面布置图。

（17）事故照明电源装置土建安装图。

（18）事故照明电源装置的容量、备用时间、检验与验收细节等。

（19）事故照明电源装置箱体材料、元器件等。

（20）低压配电箱的箱体材料。

（21）元器件和材料清单。

（22）低压配电箱的检验与验收细节。

（23）母线槽的结构、安装方案、检验与验收细节以及绝缘材料和工艺要求。

（24）各相关接口的深化设计和接口条件的确定。

（25）确认合同设备清单、备品备件清单，确定包装、运输、到货及仓储等相关要求。

（26）供货商提供详细的设备安装图，由设计院确认安装及试验手册、调试手册和维修操作手册供业主单位/设备监造商确认。

（27）供货商提供安装调试、维护等培训教材、调试验收的表格供业主单位/设备监造商确认。

3.1.2.3　给排水与消防

1）潜污泵设计联络会议的主要内容

（1）各方互提基础资料，确认系统和设备的功能与技术参数。

（2）供货商完整地介绍产品的技术来源、设计思想，设计是否符合国家相关规范和技术规格书的要求。

（3）供货商介绍详细的培训计划和教材。

（4）供货商介绍外协、外购件单位的情况，并提供质量证明、产品执行标准和特性试验证书供审查。由车站部、设计单位确认供货商提出的出厂测试和出厂检验的测试项目、标准和方法。

（5）业主、设计单位确认设备技术参数，技术文件图纸。

（6）确认与其他专业的接口设计方案、相关接口要求、接口参数等。

（7）确认合同设备清单、备品备件清单，确定包装、运输、到货及仓储等相关要求。

2）自动灭火系统设计联络的主要内容

控制部分

（1）各方互提基础资料，确认系统和设备的功能与技术参数。

（2）各相关接口的深化设计和接口条件的确定。

（3）施工图纸的深化设计。

（4）消防控制盘人机界面的深化设计。

（5）图形软件人机界面的深化设计。

（6）联动柜及各种非标产品的深化设计。

（7）系统功能完善的深化设计。

（8）与 FAS 系统接口确认。

（9）确认合同设备清单、备品备件清单，确定包装、运输、到货及仓储等相关要求。

（10）供货商提供详细的设备安装图由设计院确认，安装及试验手册、调试手册和维修操作手册供业主单位/设备监造商确认。

（11）供货商提供安装调试、维护等培训教材、调试验收的表格供业主单位/设备监造商确认。

管网部分

（1）各方互提基础资料，确认系统和设备的功能与技术参数。

（2）供货商提供技术规格书、防护区及气瓶间建筑参数、控制盘样机等供车站部/设备监造商确认。

（3）各相关接口的深化设计和接口条件的确定。

（4）确认感温探测器和感温电缆的探测温度、感温电缆的技术要求。

（5）确认释放指示灯箱的标志、防护区标志牌的内容及要求。

（6）确认出厂试验的抽样项目及数量、型式试验报告。

（7）确认提供设备监造和各阶段测试的方案计划。

（8）确认控制盘的接线原理图、控制原理图、控制盘平面布置及布线图、端子图和内部信号走向流程。

（9）确认修改后合同设备清单、备品备件清单，确定包装、运输、到货及仓储等相关要求。

（10）供货商提供详细的设备安装图由设计院确认，安装及试验手册、调试手册和维修操作手册供业主单位/设备监造商确认。

（11）供货商提供安装调试、维护等培训教材、调试验收的表格供业主单位/设备监造商确认。

3.1.2.4　综合监控系统

1）系统功能

（1）为实现地铁信息互通、资源共享，提升自动化水平，提高地铁的安全性、可靠性和响应性，设置综合监控系统。

（2）综合监控系统集成了变电所自动化系统、火灾报警系统、环境与设备监控系统、屏蔽门系统、防淹门。同时互联了广播系统、闭路电视系统、车载信息系统、车站信息系统、自动售检票系统、信号系统、时钟系统等。

（3）综合监控系统主要是满足控制中心的行调、电调、环调、维调和总调（值班主任）及车站的值班站长、值班员等运营岗位的功能要求。

（4）综合监控系统将与行车指挥、防灾和安全及乘客服务管理等有关的信息接入综合监控系统。通过将各集成和互联系统的信息进行整合，提供一个友好、完整、统一的人机界面，方便上述岗位人员的操作。

（5）综合监控系统在控制中心和车站侧重于进行模式控制和群组控制（如环境与设备监控系统），反映各监控对象的工作状态。各集成和互联系统的安全联锁功能由各集成和互联系统完成，与火灾密切关联的集成和互联系统的重要联动功能（如火灾报警系统和环境与设备监控系统之间的联动）也由集成和互联系统互联实现。

（6）异常情况时，综合监控系统能迅速转变为非正常模式，为防灾、救援和事故处理的指挥提供方便。

2）系统组成

综合监控系统是由设置于中央级综合监控系统，设置于控制中心的软件测试平台、网络管理系统，设置于车站的综合监控系统、车辆段的综合监控系统和设置于车辆段的培训管理系统等组成。综合监控系统采用两级管理三级控制的分层分布式结构。两级管理分别是中央级和车站级，三级控制分别是中央级、车站级和现场级。

3）综合监控系统设计联络的主要内容

（1）设计图纸资料的互提、讨论，对设备技术性能及详细技术规格进行协商、研究和讨论。

（2）接口协调会，分别与相关的接口设备的供货商之间进行澄清和核对。

（3）找出相关的接口及接口问题的解决办法。

（4）控制方案审查会。

（5）接口责任、接口设备、接口界面的澄清

（6）对供货商履行合同能力的进一步考察和评审。

（7）元器件、设备技术文件审核。

（8）下位机方讨论会。

（9）通信接口功能测试。

（10）软件优化。

（11）与各系统设备间的接口测试。

（12）接口通讯方案和功能测试。

（13）系统方案讨论会。

（14）设计变更讨论会。

（15）确定接口方案，签署接口协议。

（16）产品图纸审查会。

（17）点表制作及确认。

（18）系统方案最终确定，设计联络总结。

3.1.2.5　环境与设备监控系统

（1）各方互提基础资料，确认系统和设备的功能与技术参数。

（2）各相关接口的深化设计和接口条件的确定。

（3）施工图纸的深化设计。

（4）维修工作站人机界面的深化设计。

（5）图形软件人机界面的深化设计。

（6）联动柜及各和非标产品的深化设计。

（7）系统功能完善的深化设计。

（8）确认产品的出厂验收试验项目及方法。

（9）确认合同设备清单、备品备件清单，确定包装、运输、到货及仓储等相关要求。

（10）供货商提供详细的设备安装图由设计院确认，安装及试验手册、调试手册和维修操作手册供业主单位/设备监造商确认。

（11）供货商提供安装调试、维护等培训教材、调试验收的表格供业主单位/设备监造商确认。

3.1.2.6 火灾自动报警系统

（1）各方互提基础资料，确认系统和设备的功能与技术参数。

（2）各相关接口的深化设计和接口条件的确定。

（3）施工图纸的深化设计。

（4）消防控制盘人机界面的深化设计。

（5）图形软件人机界面的深化设计。

（6）联动柜及各种非标产品的深化设计。

（7）系统功能完善的深化设计。

（8）与BAS系统接口确认。

（9）确认合同设备清单、备品备件清单，确定包装、运输、到货及仓储等相关要求。

（10）供货商提供详细的设备安装图由设计院确认，安装及试验手册、调试手册和维修操作手册供业主单位/设备监造商确认。

（11）供货商提供安装调试、维护等培训教材、调试验收的表格供业主单位/设备监造商确认。

3.1.2.7 门禁系统

（1）各方互提基础资料，确认系统和设备的功能与技术参数。

（2）确认系统整体结构，系统构架，确认设备数量。

（3）确定门禁系统之间的接口，确定接口责任范围。

（4）完成门禁系统的深化设计。

（5）确认设备出厂检验计划、检验程序安排。

（6）确认设备监造大纲及设备现场检验程序大纲。

（7）确认合同设备清单、备品备件清单，确定包装、运输、到货及仓储等相关要求。

（8）供货商提供详细的设备安装图由设计单位确认，安装及试验手册、调试手册和维修操作手册供车站部/设备监造商确认。

（9）供货商提供安装调试、维护等培训教材、调试验收的表格供车站部/设备监造商确认。

3.1.2.8 电扶梯

电扶梯专业包括自动扶梯、无机房电梯。设计联络包括：

（1）各方互提基础资料，确认系统和设备的功能与技术参数。

（2）供货商完整地介绍产品的技术来源、设计思想及国内生产的技术转化方式。对引进技术，出示完整的本型号产品的原装生产图。

（3）供货商介绍自动扶梯的整机结构和主要部件（包括电气设计、电气部件、电线和电缆）的设计及选用，并提供符合要求的文件。

（4）供货商介绍桁架热镀锌、油漆、其他表面处理、扶手带、梯级、梯级滚轮、梯级链等外协外购单位情况，并提供质量证明和产品执行标准。

（5）对电线、电缆的技术标准和特性试验证书进行检查。

（6）BAS对自动扶梯需求、点表的确认。

（7）各相关接口的深化设计和接口条件的确定。

（8）确认合同设备清单、备品备件清单，确定包装、运输、到货及仓储等相关要求。

（9）供货商提供详细的设备安装图由设计单位确认，安装及试验手册、调试手册和维修操作手册供业主单位/设备监造商确认。

（10）供货商提供安装调试、维护等培训教材、调试验收的表格供业主单位/设备监造商确认。

3.1.2.9　站台门

（1）双方互提基础资料，确认系统和设备的功能与技术参数。

（2）确定设计方案与技术规范及合同要求的符合性。

（3）确定样机的设计方案。

（4）确定样机的试验项目、技术规格及试验方法。

（5）确定产品的出厂验收、检验部件清单、试验项目、技术规格及实验方法。

（6）控制及电源部分的主要内容：PSD 系统与信号系统接口；BAS/SISCS 系统对 PSD 系统的监控实施方案；控制盘（PSL）操作允许与"互锁解除"问题。

（7）各相关接口的深化设计和接口条件的确定。

（8）确认合同设备清单、备品备件清单，确定包装、运输、到货及仓储等相关要求。

（9）供货商提供详细的设备安装图由设计院确认，安装及试验手册、调试手册和维修操作手册供车站部/设备监造商确认。

（10）供货商提供安装调试、维护等培训教材、调试验收的表格供车站部/设备监造商确认。

3.1.2.10　广告灯箱

（1）确认产品设计方案包括：材质、密封、带灯布局、颜色、安装方式。

（2）确认设计及制造标准、验收及性能试验标准。

（3）系统二次原理及接线图。

（4）LED 光源的电源变换器。

（5）光源照度、最亮点与最暗点误差。

（6）轨行区灯箱承受活塞风压测试。

3.1.2.11　防淹门

设计联络主要内容包括：

（1）各方互提基础资料，确认系统和设备的功能与技术参数。

（2）确定设计方案与技术规范及合同要求的符合性。

（3）确定样机的设计方案。

（4）确定样机的试验项目、技术规格及试验方法。

（5）确定产品的出厂验收、检验部件清单、试验项目、技术规格及实验方法。

（6）控制及电源部分的主要内容。

（7）各相关接口的深化设计和接口条件的确定。

（8）确认合同设备清单、备品备件清单，确定包装、运输、到货及仓储等相关要求。

（9）供货商提供详细的设备安装图由设计院确认，安装及试验手册、调试手册和维修操作手册供业主单位/设备监造商确认。

（10）供货商提供安装调试、维护等培训教材、调试验收的表格供业主单位/设备监造商确认。

3.1.3　工作方式

（1）制定设计联络计划，报业主审核确认，并按计划组织供业主、供货商举行设计联络会议并提醒业主通知设计、运营（根据会议议题确定）及接口专业等相关单位参会。

（2）负责设计联络会议准备工作（包括讨论问题的会前沟通、收集设计联络文件、接口协议文件等），设计联络会由设备监造商主持，确认供货商设计方案，由设备监造商发出会议纪要。

（3）出具设计联络专项报告，固化设计联络成果。

（4）加强对供货商设备设计图纸的审核。包括：是否满足输入资料要求，是否满足合同要求，接口设计是否满足系统要求，各种质量记录是否完备等。

（5）跟踪相关单位对设计联络成果的落实情况，形成月度考评记录。应制作设计联络会议要求落实表，内容包括但不限于：会议纪要编号、要求内容、落实单位、落实情况、完成日期、计划完成日期、未完成原因。

（6）设计资料保存：设计单位和供货商提交的设计资料（图纸、文件、表格等），设备监造商都必须保存完整，做好台账记录，在工程竣工时按档案管理的相关要求整理装订移交业主档案管理部门。

3.1.4　管控要点

（1）会议纪要需严格按照编号编排，做好纪要的电子版、纸质版以及会议现场照片的整理保存。

（2）及时敦促各单位落实纪要条款，收集汇总未落实的原因并积极协调解决。

（3）对收集的材料分类存储，做好相应台账，以便后续移交工作顺利开展。

（4）可通过书籍查阅、网络查阅、各方咨询对供货商或设计单位的设计或设计修改作出评价，提出建议，交供货商或设计单位确认。

（5）设备监造商的设计建议不管被采纳与否，都不能免除供货商或设计单位在其合同项下的责任。

3.1.5　成果文件

（1）各次设计联络会议纪要。
（2）经相关单位签字确认的产品方案设计和接口设计图纸文件。
（3）各种合同管理过程文件、凭证和审批依据等。

3.2　产品设计

3.2.1　设计审查人员配置

产品设计审查的主体为设计单位的设计工程师，辅助设计审查人员为业主方主管工程师和设备监造商的主管工程师，对于重要设计方案或关键技术方案，相关单位安排技术专家参与设计审查。

3.2.2　设计审查流程

产品设计审查由设备监造商组织，设计单位主审，业主单位和设备监造商参加。所有正式审查意见都必须通过设备监造商发出。设计审查流程见图 3-2。

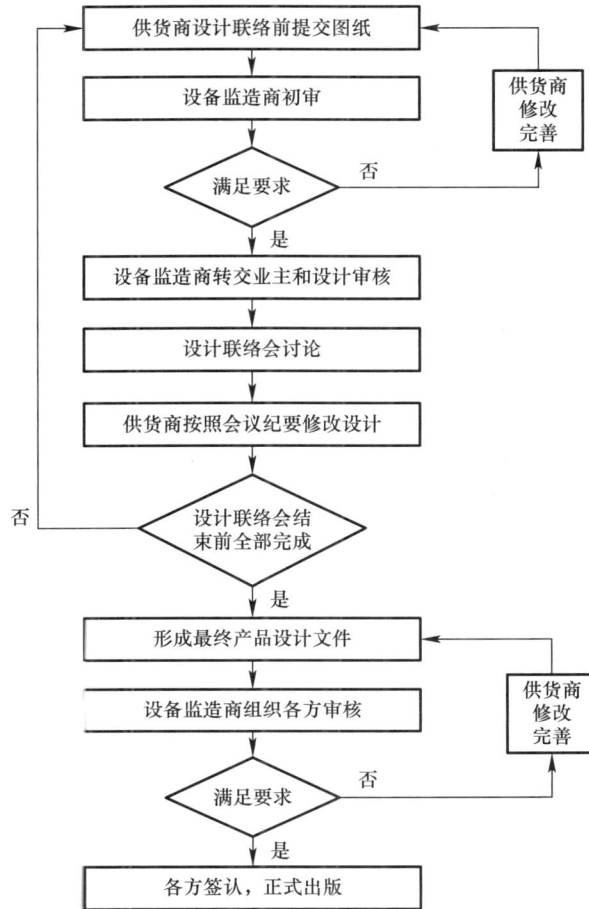

图 3-2 设计审查控制流程图

3.2.3 设计审查主要工作

对供货商产品设计的质量控制主要分为设计策划审查控制、设计输入审查控制、设计输出审查控制、设计评审审查控制、设计验证审查控制、设计确认审查控制和设计更改审查控制。

3.3 接口及样机测试

3.3.1 接口测试

3.3.1.1 概述

设备接口是指设备之间或系统之间在电气、机械、功能、软件、规约等方面相互关联、相互衔接的部位，它既是设备之间或系统之间责任的分界线，又是整个工程的延续。

在样机生产阶段的接口测试主要是依靠厂家的测试平台，审查接口系统设备出厂前是否具备电气、机械、功能、软件、规约等方面顺利、流畅、科学合理地衔接。其中，测试平台的选定为接口专业厂家测试平台中最完善、合理的测试平台，如接口双方厂家均无接口测试平台则以方便原则和上层专业提供测试条件原则选定搭建的厂家。

3.3.1.2　管理责任

（1）供货商技术负责人应负责合同设备接口工作，在设备监造商的组织下与其他设备供货商相互联络和协调。

（2）供货商必须严格按照供货合同要求，履行各项接口责任，包括与相关供货商互提并相互确认所需基础资料，完成设备的软、硬件接口设计，完成相关接口试验等。

（3）供货商接口文件的编制、提交，必须按照设备监造商管理的有关规定，提交设备监造商审核后，由设备监造商转发相关单位审查。

（4）供货商应接受车站设备监造采购项目部对其接口工作的监督与审查，当设备监造商认为接口存在问题时，可向供货商进行澄清，供货商收到澄清后应及时答复。

（5）供货商必须分别在接口设计和接口试验完成后向设备监造商提交相应的《接口报告》。报告中应对已完成的接口工作内容、质量情况进行总结，对滞后计划的接口内容应特别列出并说明原因，由设备监造商组织审查。

（6）设备监造商将视需要不定期组织供货商进行接口协调。供货商必须按照要求参加接口协调会，并在会前准备好相关接口技术资料。

（7）供货商对接口进行变更时，应提前将变更方案提交设备监造商审核，在最终通过业主的批准后方可实施变更。任何未经设备监造商审核和业主单位批准而私自进行的变更将被视为无效，设备监造商有权要求供货商限期改正，业主单位则有权按照供货合同的相关规定追究供货商的违约责任。

（8）供货商必须配合业主和设备监造商消除接口漏项，并寻找最佳接口方案，降低工程接口投资。

3.3.1.3　接口问题处理原则

（1）各子系统供货商必须保证在标准的接口环境下，自己本身系统的网络功能全部实现。在对接试验过程中，服从设备监造商管理，如接口试验出现问题，应首先查找自身原因，严禁不负责任地指责对方或扯皮推诿，只有经反复查找测试后保证自身设备的接口确实无问题时，方可向设备监造商提出接口确认测试。接口试验由供货商自行承担参加试验的设备运输和费用。

（2）设备监造商负责接口试验计划的制定，组织实施，出现问题及时向业主报告，负责填报试验报告。当试验出现问题或发生争执时，负责组织查找问题的原因，调解争执，确认产生问题的一方，并监督其迅速解决问题。接口试验期间，设备监造商将驻厂监督、指挥。

（3）当设备监造商组织的测试仍不能明确问题的一方时，确定哪一方进行修改的可能发生不同意见。一旦发生这样的情况，按如下原则处理：

① 业主和设备监造商对接口问题产生的原因取得一致意见时，问题被确认的一方做修改。

② 一方能拿出令人信服的或者公认确凿的证据，表明该设备完全符合技术标准（如同一块单板在与其他子系统对接时性能良好，与之对接的系统工作完全正常），则另一系统修改。

③ 系统设备技术含量低、设备结构简单的一方修改（设备监造商、业主、设计共同裁定）。

④ 测试表明双方同时偏差较大时，双方都向同一方向修改（设备监造商、业主、设计共同裁定）。

3.3.2　样机监造及测试

　　样机（首台设备）制造是检验供货商能否生产满足设计要求和合同规定的重要环节，供货商通过何种手段使样机设备满足要求，其制作过程和生产工艺是否为成熟的、成形的、可靠的、生产工人已经熟练掌握的，供货商若是为了生产满足样机的技术要求而采取特殊方法、特殊工艺制作，则能否完成批量生产本项目所需设备就值得设备监造商重点考虑。样机试验是对生产厂家提供的样机的各项技术参数进行验证，样机的测试报告须由国家级权威检测机构认可。

　　监督供货商依据各子系统设备的技术参数制造出样机并完成性能测试，根据样机测试发现和分析不足，提出需要改进的建议。如果样机测试未能达到合同规定的要求，则监督供应商可对样机进行不超过两次的整改，如整改后样机仍未能达到要求，由设备监造商向业主提出终止该项供货合同的建议，待业主同意后，协助业主进行相关的索赔工作。

3.3.3　成果文件

　　（1）厂家接口报告提交情况记录表。
　　（2）样机测试方案。
　　（3）样机（首台设备）监造报告。

3.4　样机验收

3.4.1　样机验收目的

　　设备样机验收的主要目的是验证供货商的产品设计、生产工艺、工装设备、检测手段、外购件及主要原材料、人员资质是否满足合同条款及相关标准的要求。通过样机验收结果，初步判断设备供货商合同履约能力，消除参建各方对合同技术条款、设计要求在理解上的偏差，在样机验收试验中，对不符合要求的项目且供货商有能力按合同规定和设计方案整改则整改后再次验收，若无能力整改，则根据合同相应条款进行处罚，以确保批量生产的产品满足合同及相关标准的要求。

3.4.2　样机验收流程

　　设备样机验收是为验证供货商的产品设计、生产工艺、工装设备、检测手段、外购件及主要原材料、人员资质是否满足合同条款及相关标准的要求。

　　审核样机测试检验计划是否符合工期、检验内容是否全面，检验标准是否符合合同及设计联络相关会议精神；进行样机测试，监督检查测试环境、测试仪器、程序、方法，检查测试结果是否符合合同规定的标准。具体流程参见图3-3样机验收流程图。

3.4.3　样机验收内容

　　对于轨道交通机电设备来说，并非每种设备都需要进行样机制造和样机试验，一般来说对于批量比较大的设备、对整个机电设备的安全运行影响较大的设备、机电设备有特殊要求而需要对定型产品进行改造的设备以及在类似项目中还没有经过充分考验的设备等，必须进行样机制造和试验，比如通风空调系统的风机设备、电扶梯设备、站台门设备等。

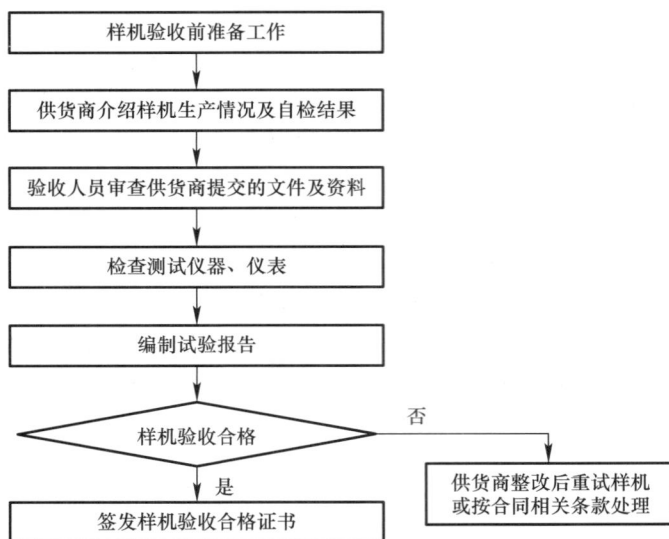

图 3-3　样机验收工作流程图

机电设备样机制造的选择主要考虑的原则：

① 设备采购合同的功能需求，设备在系统中的运行特点；

② 设备的成熟度、可靠性；

③ 供货商的工装设备情况、生产工艺水平、供货业绩；

④ 系统内外部接口要求。

样机验收内容主要包括：

（1）审查非标设备样机试制计划，组织供货商进行样机制造和验收，负责编写样机验收大纲和验收报告。

（2）协助业主在签订的合同中要求供货商依据各子系统设备的技术参数制造出样机并完成性能测试。根据样机发现和分析系统设备可能出现的不足，提出设备需要改进的建议书。

（3）样机检测时根据各系统设备的合同、会议要求、特点等开展，样机联调应参考各子系统的相关标准要求。

（4）提交样机生产阶段项目管理总结。

如图 3-4 为配电箱样机验收，图 3-5 为多联空调机样机验收。

图 3-4　配电箱样机验收

图 3-5　多联空调机样机验收

3.4.4　成果文件

（1）样机验收大纲。
（2）样机验收报告。
（3）供货商提供的资料清单。
（4）样机生产及验收阶段的工作总结。

3.4.5　通风空调样机验收

（1）通风机空气动力性能测试：在额定风量（或风压）下，所对应的风压（或风量）的允许偏差为±5%。风机主要性能参数如表 3-1 所示。

风机主要性能参数表　　　　　　　　　　　　　表 3-1

项目	测量参数	仪表名称	型号规格	量程范围	精度	制造厂
气动性能测试	风量	风机性能自动测试系统	CAP300-BNP	0±500Pa	1级	KIMO
	风压		CAP300-BNP	0±2000Pa	1级	KIMO
	轴功率	数字电参数测量仪	ZW3432B	200kW 以下	0.1W	青岛青智仪器
	相对湿度	湿度传感器	HMW60 U/Y	0～100%	±2%	VAISALA
	环境温度	温度传感器	HMW60 U/Y	−5～55℃	±2℃	VAISALA
	大气压	绝对压力变送器	HD9408T BARO	60～110000Pa	0.2级	意大利

试验方法和程序按照《工业通风机　用标准化风道性能试验》GB/T 1236—2017 标准要求进行风机气动性能试验。

风机气动性能测试装置示意图如图 3-6 所示。

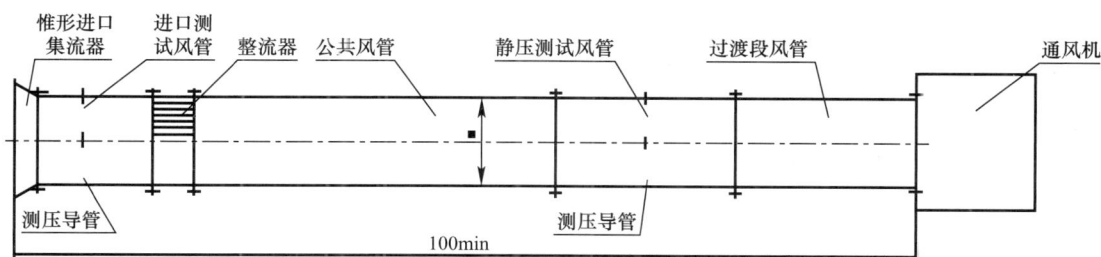

图 3-6　风机性能测试装置示意图

气动性能试验测试参数均由公司风机检测中心的自动测试系统自动采集测量。具体测试流程如图 3-7 所示。

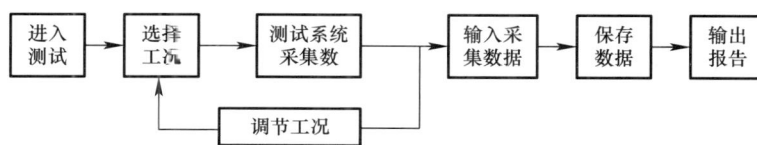

图 3-7　风机检查系统工作流程图

（2）声功率测试：验证风机的声功率级是否符合合同规定要求。

试验方法：

① 按照声功率级测量——自由声场法对风机进行 8 个倍频程噪声测试，然后计算出总声功

率级和各倍频程值。（注：在空旷的场地中测量）

② 噪声测试点布置如图 3-8 所示。

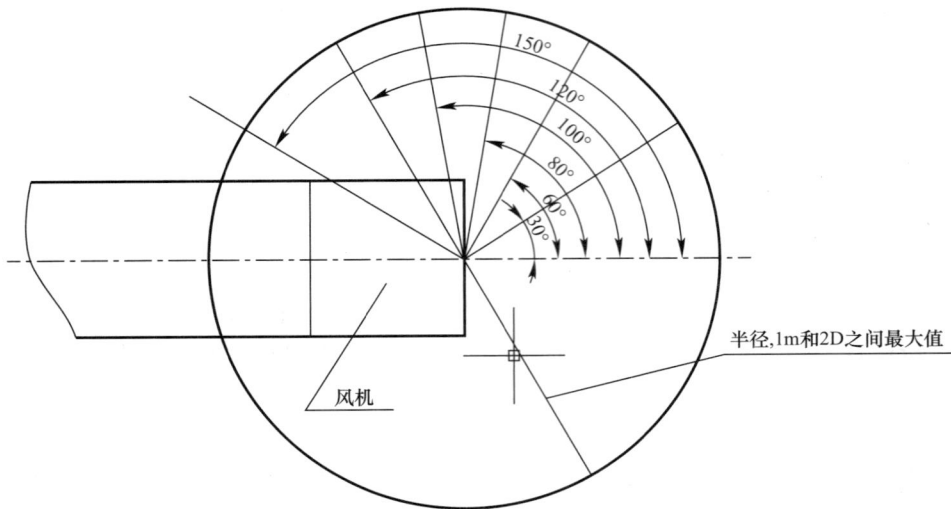

图 3-8　噪声测试布点图

（3）振动测试：验证风机的振动是否符合采购合同规定要求。

试验方法：

① 根据《通风机振动检测及其限值》JB/T 8689—2014 对风机进行振动测试。试验参数为振动速度均方根值，可用测振仪直接测量和显示，测量风机垂直、水平和轴向三个方向的振动值，其振动速度满足《通风机转子平衡》JB/T 9101—2014 标准规定的 G2.5。

② 风机振动测点位置如图 3-9 所示。

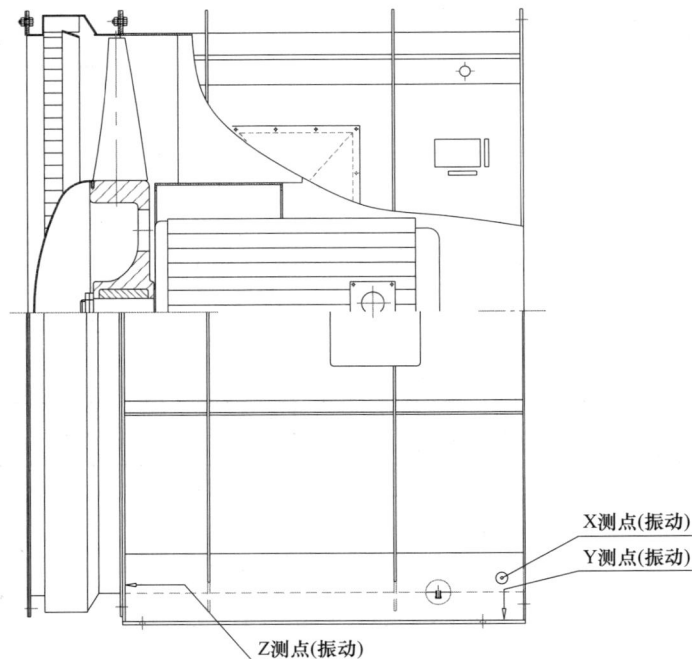

图 3-9　风机振点布置图

3.4.6　站台门样机验收

3.4.6.1　开/关门力要求测试

1）范围

确认测试方法，验证站台门、应急门的受力性能。

2）测试设置

（1）端门、应急门站台侧解锁力测试，测力计同钥匙把手成 90 度旋转。

（2）站台门轨道侧手动解锁测试，测力计垂直推压手动把手。

（3）端门、应急门轨道侧解锁力/开门力测试，测力计垂直推压开门推杆。

（4）站台门开关门力测试，测力计在平行于滑动门开关方向水平推压滑动门，高度 1 米。

3）测试仪器：测力计

4）测试方法

（1）在断电或隔离模式设置站台门。

（2）测量站台门的轨道侧开门把手解锁力。

（3）测量站台门的站台侧专用钥匙开门解锁力。

（4）将滑动门打开三分之一，测量站台门的开门力。

（5）设置站台门为自动模式，手动操作门自动打开后，再自动关闭。

（6）在关门至形成的三分之一后，测量站台门的关门力。

（7）测量端门、应急门按下中间推杆解锁的受力。

（8）测量端门、应急门打开至设计净开度过程中的受力。

（9）测量端门、应急门站台侧专用钥匙开门解锁力。

5）结果介绍

根据对应的测量方法，记录测力计显示的结果。

6）验收标准

（1）端门、应急门站台侧专用钥匙及轨道侧用手动推杆开门解锁力≤67N。

（2）端门、应急门将门打开到门设计净开度过程中所需的力≤67N。

（3）站台门站台侧用专用钥匙及轨道侧用手动把手开门解锁力≤67N。

（4）站台门手动开门力≤133N。

（5）在站台门三分之一行程处测量站台门门扇的关闭力≤150N。

7）受力测试（见表 3-2）

站台门受力测试表　　　　　　　　　　　　　　　　表 3-2

描述	合格	备注
站台门在轨道侧开门力（压开门把手）≤67N		
站台门站台侧用专用钥匙开门力≤67N		
推站台门的开门力≤133N		
站台门三分之一行程处测量站台门门扇的关闭力≤150N		
端门、应急门压推杆的力≤67N		
端门、应急门站台侧用专用钥匙开门力≤67N		
端门、应急门将门打开到门设计净开度过程中所需的力≤67N		

3.4.6.2 绝缘试验

1）试验范围

确定测试站台门绝缘性能的方法。

2）测试仪器

绝缘电阻测试仪，测试电压 500VDC，测量范围 0Ω-500MΩ，执行国标《自动化仪表工程施工及质量验收规范》GB 50093—2013。

3）测试方法

（1）内部元件绝缘试验

① 500VDC 测试，按以下连接点测量。

② 地面到门槛金属板。

③ 与地面连接底部支座到门槛金属板。

（2）连续测试内部连接点

① 测量并记录连接点的阻值及耐压值。

② 门槛到立柱。

③ 滑动门到立柱。

④ 伸缩立柱到立柱。

⑤ 伸缩装置到盖板。

⑥ 电机到等电位端。

⑦ 电机与等电位端<1Ω。

4）结果介绍

记录每一接地点绝缘测试值。连续测试，记录每一点电阻值。

5）验收标准

（1）绝缘测试

站台地到门槛金属板>0.5MΩ。

（2）等电位测试

① 门槛到立柱<1Ω。

② 滑动门到立柱<1Ω。

③ 伸缩立柱到立柱<1Ω。

④ 伸缩装置到盖板<1Ω。

⑤ 电机与等电位端<1Ω。

6）绝缘测试（见表3-3）

站台门缘测试表   表 3-3

描述		合格	备注
绝缘测试	站台到门槛金属板>0.5MΩ		
等电位测试	门槛到立柱<1Ω		
等电位测试	滑动门到立柱<1Ω		
等电位测试	伸缩立柱到立柱<1Ω		
等电位测试	伸缩装置到盖板<1Ω		
等电位测试	电机到等电位端<1Ω		

3.4.6.3　噪声测试

1）测试范围

测试活动门、非活动门的噪声。

2）测试设置

离开站台门 1.5 米远，离地 1.5 米高度，顶箱关闭，站台门在运行中测试。

3）测试仪器：脉冲噪声计

4）测试方法：测量站台门噪声

离开站台门 1.5 米远，离地 1.5 米高度，用噪声计测量噪声水平。背景噪声最小值时，最少开关门 3 次，测噪声取平均值。

5）测量结果

站台门噪声测量结果，每次开关门噪声值，3 个开关门噪声平均值。

6）验收标准

站台门操作时，距任一站台侧 1m 处噪声测量平均值不超过 70dB（A）。声级计采用 A 级计权，快挡。

7）噪声测试（见表 3-4）

站台门噪声测试表　　　　表 3-4

描述	测试结果	合格	备注
噪声	噪声≤70db（A）		

3.4.6.4　障碍物探测测试

1）范围

定义此测试方法，是为了测试关门过程中遇到障碍物时，门的自动打开功能。

2）测试设备

5mm（厚）×40mm（长）的钢板。

3）步骤

（1）使用就地控制箱钥匙手动打开滑动门。

（2）将钢板放置在打开的滑动门之间。

（3）将厚度 5mm 的一侧放置在门的运动方向，将长度 40mm 的一侧放置在与门运动轨迹垂直的方向。

（4）使用就地控制箱钥匙手动关门。

（5）观察滑动门门扇碰撞障碍物钢板的效果。

（6）记录滑动门再次进行关门操作的时间间隔。

（7）观察滑动门门扇对障碍物钢板进行三次关门受力操作。

4）结果介绍

视觉描述：滑动门有察觉障碍物的能力。

5）验收标准

可以探测障碍物的次数为 3 次（1～5 次可调）。滑动门在关门过程中，如遇障碍物，将停止关门，停止 3 秒（可调）后再进行重关门，如果重关门进行 3 次后还没有完成关门过程，滑动门将处于全开状态。

6）障碍物探测测试和自动重开门测试（见表 3-5）

障碍物探测及自动重开门测试表   表 3-5

	描述	通过	备注
1	当滑动门关闭时障碍物可以探测到的次数为 3 次（1～5 次可调）		
2	两次重关门时间间隔为 3 秒（可调）		
3	关门时遇到障碍物，门后退一定距离（可调）		
4	当三次尝试关门失败后，滑动门全开		
5	当三次尝试关门失败后，进行故障报警		
6	当三次尝试关门失败后，开门指示灯保持常亮		

第4章　设备生产监造阶段

4.1　生产监造准备

在生产监造开始前，应确认已完成以下的各项工作：

（1）接口协议已签署。

（2）设计联络及其相关工作已完成。

（3）生产图纸已最后确认。

（4）材料供货商已确定、采购合同已签订。

（5）已下达生产指令。

（6）根据设备监造计划和供货商提供的预定见证日期，由业主和设备监造商共同确定设备监造人员，并指定单项设备监造负责人，明确对监造人员的要求和监造人员的责任。

（7）根据合同设备的监造工作计划，确定监造人员实施监造工作所需的图纸、技术资料、标准和相关的记录，同时在监造工作开始前七天通知供货商需要准备的监造工作资料。

（8）监造工作开始前7天，设备监造商向供货商提供监造人员名单，同时将监造工作行程计划及相关要求通知供货商。

4.2　生产商资质审查

4.2.1　供货商自身质量体系审查

4.2.1.1　管理类文件

（1）质量手册。

（2）质量体系程序文件。

（3）质量体系内审、管理评审及质量认证公司的评审记录。

（4）合同项目的组织机构、岗位职责、人员配备、资源。

（5）合同项目的质量保证计划、管理制度。

（6）合同项目的质量保证体系网络图。

（7）合同项目的设计质量控制文件。

（8）合同项目的关键工序的质量控制文件。

4.2.1.2　设备生产及质量证明类文件

（1）生产工艺流程。

（2）合同项目中产品型号、合格证、质检报告、产品认证证书等是否符合国家质量标准和合同要求。

（3）设备检验记录及检测人员资质、检测设备可使用的证明材料。

（4）合同项目中成套产品，审查产品说明书中功能、技术参数是否符合合同要求。

（5）供货商根据生产指令制定的生产进度保证计划及计划完成情况记录。

（6）产品技术设计确定的产品总体布置图和总图，重要部件和组件总图。

（7）产品的主要精度及其特点、特殊要求等以及生产中的控制方法。

4.2.2　设备分包商的资质审查

（1）营业执照：营业范围是否包括本工程类别，注册资金、年审是否满足要求。

（2）资质证书：资质证书是否涵盖本工程，年审是否通过。

（3）从事特殊专业许可证明（如果需要）：特殊专业的许可证明是否涵盖本工程。

（4）企业质保体系证明材料：质保体系是否健全，运行是否有效。

（5）近几年类似工程业绩：分包商是否具备承担本工程的经验和能力。

（6）分包合同文件：合同中有关质量、进度、规格型号、技术指标应与供货商主合同中相应条款一致。

（7）产品质量证明文件：是否具有出厂合格证书，质量是否满足合同要求。

4.2.3　原材料质量证明类文件

4.2.3.1　未加工成型的原材料

（1）原材料的产地、生产商、名称、型号、材质等应符合设备采购合同中的规定，并提供相应表格。

（2）原材料应有原生产商的材质检验合格证明材料。

（3）化工原材料进货后应有按批量抽样送权威检验机构的检验合格证明材料。

（4）不能送检的原材料应有供货商内部进货检验的记录。

（5）原材料的保管、发放、使用等应有详细记录，并具有可追溯性。

（6）由供货商提供的现场安装过程使用的原材料，特别是化工原料保质期应能满足本项目建设安装工期的要求。

（7）进口原材料应有相关的报关材料和原生产商的质量证明材料。

4.2.3.2　加工成型半成品原材料、配件等

该类材料除满足本项目设备采购合同技术条件外，还应对供货商的协作单位、半成品供应商的质量控制情况进行考证，证明材料方面由供货商提供其辅助生产商的资格证明和质量保证证明材料。

4.2.3.3　国外进口或外购元器件、附属设备的质量控制

（1）供货商对主设备所配属的其他元器件等应有产品质量证明材料。

（2）功能性的配属设备应有与主设备相同的使用寿命，所具有的功能在制造过程中检验其各项功能的正确性和稳定性的检测记录。

（3）供货商应对外购的配属部件的技术条件、主要技术参数、各部位尺寸进行复检，并提供检测记录。

（4）凡是需要与主设备进行组装联调的配属部件，必须在出厂前正确联调，并提供检测记录和整体性功能检测报告。

4.2.3.4　其他

合同项目中重要部件清单和原材料检验报告，以保证所使用的原材料符合设计要求。该项检验应包括化学成分和物理性能，应由有资质的专业机构承担。

4.3　设备制造工艺审查

供货商在设备制造之前应编制设备制造工艺方案，统筹设备制造的全过程。设备制造工艺方案是进行制造管理的指导性文件。对技术复杂或采用新技术、新材料、新工艺的设备应编制专项制造工艺方案。

设备制造工艺方案应根据设备制造的要求，在不侵犯供货商知识产权的前提下，供货商应提供必要的详尽资料以满足业主和设备监造商对制造过程进行质量监督。设备制造工艺方案审查包括以下内容：

（1）产品技术设计确定的产品总体布置图和总图，重要部件和组件总图。

（2）产品的主要精度及其特点，特殊要求。

（3）产品试制及正式制造阶段的质量指标。

（4）新产品生产组织形式和工艺路线安排。

（5）主要生产设备的性能及功能，包括设备制造、检验、测量及试验设备。

（6）外委托加工或外购重要零部件、元器件、原材料的关键工序。

（7）产品质量检验关键项、质量控制点设置及检验标准和方法。

对于具有试验性质或制造条件因素造成与原设计有较大出入者，设备监造商应与业主、设计单位共同参加审核，以确定是否满足设计要求。

4.4　生产组织流程

4.4.1　监造工作管理流程

4.4.1.1　监造全过程流程

在车站设备批量生产之前，设备监造商编制《设备工厂阶段管理细则》，明确工程监造工作流程和主要设备监造项目，用以指导工厂监造工作。设备监造商根据具体设备编制设备工厂监造准备文件，规范细化监造范围、项目、内容和方案。

工厂监造开始前，设备监造商根据设备生产计划编制设备监造工作计划，包括需供货商提供的技术资料、图纸、标准和试验记录、现场见证格式、相互联系办法及定期会议制度等。实施工厂监造工作前，设备监造商将监造人员名单和监造范围，书面通知供货商，监造人员一般为设备监造商项目管理人员，必要时业主、设计人员或其他项目相关人员可以参加。监造人员应根据确定的监造项目，按设备制造进度到现场进行监造和检验，对存在的问题及处理结果，定期向业主进行报告。具体流程见图4-1。

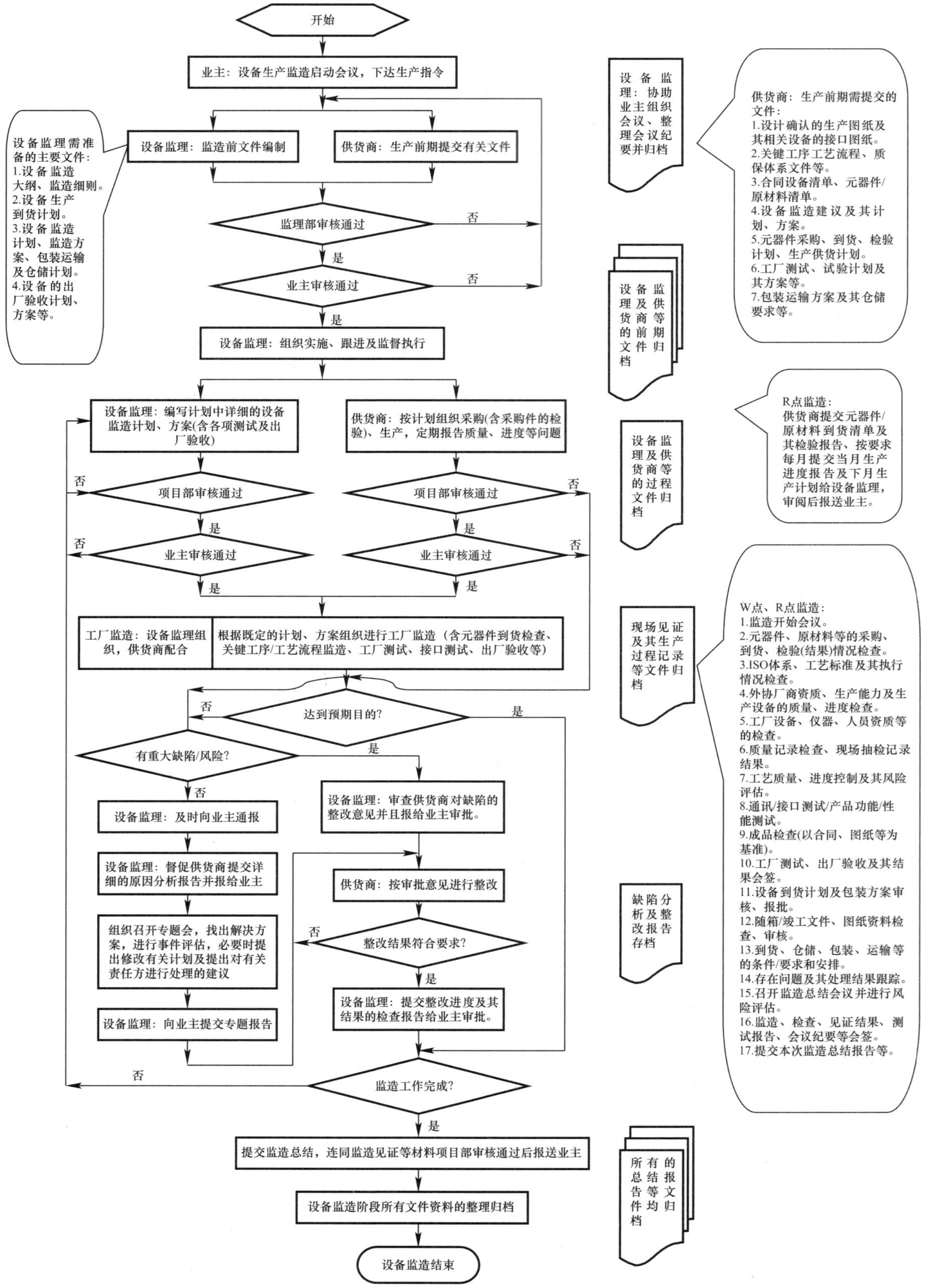

开始

业主：设备生产监造启动会议，下达生产指令

设备监理需准备的主要文件：
1.设备监造大纲、监造细则。
2.设备生产到货计划。
3.设备监造计划、监造方案、包装运输及仓储计划。
4.设备的出厂验收计划、方案等。

设备监理：监造前文件编制

供货商：生产前期提交有关文件

监理部审核通过 否

业主审核通过 否

设备监理：组织实施、跟进及监督执行

设备监理：编写计划中详细的设备监造计划、方案(含各项测试及出厂验收)

供货商：按计划组织采购(含采购件的检验)、生产，定期报告质量、进度等问题

项目部审核通过 否

项目部审核通过 否

业主审核通过 否

业主审核通过 否

工厂监造：设备监理组织，供货商配合

根据既定的计划、方案组织进行工厂监造(含元器件到货检查、关键工序/工艺流程监造、工厂测试、接口测试、出厂验收等)

达到预期目的？ 是

有重大缺陷/风险？ 是

设备监理：及时向业主通报

设备监理：督促供货商提交详细的原因分析报告并报给业主

组织召开专题会，找出解决方案，进行事件评估，必要时提出修改有关计划及提出对有关责任方进行处理的建议

设备监理：向业主提交专题报告

设备监理：审查供货商对缺陷的整改意见并且报给业主审批。

供货商：按审批意见进行整改

整改结果符合要求？ 否

设备监理：提交整改进度及其结果的检查报告给业主审批。

监造工作完成？ 是

提交监造总结，连同监造见证等材料项目部审核通过后报送业主

设备监造阶段所有文件资料的整理归档

设备监造结束

设备监理：协助业主组织会议、整理会议纪要并归档

设备监理及供货商等的前期文件归档

设备监理及供货商等的过程文件归档

现场见证及其生产过程记录等文件归档

缺陷分析及整改报告存档

所有的总结报告等文件均归档

供货商：生产前期需提交的文件：
1.设计确认的生产图纸及其相关设备的接口图纸。
2.关键工序工艺流程、质保体系文件等。
3.合同设备清单、元器件/原材料清单。
4.设备监造建议及其计划、方案。
5.元器件采购、到货、检验计划、生产供货计划。
6.工厂测试、试验计划及其方案等。
7.包装运输方案及其仓储要求等。

R点监造：
供货商提交元器件/原材料到货清单及其检验报告、按要求每月提交当月生产进度报告及下月生产计划给设备监理，审阅后报送业主。

W点、R点监造：
1.监造开始会议。
2.元器件、原材料等的采购、到货、检验(结果)情况检查。
3.ISO体系、工艺标准及其执行情况检查。
4.外协厂商资质、生产能力及生产设备的质量、进度检查。
5.工厂设备、仪器、人员资质等的检查。
6.质量记录检查、现场抽检记录结果。
7.工艺质量、进度控制及其风险评估。
8.通讯/接口测试/产品功能/性能测试。
9.成品检查(以合同、图纸等为基准)。
10.工厂测试、出厂验收及其结果会签。
11.设备到货计划及包装方案审核、报批。
12.随箱/竣工文件、图纸资料检查、审核。
13.到货、仓储、包装、运输等的条件/要求和安排。
14.存在问题及其处理结果跟踪。
15.召开监造总结会议并进行风险评估。
16.监造、检查、见证结果、测试报告、会议纪要等会签。
17.提交本次监造总结报告等。

图 4-1 监造工作全过程流程图

4.4.1.2　主要原材料及外购件监造管理流程

供货商提供合同设备的全部原材料清单（包括牌号、产地、货物来源和品质证明等）给设备监造商，以便检查。审查产品型号、合格证、质检报告、产品认证证书等是否符合国家质量标准和合同要求。对于成套产品，审查产品说明书中功能、技术参数是否符合合同要求。如发现检验不符合要求，供货商应根据自身质量管理规定，进入不合格品处理程序。设备监造商检查供货商验收不合格品记录和处理措施的落实。

供货商对自制重要部件的原材料实行专材专用，建立专门的领料卡，方便监造人员监督。供货商应按合同及项目进度要求，向设备监造商提交重要部件清单和原材料检验报告，以保证所使用的原材料符合设计要求。

检验应包括化学成分和物理性能，应由有资质的专业机构承担。供货商应对报告的真实性负责，并保证在生产中使用合格材料。如发现检验不符合要求，应要求供货商重新选材，重新检验，直到所有材料被证明符合要求，才能开始生产，且不能因此影响项目进度的执行。供货商应对重要的原材料和外购件实施报验程序，经监造人员验收合格后方可用于设备生产制造。具体流程见图 4-2。

4.4.1.3　设备生产关键工序监造管理流程

设备生产关键工序是指在设备生产制造过程中，可单独划分和识别，可独立完成，并对产品主要质量的形成有重要影响的工序。设备生产制造过程中关键工序控制管理见图 4-3。

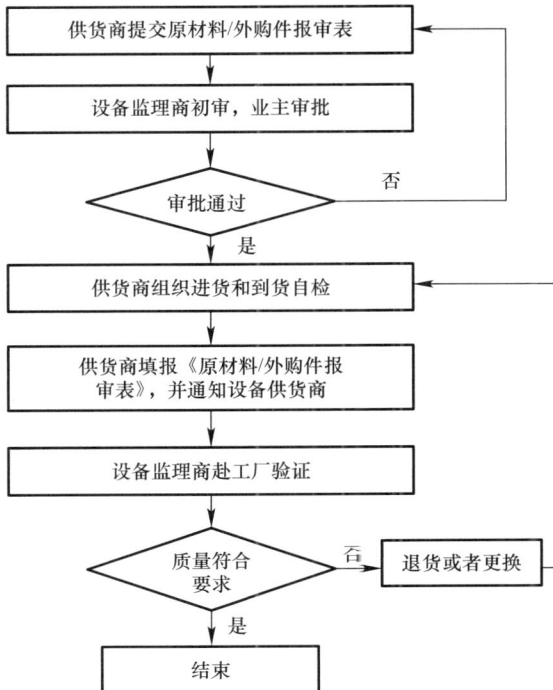

图 4-2　主要原材料及外购件监造管理流程

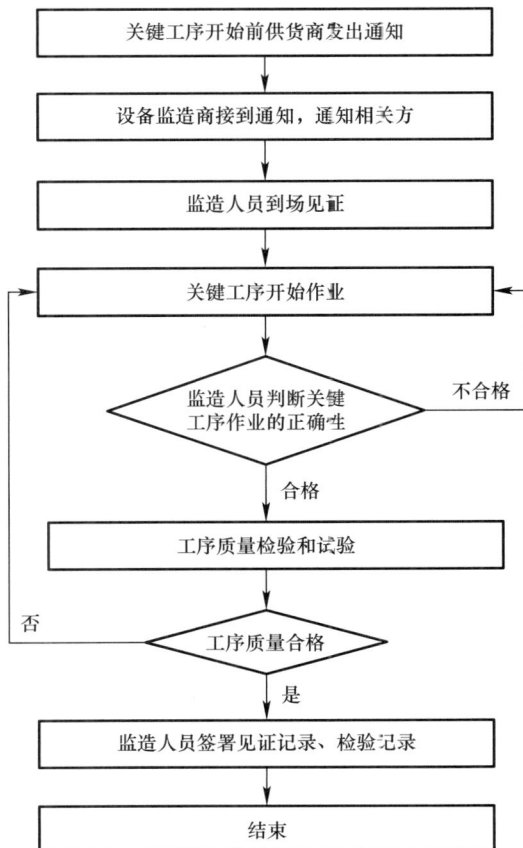

图 4-3　设备生产主要工序监造管理流程

4.4.1.4 监造质量控制程序

供货商的质量管理机构均独立于生产机构，确保对生产过程的控制，进而保证对产品质量的控制。供货商的质检人员，对生产过程中的所有检查和测量的记录都应保存，监造人员应随时抽查记录以保持对生产过程的控制。供货商对所有自制件及外协加工件编有加工工艺或工艺要求，监造人员有权检查加工工艺的合理性；监造人员还可随机要求检查在加工件或已库存零部件的制造质量，供货商质检人员应予以积极配合。

供货商应根据合同的要求和《质量保证程序文件》的规定，不合格品不被使用或安装，做出标识、记录评定及隔离。监造人员应随机检查不合格品的处置及记录是否符合规定。监造人员有权了解整机组装工艺及各部分的装配精度要求，并可要求检查组装过程中任一部分的质量情况，监造人员应对首台设备组装过程和检验予以见证，供货商质检人员予以积极配合。

供货商编制合同设备的工厂试验计划或大纲，并提交设备监造商审查，报业主批准。监造人员应现场见证试验全过程，监督试验设备、试验条件、试验项目、试验方法和步骤、试验结果等是否符合合同的要求。具体质量控制流程见图4-4。

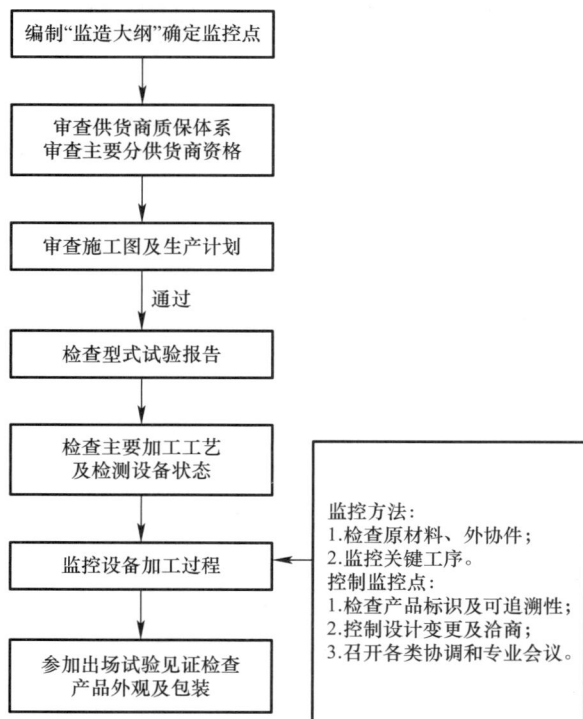

图 4-4 监造质量控制程序

4.4.2 设备监造范围

设备监造内容依据设备供货合同、设计联络会议要求、规范标准确定，主要内容包括：

第一次生产监造：供货商的生产能力检查、设备仪器检查、生产资质检查、人员培训及其资质检查、资金投入检查、ISO审查、采购及其生产计划检查、原材料和外购件的检查，质量控制手段及结果检查、外协厂生产能力及质量进度检查；

第二次生产监造：生产进度及其质量检查、生产环境及安全检查、过程文件及图纸资料有效性检查、检验监测记录检查、装配过程工艺见证与检查。

第三次生产监造：生产进度及产品质量检查、样机测试、接口测试、工厂测试、供货组织与安排。

第四次生产监造：工厂测试、工厂培训、出厂验收、包装运输、仓储计划安排。

4.5 监造内容及要点

4.5.1 监造内容

（1）审查供应商的质量管理体系，并提出审查意见。

（2）组织设备投产清单的确认工作。组织设计院、供货商、设备安装单位核对设备投产清单。

（3）审查常规设备关键部件原材料、工艺、工序、检测设备及相关生产过程是否符合技术规范及相关要求，检查合同中质量、进度等方面的履行情况。

（4）对主要原材料、外购件的证明文件及检验报告和外协件的质量证明以及供应商提交的入厂检验资料进行查验，核实其文件、报告等资料的真实性。

（5）检查供应商生产能力，随时抽查供应商设备质量记录。

（6）审核工厂试验大纲，检查试验设备、计量等级等，审核试验内容和试验记录。

（7）检查主要部件的生产设备状况、操作规程、检测手段、测量和试验设备、有关人员的上岗资格，并对设备制造和装配场所的环境进行查验。

（8）制造过程中进行监督检查，对主要及关键部件的制造工序和制造质量进行检查与确认。

（9）按工期要求到货组织、协调工作。审查设备安装承包商提交的设备到货计划，按工程进度要求和设备生产周期统筹安排设备生产、到货计划，下发设备投产通知。

（10）审查设备安装承包商提出的到货申请计划，实地检查现场是否具备设备进场条件，根据现场实际情况或业主要求，给供货商下发设备到货通知，并督促按时到货。

（11）组织设备现场交货，会同业主、设备供货商、设备安装承包商及其他相关单位对设备进行开箱检查，如检查设备外观、核对装箱单设备数量（含专用工具、备品备件、易损件等），并对随机所附的产品合格证、资料进行验收和存档，并做好记录。组织甲供设备的交接。

（12）审核特种设备及超高、超宽、超重设备运输方案，协助业主编制常规设备仓储计划。

（13）审核设备采购合同的变更及各设备供货商的付款申请，严格按合同要求办理设备款支付工作。

（14）调解机电设备采购合同执行过程中各有关方面发生的纠纷和争议。协助业主处理各类索赔、仲裁和诉讼事项。

（15）组织设备出厂验收，负责编写出厂验收大纲和出厂验收报告。

（16）提交设备生产监造阶段项目管理工作总结。

4.5.2　监造工作重难点

4.5.2.1　监造工作重点

（1）合同项目的质量保证体系网络图的编制。

（2）合同项目的设计质量、关键工序控制文件完整性。

（3）审查"质量体系程序文件"所包含的质量要素是否处于受控状态。

（4）主要元器件的内部结构原理图及其接线图完整性。

（5）首台设备组装检验、首台设备或样机试验现场监造。

（6）原材料的保管、发放、使用等应有详细记录，并具有可追溯性。

（7）原材料及分体生产需要进行抽检。

（8）设备生产进度的监督管理。

4.5.2.2　监造工作难点

（1）合同项目的质量保证体系网络图的编制。

（2）主要元器件的内部结构原理图及其接线图完整性。

（3）首台设备组装检验、首台设备或样机试验现场监造。

（4）审查"质量体系程序文件"所包含的质量要素是否处于受控状态。

（5）设备生产使用的对新材料、新技术、新工艺可行性的讨论审查。

（6）进度是否满足供货要求的判断。

4.6　监造方式

4.6.1　监造方式设置

分为停工待检、现场见证、文件见证三种，停工待检项目必须有设备监造商人员参加，现场检验并签证后，才能转入下道工序。现场见证项目应有设备监造商人员在场。文件见证项目由设备监造商查阅制造厂的检验、试验记录。

应根据业主的要求和需要监造的车站各系统设备的特点和供货商提交的生产工艺流程，确定监造点的设置。比较共性的监造点：

文件见证：生产进度计划、材料采购计划及其到货检验、进口元器件的原产地证明及其报关单据、生产工艺流程、质量管理体系文件、试验报告、检验记录、合格证、主要元器件的内部结构原理图及其接线图、供货设备的产品图、说明书、操作及维护手册等相关文件资料检查见证。

现场见证：首台设备组装检验、首台设备或样机试验、接口试验、结构性能试验、功能性试验、设备主要部件工厂试验、特殊材料性能试验、出厂试验与检验等都需要现场见证和监督。

停工待检：将根据合同要求和实际生产情况确定。如生产过程中，产品质量问题较多，需按相关程序转为停工待检，解决存在的问题后才能正常生产，如防淹门的除锈、敷铝等工序，需经检查并有监造人员在现场见证，认为合格后才容许进入下一道工序。

日常巡检：根据供货合同及生产工艺要求检查生产工人对工艺规程、工序质量执行情况以及各种程序文件执行情况，对部件的组装情况检查、不合格品处置。

4.6.2　设备监造的监督

4.6.2.1　供货商质量系统及其记录

供货商的质量管理机构均独立于生产机构，确保对生产过程的控制，进而保证对产品质量的控制。供货商的质检人员，对生产过程中的所有检查和测量的记录都应保存，监造人员应随时抽查记录以保持对生产过程的控制。

4.6.2.2　零部件加工监督

供货商对所有自制件及外协加工件编有加工工艺或工艺要求，监造人员有权检查加工工艺的合理性；监造人员还可随机要求检查在加工件或已库存零部件的制造质量，供货商质检人员予以积极配合。

（1）原材料和外购件包括设备制造所需要的原材料、元器件和外协件，设备主要原材料和外购件直接构成产品实体并影响产品质量，供货商必须按照严格的物资采购程序文件执行，确保采购的原材料和外购件质量满足合同设备制造的质量要求。

（2）供货商物资检验、试验部门应严格按照物资采购规范的要求和验收规范所规定的项目、方法进行原材料和外购件的验收，达不到规范要求的外购件不得入库。

（3）供货商用于制造设备的原材料和外购件未经检验或鉴定，不得使用或加工，对于使用的原材料和外购件要保持相应的检验记录或鉴定报告，设备监造商有权要求供货商随时提供有关原材料和外购件的检验记录或鉴定报告。

（4）监造人员有权检查供货商的采购控制程序具体执行情况，包括必要时的抽查、验证，供货商的相关部门应予以配合。这种抽查和验证并不免除供货商对原材料和外购件质量所承担的责任。

（5）供货商应对重要的原材料和外购件实施报验程序，经监造人员验收合格后方可用于设备生产制造。具体流程参见原材料和外购件报验流程图。

4.6.2.3 不合格品的控制

供货商应根据合同的要求和《质量保证程序文件》的规定，不合格品不被使用或安装，做出标识、记录评定及隔离。监造人员应随机检查不合格品的处置及记录是否符合规定。

（1）在出厂验收合格界定范围内的不合格品处理

在出厂验收过程中，如发现局部轻微不合格项或文件不合格项，并属于验收大纲中界定的验收合格允许范围内时，督促供货商对其做好标识、记录、隔离和处理。对有争议的问题进行评价和处理，应会同业主、设计、供货商等一起讨论并做出决定。

设备验收组应要求供货商对不合格问题采取措施，及时消除已发现的不合格产品或完善文件不合格项。供货商按照程序文件规定，及时填写"不合格品处理报告"和"纠正措施记录"，并按规定要求存档备查。

（2）验收合格界定范围外的不合格品处理

当验收过程中发现严重不合格产品或文件不合格项时，并超出验收大纲中界定的验收合格允许范围内，则该批次设备需进行返工处理，还应对照规定重新进行自检和检验，直至符合要求合格后才予以放行。供货商同样要及时填写"不合格品处理报告"和"纠正措施记录"，并存档备查。

（3）分析不合格品产生原因

当不合格品产生后，应对产生不合格品的原因进行科学分析，并敦促供货商对这些原因进行整顿改造，确保设备生产质量。

（4）制定处置措施和纠正措施

由供货商质检部门根据验收小组的意见制定对不合格品的处置措施，并严格遵照合同和有关规定执行。

对严重的不合格品应采取纠正措施，分析不合格类型，及时对产生问题的原因予以改进，对改进效果予以验证，对于效果不显著或无效的纠正措施，应及时修订或完善纠正措施，以达到有效消除产生不合格品原因的目的。供货商质检部门对效果显著的纠正措施应及时整理，适时纳入设备生产制造过程中的制度文件和程序文件中。

4.6.2.4 工厂组装监督

监造人员有权了解整机组装工艺及各部分的装配精度要求，并可要求检查组装过程中任一部分的质量情况，监造人员应对首台设备组装过程和检验予以见证，供货商质检人员予以积极配合。

如图 4-5 所示为监造人员对扶梯网孔进行抽查检测，导轨镀锌层厚度检测如图 4-6 所示。

图 4-5　扶梯网孔检测

图 4-6　导轨镀锌层厚度检测

4.6.2.5　工厂试验监督

供货商编制合同设备的工厂试验计划或大纲，并提交设备监造商审查，报业主批准。监造人员应现场见证试验全过程，监督试验设备、试验条件、试验项目、试验方法和步骤、试验结果等是否符合合同的要求。如图 4-7、图 4-8 分别为屏蔽门百万次试验、风机设备监造。

图 4-7　屏蔽门百万次试验

图 4-8　风机设备监造

除以上叙述的内容外，监造人员还可依照合同执行的需要，对认为必要的内容履行监督。

4.6.2.6　设备生产进度监督和仓储检查

（1）地铁设备生产有零件精度高、专业性强、客供件厂家多、供货厂家在同行业中实力较强、相同设备不同厂家生产工艺存在差异等特点，所以，设备生产进度监管过程中可能存在：重要生产流程涉密、供货厂家平衡不同客户的供货需求、客供件厂家拖延等问题。进度作为项目实施一大目标，重要性不言而喻，针对以上问题，依靠厂家已有的进度管理体系，梳理重要工序并明确相应节点与供货商共同开展进度检查是有效的方法。厂家生产体系统计的生产备忘如图 4-9 所示。

（2）设备供货商自身仓库的仓储安全、仓储环境达标与否，影响着设备安全、原材料和成品设备的质量，也可能因仓储意外事件影响供货计划。监造项目工程师应根据设备供货合同中对业主的仓储要求，结合其仓储管理体系依照仓储物资特性进行不定期检查。如图 4-10、图 4-11 分别为设备仓储环境及防潮包装、气体灭火气瓶喷头防尘保护情况。

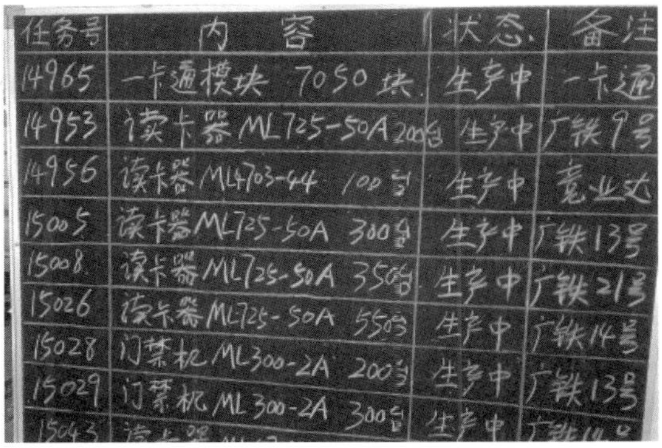

图 4-9 厂家生产体系统计的生产备忘

图 4-10 FAS 设备仓储环境及防潮包装

图 4-11 气体灭火气瓶喷头防尘保护情况

4.7 不合格产品控制方式

（1）供货商必须严格执行关于不合格品控制的程序管理，以防止不合格品的非预期使用或安装，应控制不合格品的标识、记录、评价、隔离和处置。

（2）供货商必须规定对不合格品进行评审的职责和处置的权限，按照形成文件的程序评审不合格品，并进行相应适当的处置。

（3）如果供货商要返修不符合规定要求的产品，必须事先向设备监造商驻现场监造代表提出申请，经同意后方可进行。供货商应记录不合格或返修情况，报设备监造商审核。

（4）对于返修或返工后的产品，供货商必须按质量计划和成文的程序重新检验，并保留相关记录。

（5）如果设备监造商在任何情况下，发现供货商有任何不合格产品未按上述条款办理，项目部将视此为供货商质量体系的严重不符合项，将给予处罚。

4.8 出厂验收

出厂验收过程中，出厂验收人员检查工厂按照《计数抽样检验程序 第1部分：按接收质量限（AQL）检索的逐批检验抽样计划》GB/T 2828.1—2012标准对出厂设备进行抽样并进行抽样测试，并严格按照检验大纲标准和要求填写出厂验收登记表，并形成出厂验收报告。对经出厂验收合格的设备产品，供货商方可进入包装、发货流程；对出厂验收不合格的设备，在出厂验收报告上写明原因，并要求供货商限期整改，重新安排进行出厂验收，测试合格方可进入下阶段流程；如再次出厂验收不合格，则报请业主批准进入索赔流程，设备监造商将协助业主办理相关索赔。

4.8.1 验收条件

（1）设备完成工厂生产，并且完成工厂自检且结果合格。

（2）供货商、设备监造商及业主共同制定出厂验收大纲内容，供货商编制的出厂试验和验收大纲需经设备监造商和业主审批。

（3）供货商根据出厂试验和验收大纲的规定，准备好开展设备验收的相关试验、检验的测量工具、仪器仪表等器材，同时完成设备机械、电气测试所必需的设备拼装、线缆连接等准备工作。

（4）在本批次设备生产制造、组装、调试完成后，供货商必须先对设备进行自检。自检项目以出厂检验验收项目为准，自检结果必须符合产品设计及技术规格书要求。

（5）在全部自检合格后，供货商填写自检验收报告，并提请设备监造商进行出厂试验和验收。如果供货商尚未进行自检，设备监造商有权拒绝其申请要求，并责令进行自检。

（6）根据设备合同规定标准及技术规格书要求，结合设备出厂检验验收项目、检验标准要求和检验记录表，供货商编制出厂试验和验收大纲，经设备监造商和业主审核批准后实施。出厂试验和验收大纲包括验收目的、验收依据、验收组织机构、出厂验收项目及内容等。

4.8.2 组织流程

4.8.2.1 基本要求

（1）设备全过程检验和试验由供货商组织实施，设备监造商进行全过程监督管理，对试验结果进行评估。

（2）供货商提前提交《设备检验和试验计划》和试验大纲（包括特殊试验大纲、出厂试验大纲和现场试验大纲），由设备监造商审核后报送业主审批。

（3）供货商按照设备采购合同、经批准的试验大纲、质量体系和质量计划的要求，提交型式试验报告，进行进货检验和试验、生产过程检验和试验、出厂检验和试验，随时接受设备监造商的检查。

（4）供货商用于设备制造的产品或原材料如未经检查或鉴定，不得使用或加工。检查或鉴定应遵循质量计划或明文规定进行，并提供相应的检查记录或鉴定报告。

（5）供货商不得以任何借口减少检验和试验项目和内容，试验验收后，并不减轻或减少供货商对设备所负的责任。

检验和试验项目和内容包括：

① 加工过程中的检查和试验：按质量计划或明文规定的规程检查、试验和鉴定。

② 供货商提供证明产品已按规定的验收条件通过了检查和试验的记录。

③ 检查、测量和试验设备：供货商应对其检查、测量和试验的设备进行定期控制、校核和维护，以确保这些产品与规定的要求相一致。

④ 检验和试验状态：供货商应对其产品的检查和试验状态进行标记，通过规定授权的印章、标签、标识、卡片、检查记录、试验软件、物体的放置或其他合格的手段加以识别，表明其经过检查、试验是否合格。上述识别标记应在产品的制造、安装过程中一直保存，以保证只有通过所需检查、试验的产品才能发放、使用或安装。

⑤ 记录上明确合格产品发放的授权检查单位。

⑥ 最终检查：按照质量计划、合同文件或其他规定，执行所有的最终检查并最后确认供货商所完成的产品满足产品设计文件、合同文件和设计联络的要求。

4.8.2.2　试验及检验实施流程

供货商根据设备生产监造要求开展试验及检验工作，具体实施流程见图 4-12。

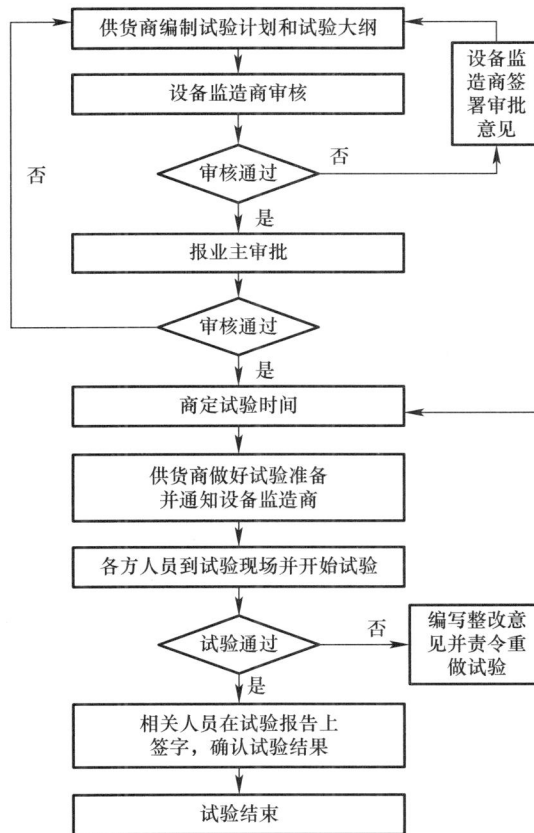

图 4-12　试验及检验的实施流程

4.8.3　出厂验收内容及要点

4.8.3.1　通风空调专业

（1）隧道系统风机

风量（含不同转速）全压、静压（含不同转速）、效率（含不同转速）、声功率级 dB（W），在八倍频带的噪声水平（63Hz-8kHz）（最高转速）、轴功率（含不同转速）等。

（2）车站系统风机

风量（含不同转速）全压、静压（含不同转速）、效率（含不同转速）、声功率级 dB（W），在八倍频带的噪声水平（63Hz-8kHz）（最高转速）、轴功率（含不同转速）等。

（3）空调机组

主要零部件检查、启动与运转、机组风量、机组出口全压、噪声，声压级 dB（A）、振动水平测试等。

（4）冷水机组

气密性试验、真空试验、液压试验、机组设计工况性能试验等。

（5）冷却塔

外观、树脂含量、弯曲强度、电机安全、阻燃性能、风机叶轮的动平衡测试等。

（6）空调水泵

泵的承压件水压试验报告及理化试验报告、流量（不同转速）、扬程（不同转速）、电机功率、噪声等。

（7）电动阀门

电动阀门的理化试验报告、流量（不同转速）、扬程（不同转速）、电机功率、噪声等。

（8）消声器

外观、阻燃性能测试等。

（9）变制冷剂流量分体空调机组

主要零部件检查、启动与运转、机组风量、机组出口全压、噪声、声压级 dB（A）、振动水平测试等。

4.8.3.2 低压配电专业

低压配电专业出厂测试的设备包括低压开关柜（变电所、环控柜）、事故照明装置、低压配电箱、公共区及区间灯具。设备出厂测试包括：

（1）一般监测

用卷尺测量框架的长、宽、高及对角线，其公差≤3mm。铭牌内容与技术图纸相符，框架结构的漆层、镀层与公司标准要求一致。主回路配线是否正确美观，材质、载流量是否符合技术要求。主回路的接线应符合技术图纸，布线横平竖直，拐角有弧度，导线的直径要符合技术图纸和公司的施工说明。元件的安装必须横平竖直，规格型号需与此柜技术图纸一一对应（元件上标签与材料表一一对应即可）。通过目测，检查铰链的连接点是否可靠，有没有明显的松动。

（2）机械检查

柜体安装角度是否正确，机械部分是否按图纸安装，母排位置安装是否与系统图一致等。

（3）电气检查

连接好柜内主母排，接好地线，把低压测试台的输出电压调到380V；根据技术图纸，分别让每个回路的元件动作一遍（每个回路通电），元件能可靠动作；检查电流互感器和电流表的变比应一致，接线应符合图纸要求；把测试台输出5A的电流，分别加到每相电流互感器次级上，观察电流表读数，应为电流互感器初级标称值。而电度表则应正转。

进行电气间隙试验、爬电距离试验、工频耐压试验。

（4）智能系统试验（如低压配电系统设计采用智能低压）

数据测量、采集与I/O性能测试、报警与联锁测试、参数设定测试、系统监视测试、控制功能测试、安全保护功能测试、系统通信性能测试、人机界面显示与操作功能测试等。

如图 4-13 所示为低压柜出厂测试，图 4-14 所示为 BAS 控制柜出厂测试，图 4-15 所示为低压柜点表测试。

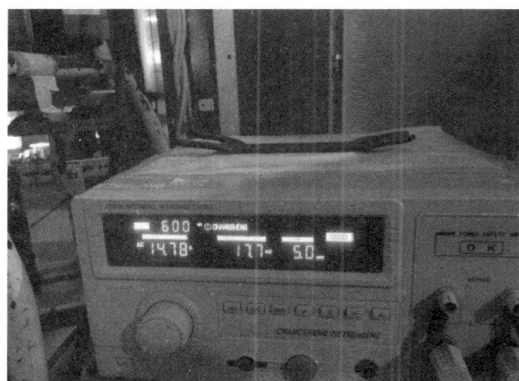

图 4-13　低压柜出厂测试

图 4-14　BAS 控制柜出厂测试

柜号	设备名称	设备描述/数据点描述	数据点类型	DDI 计算顺序	寄存器	数值	数值说明	单位	数据长度
		A相电流	AI	（03功能码）4x0001		0-4000	系数：1	A	2 Bytes
		B相电流	AI	（03功能码）4x0002		0-4000	系数：1	A	2 Bytes
		C相电流	AI	（03功能码）4x0003		0-4000	系数：1	A	2 Bytes
		AB线电压	AI	（03功能码）4x0004		0-8000	系数：0.1	V	2 Bytes
		BC线电压	AI	（03功能码）4x0005		0-999999999	系数：0.1	V	2 Bytes
		CA线电压	AI	（03功能码）4x0006			系数：0.1	V	2 Bytes
		三相总功率因数	AI	（03功能码）4x0007		0-4000	系数：0.001		2 Bytes
		频率	AI	（03功能码）4x0008		0-8000	系数：0.01	Hz	2 Bytes
		三相有功功率L	AI	（03功能码）4x0009		0-4000	系数：1	W	2 Bytes
		三相有功功率H		（03功能码）4x0010					2 Bytes
IPA1	1#进线	三相无功功率L	AI	（03功能码）4x0011		0-4000	系数：1	var	2 Bytes
		三相无功功率H		（03功能码）4x0012					2 Bytes
		正向有功电能累加值L	AI	（03功能码）4x0013		0-999999999	系数：1	KWh	2 Bytes
		正向有功电能累加值H		（03功能码）4x0014					2 Bytes
		负向有功电能累加值L	AI	（03功能码）4x0015		0-999999999	系数：1	KWh	2 Bytes
		负向有功电能累加值H		（03功能码）4x0016					2 Bytes
		正向无功电能累加值L	AI	（03功能码）4x0017		0-999999999	系数：1	Kvarh	2 Bytes
		正向无功电能累加值H		（03功能码）4x0018					2 Bytes
		负向无功电能累加值L	AI	（03功能码）4x0019		0-999999999	系数：1	Kvarh	2 Bytes
		负向无功电能累加值H		（03功能码）4x0020					2 Bytes
		Ia总谐波	AI	（03功能码）4x0021		0-8000	系数：0.1	%	2Bytes
		Ib总谐波	AI	（03功能码）4x0022		0-8000	系数：0.1	%	2Bytes
		Ic总谐波	AI	（03功能码）4x0023		0-8000	系数：0.1	%	2Bytes

图 4-15　低压柜点表测试

4.8.3.3　给排水系统及消防专业

给排水系统及消防专业出厂测试的设备包括潜污泵、真空排污装置、自动灭火系统（管网部分）、气压给水设备。设备出厂测试包括：

（1）潜污泵

潜污泵的控制功能，控制箱性能测试，相关接口功能的实现，消防泵、潜污泵的承压件水压试验报告及理化试验报告、流量（不同转速）、扬程（不同转速）、电机功率、噪声等。

（2）真空排污装置

包括真空泵组、真空罐、真空主干管道、真空分支管道等。外观检查、耐压测试、机械性能测试、各类电动阀门电动执行机构性能测试等。

（3）自动灭火系统（控制部分）

该系统由多种设备现场集成，各设备均在原生产厂家做出厂抽样试验，由于试验项目繁多，此处不作详细描述，只做样机试验和系统模拟试验。须测试的设备包括：自动灭火报警控制盘、智能型光电感烟探测器、智能型感温探测器、输入输出模块。

（4）自动灭火系统（管网部分）

外观检查、耐压测试、机械性能测试、各类阀门性能测试等。

（5）气压给水设备

机械（包括高压管的强度）试验、电气部分试验等，并按规定的要求，执行一个防护区完整的联动测试。

4.8.3.4 环境与设备监控系统

该系统由多种设备现场集成，各设备均在原生产厂家做出厂抽样试验，由于试验项目繁多，此处不作详细描述，只做样机试验和系统模拟试验。须测试的设备包括：光纤交换机、PLC 控制器、通信接口模块、压力传感器、压差传感器等。

4.8.3.5 火灾自动报警系统

该系统由多种设备现场集成，各设备均在原生产厂家做出厂抽样试验，由于试验项目繁多，此处不作详细描述，只做样机试验和系统模拟试验。须测试的设备包括：火灾报警控制盘、工业控制计算机、智能型光电感烟探测器、红外线光束感烟探测器、红外线火焰探测器、手动报警按钮、感温电缆及控制器、消防电话主机、消防广播及警铃、可燃气体探测器、输入输出模块。如图 4-16 所示为 FAS 出厂验收系统功能模拟测试。

图 4-16 FAS 出厂验收系统功能模拟测试

4.8.3.6 门禁系统

门禁系统包括门禁控制器、工控机、网络交换机、开门按钮、读卡器、机柜等设备。试验内容包括功能检验、性能测试、连续通电试验、电源影响试验、系统间设备通信试验等。

4.8.3.7　站台门专业

站台门系统由机械和电气两部分构成，机械部分包括门体结构和门机传动系统，电气部分包括供电和控制系统。门体结构由承重结构、门槛、顶箱、滑动门、固定门、应急门和端门组成。驱动系统包括电机、减速器（若有）、传动装置和锁紧装置等。

（1）结构部件检查

钢结构、门槛、门机梁、封板、立柱、门楣梁、固定面板等结构部件生产组装。承重结构必须采用机械性能不低于 Q235A 的钢结构，结构零件表面防腐处理保证使用寿命 30 年。承重结构都能承受屏蔽门的重力荷载以及列车行驶活塞风与环控系统风机风压检测。门槛表面进行绝缘处理，绝缘处理后的绝缘值不小于 0.5MΩ。顶箱前盖板均采用厚度不小于 4mm 铝合金或厚度不小于 2.5mm 发纹不锈钢。

（2）电气部分检查

门机（含驱动电机、传动装置、门锁等门机梁内所安装的相关设备）、门控单元（DCU）和 PSC（含开关、接线端子、箱体接口等）设备。进行绝缘试验、功能检验、性能测试、连续通电试验、电源影响试验、系统间设备通信试验等。

4.8.3.8　电扶梯专业

电扶梯专业包括自动扶梯、无机房电梯。

扶梯的主要部件包括：桁架（包括焊在上面的导轨支承、驱动主机机座等）、驱动主机（包括轴承，但不包括制动器上的摩擦件和电磁线圈、联轴器上的阻尼器）、梯级、梯级链和梯级轴，主驱动轴，梯级链张紧装置、导轨，扶手带驱动装置（不包括摩擦件），梯级滚轮（梯级主轮和副轮），微机板（电子板），变频器，扶手带，驱动链。

无机房电梯包括：轿厢，层门及轿门，安全保护，曳引机、控制柜、变频器，轨道等。

每台扶梯均在工厂进行完整装配（包括扶栏），经调试和试运转（包括噪声）合格后方可出厂。

每批扶梯（按供货通知）总装开始时，供货商书面通知设备监造商，由设备监造商派人前往供货商工厂进行出厂前的检查，业主视需要派人参加。主要内容包括：重要部件的产地及质量证明；自制件的制造质量检查记录；调试和试运转报告或记录；其他买方认为必要的内容。对买方的检查，卖方应做好相关资料和检查器具的准备。如图 4-17 为电扶梯驻厂验收。

图 4-17　电扶梯驻厂验收

4.8.3.9　防淹门专业

防淹门系统包括门槽、门槛、门楣（或胸墙）、护角、启闭机机械及启闭机、电动锁定装置及控制设备。需进行绝缘试验、功能检验、性能测试、连续通电试验、电源影响试验、系统间设备通信试验等。

4.8.3.10　综合监控系统

综合监控系统包括实时服务器、冗余的历史服务器、外部磁盘阵列、磁带机、各种调度员工作站（如电调、环调、行调、维调和总调等）、网管服务器、网管工作站、打印机、网络交换机等设备。首台设备组装检验、首台设备或样机试验、接口试验、结构性能试验、功能性试验、设备主要部件工厂试验、特殊材料性能试验、出厂试验与检验等都需要现场见证和监督。

4.8.4　出厂验收方式

4.8.4.1　供货商自检

在所有设备产品生产制造、组装、调试完成后，设备供货商须对准备出厂的设备进行自检。按照设备合同规定的标准和技术规格书的要求，供货商制订出厂检验验收项目。自检项目以出厂检验验收项目为准，自检结果必须符合产品设计及技术规格书的要求。在全部检验合格后，供货商填写自检验收报告，并填报《设备出厂验收申请单》向设备监造商申请进行出厂验收。如果供货商尚未进行自检，设备监造商有权拒绝其申请要求，并责令其进行自检。

4.8.4.2　出厂验收

按照合同的约定与项目的进展情况，在供货商完成设备制造且完成产品自检后，为确保检验的公正性、维护甲方的合理利益，监理和业主以检查为手段，完成对供货商根据技术要求、标准编写的出厂验收大纲（项目、方法、标准）进行审查、批准。待供货商提供的设备部件质量检测报告、产品合格证书、自检报告和检测报告等相关附件审核通过后，由设备监造商组织设备出厂验收组，按照《设备出厂验收大纲》编制的验收项目，共同对产品设备的状态、功能和性能进行全面的检查、试验，对文件质量体系进行审核，以证实其已完全达到合同规定标准及技术规格书的要求。

4.8.5　不合格品处理

在设备出厂试验和验收过程中，如发现设备出现不合格项，则需采取以下措施：

（1）在出厂验收合格界定范围内的不合格品处理

在出厂验收过程中，如发现局部轻微不合格项或文件不合格项，并属于验收大纲中界定的验收合格允许范围内时，督促供货商对其做好标识、记录、隔离和处理。对有争议的问题进行评价和处理，应会同业主、设计、供货商等一起讨论做出决定。

设备验收组应要求供货商对不合格问题采取措施，及时消除已发现的不合格产品或完善文件不合格项。供货商按照程序文件规定，及时填写"不合格品处理报告"和"纠正措施记录"，并按规定要求存档备查。

（2）验收合格界定范围外的不合格品处理

当验收过程中发现严重不合格产品或文件不合格项时，并超出验收大纲中界定的验收合格允许范围内，则该批次设备需进行返工处理，还应对照规定重新进行自检和检验，直至符合要求合格后才予以放行。供货商同样要及时填写"不合格品处理报告"和"纠正措施记录"，并存档备查。

（3）分析不合格品产生原因

当不合格品产生后，应对产生不合格品的原因进行科学分析，并敦促供货商对这些问题进行整顿改造，确保设备生产质量。

（4）制定处置措施和纠正措施

由供货商质检部门根据验收小组的意见制定对不合格品的处置措施，并严格遵照合同和有关规定执行。对严重的不合格品应采取纠正措施，分析不合格类型，及时对产生问题的原因予以改进，对改进效果予以验证，对于效果不显著或无效的纠正措施，应及时修订或完善纠正措施，以达到有效消除产生不合格品原因的目的。供货商质检部门对效果显著的纠正措施应及时整理，适时纳入设备生产制造过程中的制度文件和程序文件中。

4.9 成果文件

（1）投产申请和投产指令。

（2）设备样机制造、接口试验、阶段生产、出厂试验和验收等各种计划。

（3）监造过程记录和监造报告。

（4）设备样机试验、过程试验、接口（整组）试验、出厂试验的记录和报告。

（5）设备出厂验收报告。

（6）各种合同管理过程文件、凭证和审批依据等。

（7）出厂验收大纲。

第 5 章 设备到货开箱

5.1 设备包装

5.1.1 运输包装

5.1.1.1 运输包装要求

（1）按国家有关机电产品包装标准、环保要求和行业设备包装标准做好设备、材料的运输包装。

（2）工程设备、材料的运输包装应根据运输方式多、装卸次数多、运输距离远和运输周期长的特点合理设计，保证设备、材料在国内外全程运输过程中装卸、堆码、储存方便安全。

（3）运输包装设计须使包装物具备一定的堆码能力，即高度在 2 米以上的货物，能保证安全堆码 2 件同类货物；高度在 2 米以下的货物能保证安全堆码 4～5 件同类货物。木箱、铁箱、托盘、框架顶部一般须采用平顶形式。

（4）起吊位置的设计：各种方式的包装均须根据货物的长度、重量和重心情况合理设计起吊位置，并标明起吊点。单件重量在 10 吨以下的设备，包装物底部必须留有铲空以适应不同方式的装卸作业。木箱、托盘的起吊位置及上部适当位置须根据货物的重量加装相应规格的护角铁板，以增加强度。

（5）重心点标注：各种方式的包装均须标注重心点。

5.1.1.2 运输包装方式

（1）木箱

全部采用压边接缝或探槽接缝全封闭式木箱，禁止采用花格木箱。包装箱用材为松木或同类材料，不得使用纤维板、竹皮板等其他材料。箱板厚度、箱内框架用料及结构，须根据设备的特性和重量设计，确保木箱强度和装卸安全。精密仪器、仪表、控制盘（台）等电气设备应进行真空包装处理后再装箱。易碎设备如绝缘瓷瓶应先装入纸箱或木箱后再装箱。设备在木箱内固定牢靠，不得发生移位或窜动。包装箱充满度不低于 90%。设备装箱时尽量使其重心位置居中靠下，重心偏高的设备尽可能采用卧式包装。重心偏离中心较明显的设备须采取相应的平衡措施。

（2）铁箱

精密仪器设备等必须采用铁箱包装方式。

（3）托盘

同规格尺寸的小型箱装货物应采用托盘组合包装方式，组合包装后的托盘重量一般为 0.5～2 吨，体积不小于 1m³。托盘装必须组合牢固，确保不散捆。

（4）捆装

中型钢结构和管件，可采用捆装方式。须以角钢和槽钢为材料进行捆扎，长度 5 米以下的货物至少捆扎 4 道，长度 5 米以上的货物至少捆扎 5 道，确保不散捆。捆装货物钢结构之间以及钢结构与捆装材料之间，须加衬胶皮或麻袋片等衬垫物，以防物件窜动散捆以及由此产生的工件磨损。

（5）框架

下水连接管、顶部连接管等部件，型钢结构的管件，须采用以槽钢、工字铜为框架材料的框架包装。不得使用木质框架。设备必须框在框架内，固定措施安全可靠，不得有窜动、碰撞等潜在因素。铁件之间须有衬垫物，以免运输途中铁件直接接触摩擦，减薄产品的局部厚度。

（6）裸装

用于变压器等的大部件设备，裸装货物一般应安置于底盘上，底盘设计应符合均衡受力、稳固牢靠、便于装卸的要求。裸装货物重要部件须同时采取局部防护、防锈等防护包装措施。

（7）桶装

用于变压器油、化工原料等的包装。

（8）卷装

用于电线、电缆、硬铜接触线等货物的包装，电缆应采用全钢盘包装方式。

5.1.2　防护包装

根据产品的不同要求认真做好产品的防护包装工作。防护包装主要有：防雨、防潮、防霉、防锈、防震、局部防护等方式。

须采用防雨、防潮或防锈措施的设备不得采用捆装、框架、裸装的包装方式；以裸装、捆装、框架方式包装的设备，采取防锈措施并加以适当保护；易受潮气侵蚀锈损的设备必须封装在防水或密封的坚固容器内，容器内还应放入适当的干燥剂，以确保容器的低湿度。

5.1.3　装箱文件要求

产品的装箱资料，按合同要求执行。装箱资料须装于塑料袋内（资料较多时还应另装入一只内箱），然后将其固定放置在产品主体件第一箱内或每站（所）的同种设备第一箱内。资料过多无法装入产品包装箱时，可单独装资料箱，并将"资料"字样标记在包装箱的品名规格栏目内。包装箱内每一单位零部件均应系有标签，标签内容包括：设备名称、零部件名称、规格型号、数量、图号、图纸序号、装箱单号等。包装箱内所装货物的名称、规格、数量应与标签及装箱单记载的内容三者完全一致。裸装、捆装、卷装及框架包装货物，应将所有装箱资料集中装入资料箱内。

5.2　设备运输

（1）选择安全、合理、经济的运输方式和运输途径，采用最短路径运输。

（2）供货商按照进度计划拟订运输计划，重点提出大型关键设备的运输安排，包括运输前准备工作、运输时间、运输方式、运输线路承载能力、通过能力与相应的技术指标、车辆荷载配备选用及布载规定、设备捆扎方式、沿途排障方式、人员安排等。

（3）根据承运能力、运输条件、服务水平、信誉等方面选择优秀的运输单位。注意运输中的交接，防止设备丢失或错运地点。

（4）注意对装卸设备进行可靠加固，防止运输过程中因受到惯性力、离心力、重力和干扰力（在运输中加减速、刹车、爬坡、下坡、转弯、颠簸、晃动所产生的外力）的作用引起设备移动而造成损失。

（5）对于有特殊运输要求的设备应采取特别的措施保障设备的运输安全，督促运输公司制定运输安全技术保障措施，如超限设备运输必须考虑专门的运输工具和特殊技术措施。由于超限设备运输具有临时性、一次性和多接口的显著特点，要加强管理和协调，采用先进技术，做到安全可靠、万无一失。

（6）供货商发货后需及时将供货清单、运输方式、快递单号及运输联系人报设备监造商，并定期反馈运输进度。

图 5-1 所示为风机设备吊装，图 5-2 所示为电扶梯包装运输。

图 5-1 风机设备吊装

图 5-2 电扶梯包装运输

5.3 开箱管理

5.3.1 开箱控制

设备监造项目部将根据施工进度组织有关单位进行设备的开箱检验。制定开箱检验管理办法，规定开箱检验的程序、要求、参加部门等。开箱检验前，必须认真核对到货检查表上内容，确认箱体数量无误，箱体无破损、无拆封情况下方可进行开箱检验。如果箱体已破损或已被拆开，须确定在未影响箱内设备材料情况下方可进行检验。

开箱检查包括但不限于以下内容：

（1）设备材料的数量及规格型号；

（2）设备材料的备件、专用/特种工具的规格、型号及数量；

（3）包装及密封是否符合要求；

（4）设备及部件的外观检查；

（5）技术文件、装箱资料是否齐全；

（6）合同规定的其他检查内容。

经开箱检查发现有不合格或不符合合同要求的设备或部件时，由参加开箱检查的各方商定处理结论后报业主批准，并由设备监造项目部将业主批准后的处理方案以正式函件形式通告供货商，并督促尽快处理。开箱检验后，由检验各方代表签署开箱检验单。合格的设备材料即交付施工方安装施工。对设备材料开箱检验中未发现的质量缺陷或其他方面的缺陷，并不免除供货商应承担的质量责任。

5.3.2　开箱验收流程

设备开箱是在设备安装施工提出到货请求并在货物到达现场后由业主、设备监造商、厂家、安装施工单位、安装施工监理共同参与对到达现场的设备进行检查，保障所到设备无残次品且无型号、数量、配件、资料错误等情况。具体流程如图5-3所示。图5-4所示为设备开箱，图5-5为BAS控制箱开箱检查。

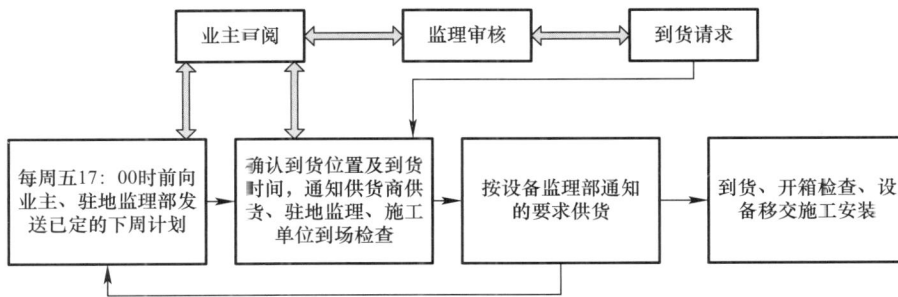

图 5-3　开箱验收流程

图 5-4　FAS 设备开箱

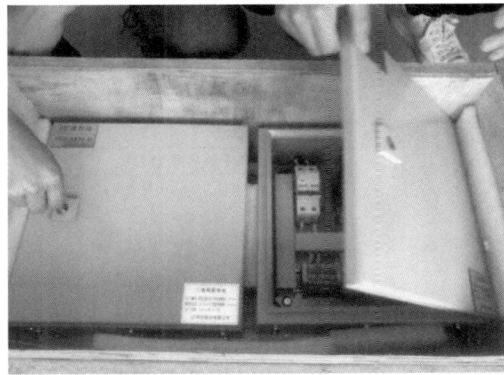

图 5-5　BAS 控制箱开箱检查

第6章 设备安装调试

6.1 安装调试流程

安装工艺达标与否决定了设备能否正常工作，影响其正常使用时间能否最大地趋近其使用寿命。安装后的调试是针对设备质量、安装工艺在设备使用前的实地检测，因为本项工作的结果是设备能否交付运营的重要依据之一，所以有严密的工作流程，具体流程如图6-1所示。

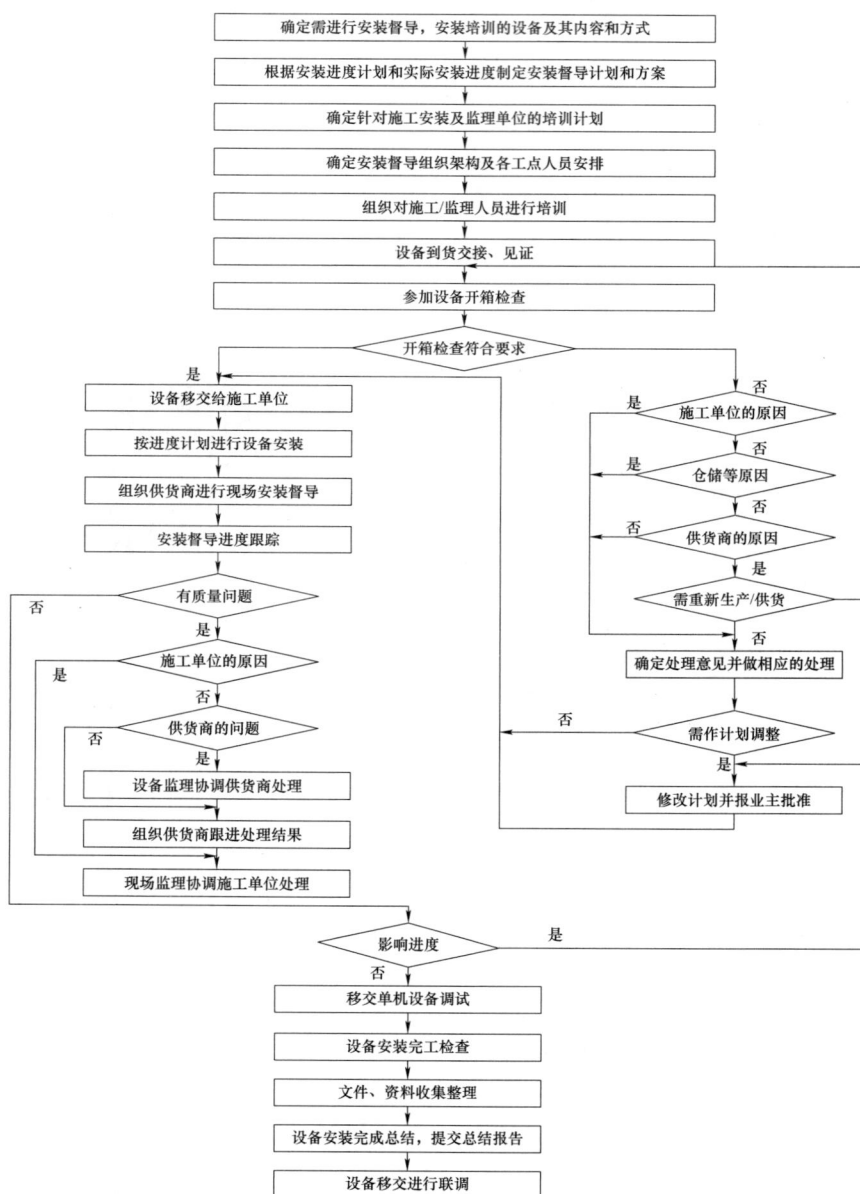

图6-1 安装调试总流程

6.2　安装督导

6.2.1　安装督导工作内容

安装督导阶段，设备监造商应按照总体工期要求，组织供货商现场服务人员配合施工安装，确保线路开通时车站设备的安装任务。具体工作按照时间顺序主要包括：

（1）针对工程总工期计划，协助施工安装单位制定详细且操作性强的现场运输和设备安装计划。

（2）根据工程情况制定备选运输和安装方案，当原方案受阻时，立即实施备选方案，保证车站设备的安装工期。

（3）研究不同设备的运输、安装要求，督促、检查施工单位机械运输设备和安装器具的准备情况。

（4）协助业主、施工监理、施工承包商研究现场运输条件，特别是各车站位置及设备布置、运输通道等，制定相应的运输、安装方案。

（5）关注车站、隧道土建工程进展情况，关注铺轨情况，建立与土建施工单位的定期通报制度。

（6）监督检查做好前期设备预埋件、吊装设施的施工工作。

（7）协助解决安装过程中的技术工作与土建的接口工作。

（8）做好事前的安装预测工作，及时修正由于外界原因引起安装计划的变化，如施工点的先后次序等。

6.2.2　安装督导阶段主要工作

（1）设备监造商负责安装督导的监控、确保安装督导人员的技术水平能满足现场需要。

（2）设备监造商负责协调供货商与安装单位的关系。

（3）设备监造商对安装过程中发现的供货质量问题、发生的安装质量问题，提出解决方案并经业主确认，再由设备监造商负责落实。

（4）设备监造商必须定期向业主提交安装进度报告，重大问题提出解决建议，并进行协调和落实。

6.2.3　安装督导基本工作方法

（1）按照合同要求和实际工程进展制定安装督导计划，报业主审批；

（2）审查供货商督导人员的从业经验、资格证书，确保有良好的技术水平；

（3）与施工现场监理供货商督导能力反馈机制；

（4）审查供货商的督导文件并现场考察督导人员督导内容是否全面、具体；

（5）协调施工单位安排 1-2 个专人接受供货商的安装督导，避免接受督导人员过多、过杂且均无法全面接受督导内容。

图 6-2 所示为 FAS 及气灭控制系统安装督导会，图 6-3 所示为低压柜安装。

图 6-2 FAS 及气灭控制系统安装督导会

图 6-3 低压柜安装

6.3 单机调试

6.3.1 单机调试的重点

设备单机调试阶段工作重点是：协调好车站设备安装调试承包商与供货商之间的关系，包括协调调试计划和调试工作的接口。

按照工程总工期要求、现场调试计划和现场试验大纲的要求，组织施工承包商和设备供货商做好现场调试工作。现场调试工作具体由施工承包商负责，但供货商应提供现场调试的试验内容、试验方法和试验步骤。调试工作的内容为：各项设备在现场安装后进行的单体现场试验。图 6-4 为扶梯单机调试。

图 6-4 扶梯单机调试

6.3.2 单机调试的流程

6.3.2.1 单机调试工作流程

供货商必须配合车站设备的系统调试，负责解决设备可能出现的问题，配合解决调试中可能出现的其他问题。在车站设备系统调试阶段，供货商必须指派胜任的技术人员参加。供货商必须负责确认现场试验的方法和结果。如果需要，供货商应参加业主或其他单位组织召开的现场调试会议，具体调试流程见图 6-5。

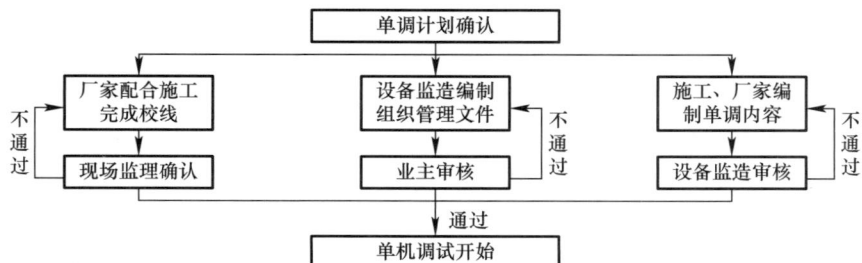
图 6-5 单机调试工作流程图

6.3.2.2 单机调试管理流程

设备单机调试管理流程就是将管理和控制手段有机地结合起来，在整个车站设备调试过程中加以运用，主要管理流程有：

（1）设备调试计划编制：根据总工期计划及工程进展情况，制定设备调试配合计划，发各供货商提前做好现场服务准备。

（2）设备调试管理条例编制：制定设备调试阶段对供货商现场服务人员的管理办法，主要包括安装调试记录、工作例会制度、工作联系单记录、现场服务安全要求等内容，发各供货商执行。

（3）审核供货商设备调试方案：审核供货商的设备调试方案，报业主批准并发设备安装调试单位，作为该设备安装调试指导手册。

（4）召开设备调试准备会议：在设备调试开始前，组织召集供货商、设备安装调试单位、监理、设计，由业主主持的调试准备会，明确各单位的责任，责任人联系名单，为设备调试打下良好的基础。

（5）供货商设备调试联络会议：调试阶段形成供货商周例会制度，及时跟踪设备调试进展情况，了解发生的问题并协调解决。总结上周的进度，根据实际情况安排下周的计划。必要时临时组织召开现场协调会议，协调解决调试过程中发生的需要尽快解决的问题。

（6）定期检查供货商现场服务记录表：以站、区间为单位，定期检查各个供货商现场服务人员服务记录表，对其服务质量进行评价，发现问题及时要求供货商整改。

（7）设备调试总结报告：分阶段进行设备调试总结，编制供货商调试服务总结报告，经业主审查后作为设备采购合同支付条件之一。

6.3.3 单机调试内容

（1）供货商除依据合同提供专用仪器和试验设备外，应配合施工监理检查各安装承包商常规试验仪器的配备及是否满足调试要求，如发现试验仪器不全，应及时向施工监理有关人员提出。

（2）供货商必须在施工监理的组织和监督下，按设备安装调试规定的时间参加本合同设备单机及系统调试并进行技术指导，配合接口设备的调试。

（3）供货商必须负责确认现场试验的方法和结果。

6.3.3.1 通风空调专业

一、电动阀门调试方案

1. 调试项目内容及步骤

1）手动性能

在不通电的情况下进行以下调试：

（1）风道组合风阀测试步骤

① 将"手动/电动转换开关"拨至"手动挡"；

② 将手轮拨至手动位置；

③ 摇动手轮使组合风阀开启、关闭；

④ 当组合风阀未开启到位时，端子4、5应该断开；当组合风阀开启到位时，端子4、5应该接通；

⑤ 当组合风阀未关闭到位时，端子4、6应该断开；当组合风阀关闭到位时，端子4、6应该接通；

⑥ 测试完成后将手轮推至电动位置，将"手动/电动转换开关"拨至"电动挡"。

（2）防烟防火阀测试步骤

① 扳动防火阀执行器手柄将阀门打开；

② 防火阀开启后，防火阀执行器端子 4、5 应该断开；

③ 拉动手动拉环将防火阀关闭；

④ 防火阀关闭后，防火阀执行器端子 4、5 应该接通；

⑤ 通过 5 米远控手动复位防火阀，检查 5 米远控复位功能。

2）电动性能

当电动阀门远控系统具备供电进行单机调试的情况和电动阀门正确完成控制接线的情况下进行以下调试：

（1）单体电动风阀、风管组合风阀、风道组合风阀测试步骤

① 由远控系统发出开阀指令，风阀开启；

② 开阀到位时，阀开指示灯亮；

③ 由远控系统发出关阀指令，风阀关闭；

④ 关阀到位时，阀关指示灯亮。

（2）防烟防火阀测试步骤

① 由远控系统发出关阀指令，防火阀关闭；

② 关阀到位后，远控系统监测到阀关状态反馈。

2. 调试过程中需提供的配合及注意事项

（1）调试过程中需要施工单位配合处理安装不当造成的单机调试故障。

（2）在确保接线正确后才可进行通电测试。

二、隧道风机调试方案

1. 调试内容、步骤及依据

1）调试内容（包括但不局限于以下几点）

（1）风机电机的绝缘检查。

（2）风机的风量测试。

（3）电机性能检测。

2）调试步骤

（1）为加快设备的调试进程，调试前通知安装单位清理风道内（包括变径管和风机本体）所有杂物，以免因风机运行过程中风力过大，将硬质杂物卷起击伤调试人员，甚至损坏风机零部件及其他设备。

（2）调试前通知安装单位准备电力充足、通话性能良好的对讲机两部或以上。

（3）调试前，应通知安装单位测出风机配用电机的对地绝缘电阻，供调试技术人员确认。若电机对地绝缘电阻为零或过低，首先应通知安装单位测量风机电源主回路的对地绝缘电阻是否存在问题。检查风机接线盒中接线端子是否因受潮而使电阻过低，若是则应烘干相关零部件直到达到测试条件。若仍存在问题，调试人员应通知电机厂的技术人员到场检查电机，直到排除故障达到可测试条件。

（4）调试人员进入工地向安装单位索取对讲机，在领队人员的统一指挥下就位（风机现场及环控室），在此应要求安装单位分别安排一名相关专业人员随从前往风机现场及环控室，协助调试人员的调试工作。

（5）调试人员分别就位后，通知安装单位切断所有需测试风机的主电源，并告之环控室的电气人员未得到风机现场调试人员的指令，不得送主电源并开启风机。

（6）调试人员告之安装单位打开风机设备叶轮端及电机端的检修门供调试人员进入风机本体内，检查风机各零部件、风机风筒内部及变径管内是否仍存在杂物，待调试人员确认风机具备调试条件并确认风机本体内无任何人员后，马上封闭风机设备叶轮端及电机端的检修门，防止他人进入。风机本体检查完毕。

（7）调试人员测量好即将运行测试的风道端的风阀或消声器尺寸、确认即将测试的气流方向，并做好相应记录，同时要求安装单位确认阀门位置无杂物、风亭已全部打开，且风亭附近无防雨布等块状物体，如有应立即清除，确保风机运行时风亭处于全部打开状态。

（8）确定测试风机所在的管网系统中的阀门均已按测试要求打开或关闭。

（9）调试人员告之安装单位，清除所有与调试无关的人员离场，确认所有调试人员均已就位，关闭相应防火门，并在相应防火门处设立警示牌，防止测试时，任何人员开启防火门，进入测试区域。风机管网系统具备调试条件。

（10）风机现场调试人员通过对讲机向环控室调试人员发出点动风机的指令。

（11）环控室调试人员确认指令后，要求安装单位专业人员点动风机，以便风机现场调试人员确认正确的测试方向及风机是否可正常动作。

（12）风机现场调试人员确认风机可正常动作（若不行应待排除故障后重复此步骤直至可正常动作），并向环控室调试人员发出准确的启动风机指令。

（13）环控室调试人员确认现场调试人员的准确指令后，要求安装单位专业人员启动风机，进入调试状态。此时开始，任何人员不得开启防火门。

（14）环控室调试人员读取并记录启动电流、运行电流、启动时间等要求测试的相关有效数据。

（15）现场调试人员读取并记录相关有效的测试数据。记录完毕后，通知环控室调试人员停止风机。

（16）记录好后，环控室调试人员要求安装单位专业人员停止风机，并切断该风机主电源。

（17）现场所有人员撤离风道，调试完毕。

2. 调试过程需提供的配合

（1）检查安装好的风机与基础结合面、风机进出口的管道连接是否自然吻合，且管道的重量没有加在风机各个部位上。

（2）检查安装好的管道与风机连接之间加装的膨胀软接头是否适中；否则应调节膨胀软接头的松紧度，以免增大系统阻力，影响风机送/排风量。

（3）检查安装好的风机和管道系统连接处是否密封好、有无漏气现象；否则应处理，以免影响风机送/排风量。

（4）检查安装好的风机动力电源线是否已连接到风机的接线盒上，并进行密封处理。

（5）检查安装好的风机及其连接管道内是否有杂物碎屑等；否则应清理干净，以保证风机的安全运行。

（6）风机在启动、调试和测试验收前，应进行管道系统、风机及其辅助设备检查，并按以下步骤要求进行风机的使用操作。

① 检查风机叶轮与风筒的间隙，以及其他转动部分与固定部分有无碰撞及摩擦现象。

② 如果是带轮传动方式，须检查皮带的松紧度和稀油润滑的传动组的轴承座油位，是否在最低与最高油位之间。

③ 风机长期间未运行，在开机之前应用 500 伏兆欧表测量电机的绝缘电阻，其值不应低于 0.5 兆欧。否则应对电机的定子绕组进行干燥处理，干燥处理的温度不允许超过 120℃。

④ 检查风机的电控系统中电路线路、仪器仪表是否正确完好。带变频器或软起动器控制的风机是否按变频器或软起动器操作说明书上规定进行电路线路连接，并进行启动设置。

⑤ 如果风机进口或出口装有风阀，对轴流风机，检查风阀是否在全开位置；否则应把风阀门置于全开位置才启动。对离心风机而言，正好与此相反操作。

⑥ 以上检验完毕后进行风机试运转，查看风机的气流方向和叶轮的旋转方向是否与风机铭牌上的箭头标记一致，否则须任意交换进入电机的两相电源线的位置，然后重新试机。

⑦ 当风机启动正常运行后，逐步关小风阀，调整到用户使用的工况点。检查此时运行的电机电流、电压及功率是否超过其额定值；否则应停机检查，在解决好问题后才允许重新启动。

⑧ 风机进行试运行，应经常检查风机的振动情况和电机的电流、电压、功率是否正常。如果发现风机有剧烈的振动、撞击、轴承温度迅速上升、电流过大等反常现象，应立即停机检查，予以排除。

⑨ 带变频器调节的风机，用户在变频调速的过程中应注意不要超过风机配用电机的额定功率值，应在给定的变频性能参数范围内进行调频使用。

3. 注意事项

（1）确认风机具备调试条件并确认风机本体内无任何人员后，应马上封闭风机设备叶轮端及电机端的检修门，防止他人进入。

（2）调试人员告之安装单位，清除所有与调试无关的人员离场，确认所有调试人员均已就位，关闭相应防火门，并在相应防火门处设立警示牌，防止测试时，任何人员开启防火门，进入测试区域。

（3）各设备专业人员对设备检查无问题的情况下，经专业人员才能对设备进行通电启动试机。

三、冷水机组调试方案

1. 测试项目

（1）机组试验前检查（气密性、真空、制冷剂充注检查）。

（2）绝缘电阻、耐电压、压力试验、运转试验。

注：按照国标《蒸气压缩循环冷水（热泵）机组 第1部分：工业或商业用及类似用途的冷水（热泵）机组》GB/T 18430.1—2007 和《蒸气压缩循环冷水（热泵）机组性能试验方法》GB/T 10870—2014 规定的项目执行。

2. 试验方法、试验步骤

1）测试前检查

（1）机组气密性以及制冷剂充注检查。

注：参照《水冷主机与风冷热泵抽真空作业指导书》、《水冷主机与风冷主机在线 QC 检漏保压作业指导书》、《制冷剂充注作业指导书》。

（2）查看原始记录表和实际机组装配情况确认；机组的各个紧固件是否已紧固（包括电气元件和电气接线）。

（3）电气元件安装是否正确。

（4）用万用表检查压缩机接线是否正确。

（5）连接动力电源（根据机组型号大小选择相应线径的电源线，同时注意相序对应。）连接中性线。

（6）打开一侧水阀和另一侧放空气阀，排出蒸发器与冷凝器内空气，待空气排尽后开另一侧水阀。

（7）绝缘电阻：机组带电部位和非带电部位之间的绝缘电阻不应小于 2MΩ；绝缘电阻使用绝缘耐压仪进行测试，选择 500V 档测试，测试时间选择 30s，报警电阻设定为 2MΩ。

（8）耐电压对电气元件施加频率为 50Hz，当被测元件额定电压为单相 220V 时，耐电压要求为 1000V＋2 倍额定电压/60s，当被测元件额定电压为三相额定电压 380V 时为 1000V＋2 倍额定电压/60s。

（9）耐电压：绝缘电阻试验后，机组带电部位和非带电部位之间加上规定的试验电压时，应无击穿和闪络，绝缘耐压仪应无报警，而且正常灯亮起。

（10）用万用表量压缩机六根电源线分别为 1—8，2—9，3—7 通。

（11）重点检查非标机组非示内容是否按要求完成，如果有问题的机组必须整改好后才能进行整机运行，以确保机组调试完整性。

2）整机开机

（1）通 220V 电源对机组通电进行开机，检查对应接触器吸合顺序和相应电磁阀是否正常动作，检查各个温度采集点和各个电磁阀安装是否正确和是否得电（检查阀体是否合格）。

（2）对机组进行模拟保护实验，检查各个保护点连接是否正确，前道模拟调试是否按要求实行。

3）运转试验

（1）试验装置总电源开关合闸，合控制电源开关。

（2）机组出厂前应按《试验大纲》的要求，设定冷媒水、冷却水的温度值；打开全部阀门调节水流量至《试验大纲》中规定的水流量。

（3）对被试机上电，观察电源监视器显示是否为正常位置。

（4）整定高低压力保护值单冷为高压 1.8MPa、低压 0.35MPa，热泵为高压 2.30MPa、低压 0.35MPa，如非标机组根据非标技术要求进行设定。

（5）整机开机运行，机组控制电源空开上电，查看文本各个显示。预热时间取消，内保时间取消，按开机键后注意观察高低压力表。机组启动正常时高压上升。低压下降，仔细听机组是否在加载。再观察功率计显示功率，电流是否上升，当机组加载完毕后与样本比较，机组快接近工况运行时，记录下机组运行的功率、电流、制冷量、高低压、吸排温。

（6）高压保护试验：手动关闭冷却水流量，观察精密压力表及机组动态，当冷凝压力达到设定值时，机组停机保护。

（7）恢复冷却水流量，在文本显示屏上清除历史故障记录，故障复位。

（8）整机运转 4 小时，每半小时测试机压力、电流、水温情况。

四、冷却塔调试方案

1. 调试内容及步骤

1）调试内容

（1）底盘封接密实，不渗漏水。

（2）风机运转方向是否正确。

（3）有无明显漂水、溢水。

（4）风机运转是否平稳且运行电流是否在许可范围内。

（5）皮带松紧是否适宜。

2）调试主要步骤

（1）清理塔内的垃圾；

（2）检查冷却塔的传动部件；

（3）补水；

（4）检查底盆封接是否渗漏水；

（5）调节冷却塔的正确水位（调节浮球阀）；

（6）以上检查调试完毕后，启动风机，运转设备；

（7）检查风机的运转方向；

（8）观察风机是否平稳（主要听响声）；

（9）测量电机的电流是否在许可范围内；

（10）出水是否均为（必要时调节进水阀门的流量）；

（11）有无漂水现象。

3）调试工具

冷却塔调试一般要准备堵漏的硅胶、电动扳手、扳手、玻璃胶枪。

2. 调试过程需提供的配合

（1）需提供公用条件：水电。

（2）需机电安装方检查电源等。

（3）需机电安装方配合开/关设备。

3. 注意事项

（1）为了保护调试人员的安全，在没有首先确保所有的风机和泵的电机都断开并未锁定的情况下，不得进入塔内进行检查工作，也不要接近风机、电机、驱动器或机组内部。

（2）进行检查时，应挂上"设备维修中，禁止合闸"的醒目标识。

五、空调水泵调试方案

1. 现场调试和测试内容

（1）测量出入水侧压力，利用安装在进出水水管上的压力表读取出入水侧压力。

（2）电机启动电流、运行电流和运行电压检测（利用万能表测量电压，利用钳表测量电流）。

2. 调试前检查内容

（1）基础：用于水泵安装的基础应足够坚固以吸收任何可能的振动，并构成经久且坚固的底座支撑。这对于直联泵组找正和维持非常重要。构筑基础时，顶面应留出约 1 英寸的高度用于抹面。符合要求的地脚螺栓应埋入混凝土中，并固定在模板上。要埋入一根直径比地脚螺栓大 2.5 倍的套管，便于地脚螺栓精确定位时在里面移动。

（2）对中找正：接收到包括装在底座上的水泵、电机的整个设备时，应将其固定在基础上并将联轴节分开，只有在全部的调校工作完成后方可结合联轴节。在基础与底座间应留有 3/4～11/2 英寸的间隙用以抹面。调整金属垫块或斜铁直至泵轴与电机轴均达到水平。检查联轴节外圆和端面以及进、出水口法兰，用撬杠调整泵体的水平与垂直位置，必要时调整底座下的垫块或楔子。联轴节端面间要留有足够的距离以确保二者不相互敲击。推力轴承必须预留允许的磨损量，联轴节生产商通常给出联轴节两端面间的最小距离并在说明中注明，调整时要严格遵守以确保其间隙正确。

在联轴节端面间插入一个量具或厚薄规检查角度对中，在两个半联轴节上相距 90°的四个点上对比间距。当测量结果表明联轴节端面间距在任意点均一致时，即可认为角度对中正确。

在俩半联轴节的外圆用直尺贴住顶部、底部和两侧，检查平行对中。当直尺显示在任意位置边缘差距一致，则整个设备轴线已平行对中。由于温度可能发生的变化以及联轴节的两个部分外圆直径不同，允许存在一定的径向差。测量时必须保持直尺与轴线平行。

角度与平行不对中可由调整泵或电机下的垫片调整，或改变整个设备在底座上的位置调整。每改变一次均应重新检查联轴节的轴对中情况。在一个方向上所作调整会影响到另一个方向上已完成的调整，轴对中调试好后，应均匀地紧固底座上的螺栓但不要太紧，然后整个设备可以在基础上灌注水泥，只有当水泥完全硬化后方可紧固地脚螺栓，一般灌注 48 小时后水泥完全变干。当水泥干燥且地脚螺栓正确紧固后，应再次检查轴的平行与角度对中，若必要，再次调整。当泵连到管道上之后，应再次调整轴对中。

电机旋转方向应符合泵的要求，泵的正确转动方向由泵壳体上的箭头标识出来，然后将联轴器连接起来。由于管道的张力及温度的变化，泵转动大约 10 小时后作最后的轴对中检查。如果对中正确，泵和电机均应用销钉销紧在底座上。

进、出水管道均应在泵体附近处设立独立支撑，以保证法兰螺栓紧固后水泵壳体不承受应力。在出水口处应安装一个止回阀和闸阀，止回阀应安装在泵与闸阀之间，用来避免泵承受过高压力，而且防止电机故障时水倒流。在水泵试车、启动和关闭时都要用到闸阀。除轴流与混流泵外，建议在关泵前先关闭闸阀，当泵在高压头下工作时这一点尤其重要。如具用锥形管增大出水管道，应将其安装在止回阀与泵之间。

（3）管道：当泵体承受应力或弯矩时，水泵运转会不正常，水泵很容易由于法兰处螺栓拉伸而发生变形或移位，同时轴对中将受到严重影响。因此，当管路最终连接完成后，应认真重新检查轴对中情况。在紧固螺栓之前应将管道法兰对正好，进出水管道、相应的阀门及相关的设备应在靠近泵的位置支撑稳固好，但须独立于泵，以便水泵壳体不会承受传递来的应力。

① 进水管道：离心泵安装口遇到的最大问题除轴不对中外，就是进水口管道安装错误。进水管道应尽可能短且尽可能直，如果需要一个长的进水管，则必须加大管口直径以补偿水流的摩擦损失。进水管应在朝向泵的方向逐渐抬高，不含任何凸点，防止气包形成，气包总是制造麻烦。只有偏心大小头可以安装在进水管道与泵的进水法兰之间。进水弯头及水泵的其他管件应仔细挑选和安装，否则进入叶轮的水流会被搅乱。通常在进水管处使用大半径弯管，比起采用标准弯管来，这样可以降低水流摩擦损失并提高出水量。安装结束后，应把进水管道用盲板封上，在试车起动前进行静水压试验以检查是否存在漏气现象。

② 出水管道：在出水口处通常安装一个止回阀和一个闸阀，止回阀安装在泵和闸阀之间，防止电机故障时水倒流；闸阀在试车、停泵或检查维修时使用。

③ 仪器仪表：离心泵安装完成后，其出力和运行状况的准确检测需要使用一些仪器仪表，在进水口处应装上一块复合式压力表，在出水口处也安装一块压力表；在进水口和出水口处均预装有安装压力表的接头。由于不可能准确估计出水泵的泵水流量，建议安装一个流量计测量流量。

3. 调试步骤

1）充水试车

绝大多数离心泵只有在充满水后方可起动，即在水泵充满水并且完全排出空气之后。水泵不能自动充水，在起动后若达不到额定的压力应立即停泵，检查且重新充水。任何试图干转水泵的企图都是要不得的，装有机械密封的水泵尤其严禁干转。除非水泵本身特殊设计可以适合此条件。水泵高效率的运转取决于转动部分的平稳、适合的间隙（由泵送介质润滑），任何干转或在水未全部充满时运转的企图都将导致水泵损坏。

水泵试车前所需做的工作是：松开水泵上盖顶部的放气螺丝和进水管截止阀，水将会把空气从放气口挤出，建议手动盘车以排净存在于叶轮曲线部位的空气。当充水完成，起动水泵之前再关闭放气阀。

有两种方法来解决抽水水位低于进水口时的水泵充水问题：从泵腔抽气，使用这种方法，填料函必须密闭良好，或不透水，通常安装可目测测量仪器来显示泵内是否已充满水；如果进水口处装有底部止回阀，可以加压用外部水源向泵内充水放气，加在泵上的压力不可以高于设计的泵最高承受压力。

2）起动前的最终检查

一台离心泵安装妥当，而且泵与电机找正对中的所有必须程序已经结束，水泵机组已经具备启动条件，起动水泵前应完成如下基本检查：

（1）轴承已加注正确种类及数量的润滑脂；

（2）水泵及电机对中在允许的偏差范围内；

（3）电机转向正确；

（4）联轴节防护罩安装到位且螺栓紧固；

（5）水泵进、出水口安装了合适的压力表。压力表不可安装于管道弯曲处，因为此处水流的动能会影响压力表的读数；

（6）拆除所有盲板且进水口阀门开到最大；

（7）水泵出水口阀门完全关闭。

3）起动与停泵程序

（1）起动程序如下：

① 水泵充水，打开进水阀门，关闭放水、排气阀门，做好水泵启动的准备；

② 起动电机；

③ 缓慢打开出水口阀门；

④ 观察填料函的泄漏情况，如果填料是新的，不要立刻上紧填料压盖，让泄漏浸透整个填料函内的盘根后再去管它；

⑤ 检查水泵转动时的一般机械状况。

（2）关闭程序如下：

① 关闭出口闸阀；

② 停止电机。

六、多联空调机组调试方案

1. 调试内容、步骤及依据

1）调试内容（包括但不局限于以下几点）

（1）检查室内外机电源安装状况；

（2）检查室内外机通信状况；

（3）系统真空作业；

（4）计算系统冷媒添加量并进行添加冷媒；

（5）开启机器；

（6）连接电脑使用专用检测软件检测数据；

（7）拷贝数据制作调试报告。

2）调试步骤

（1）确认室内外机通风状况，去除原作为防尘保护的塑料胶纸；

（2）检查室外机电源连接情况，连接到外机是否安装专用线耳。检查室内机电源状况。检查室内外机地址码设定情况；

（3）接通电源确认室内外机通信是否正常，如出现通信故障查明原因排除故障；

（4）通电对机器预热压缩机曲轴箱 6 小时；

（5）使用真空泵对系统的气液管同时进行真空 2～2.5 小时，并进行半小时保负压作业；

（6）通过对系统液管长度的计算，计算出每套系统所需要添加的冷媒量，使用电子秤进行定量添加冷媒；

（7）打开外机截止阀，开机试运行；

（8）在开机半小时后连接电脑查看机器运行状况，并进行数据采集。如发现运行时机器出现故障，排除故障后重新运行机器检测数据；

（9）进入室内机房间检查，查看排水、送风、控制面板是否正常；

（10）调试完毕后关闭机器，还原外机盖板，上紧螺丝；

（11）现场所有人员撤离风道，调试完毕；

（12）根据现场采集数据制作调试报告。

2. 注意事项

（1）调试人员进入工地时，严禁穿拖鞋、凉鞋，且必须佩戴安全帽。

（2）调试人员进入工地后，必须统一服从领队人员的指挥，不得擅自在工地内随意动，不得随意触摸地铁内的电气设备开关（特别是电器开关按钮类），以免发生意外。

（3）调试人员告之安装单位，清除所有与调试无关的人员离场，确认所有调试人员均已就位，关闭相应防火门，并在相应防火门处设立警示牌，防止测试时，任何人员开启防火门，进入测试区域。

（4）各设备专业人员对设备检查无问题的情况下，经专业人员才能对设备进行通电启动试机。

七、空调机组调试方案

1. 调试内容及步骤

为了确保空调机组在运行中的温度、湿度、送风洁净度、风压等参数正确性，保证操作人员及设备安全、可靠运行，避免事故的发生，延长设备的使用寿命，减少能源消耗，降低运行费用。

1）启动前的准备工作

（1）检查空调机组内部是否存有异物，保持设备清洁；

（2）电机作绝缘检查，检查方法可参考电工规范相应做法；

（3）检查机组送风机轴承内的润滑油，必要时给轴承加油；检查电机、风机、固定螺丝是否松动；

（4）检查机组所对应送风、回风、新风等风阀是否处于正常开启位置；

（5）检查机组内过滤器是否安装完备；

（6）检查机组各检修门是否关闭；

（7）检查供电电压是否在正常范围之内。

2）启动

在上述启动前检查工作完成后才可启动机组。

（1）启动应采用单台、空负荷顺序启动，尽量避免启动瞬间对电网的冲击；

（2）启动运行后，检查各调节阀、冷水阀、是否处于正常状态。

3）机组运行中的巡检

（1）检查系统冷冻水温及冷冻水电磁两通阀门是否正常；

（2）检查机组表冷器冷凝水排放是否顺畅，机组内是否有积水现象；

（3）检查机组空气过滤器工作是否正常，过滤器压差报警有无报警，过滤器阻力是否超出；

（4）检查机组是否存在漏风漏水等情况，如有异常情况应及时采取措施进行处理。

（5）三角带调整一般要求：动转中松边适度地具有弯曲；启动时无打滑声音；三角带轮不发热。

4）事故关机

当供电系统发生断电，机组部件发生故障等事故时，应执行事故关机程序；先关闭系统电源，再关闭机组冷冻水阀；

待供电系统恢复正常后，应检查各有关设备和控制系统情况，确定无异后，按照正常启动程序运行。

5）性能测试

空调机组正常运行2h后，如无异常情况可视为试运转成功；试运转成功后，合同设备需要经受48h连续运行测试。测试项目包括：机械性能、电气性能。具体测试方案如下：

（1）使用设备（见表 6-1）

测试设备（仪器）清单 表 6-1

测量参数	仪测量表	测量项目	仪表准确度
温度	玻璃水银温度计	进出口干湿球温度	1
压力	微压计（倾斜式）	静压、动压	1
风量	皮托管		GB/T 10178—2006
风速	风速仪	断面风速均匀度	0.25
功率	电压表、电流表、电量测量仪	电机输入功率	0.5
噪声	声级计	机组噪声	GB/T 9068—1988
振动	接触式振动仪	机组振动	1

（2）系统连接（见图 6-6）

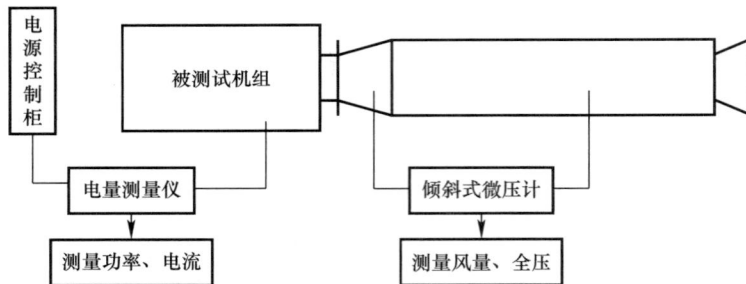

图 6-6 空调机组系统连接图

2. 检验项目及方法

1）启动试验

（1）试验机组在额定电压条件下启动，稳定运转 5min，切断电源，停止运转，反复进行三次；

（2）检查零部件有无松动、杂音、发热等异常现象。

2）风量、风压及输入功率试验

（1）静压的测量，在测量截面管壁上将相互成 90°分布的四个静压孔的取压接口连接成静压环，将压力计一端与该环连接，另一端和周围大气相通。压力计的读值为机组的静压。

（2）动压的测量，用毕托管测量同一截面的各点动压值，并算出平均动压。

（3）温度、大气压力等参数的测量。

（4）输入功率的测量（在机组测量风量的同时测量输入功率）。

3）振动试验

（1）用接触式测振仪，在试验机组底版四角处相互垂直的三维方向上测量振动速度。

（2）取最大值为机组的振动速度。

4）断面风速均匀度试验

（1）在距盘管或过滤器迎风断面 200mm 处，均布风速测点。

（2）用风速仪测量各点风速，统计所测风速与平均风速之差不超过平均风速 20% 的点数的百分比。

5）噪声试验

依据《采暖通风与空气调节设备噪声声功率级的测定工程法》GB/T 9068—1988 的规定测试。

3. 调试过程需提供的配合

（1）需提供公用条件：水电。

（2）需机电安装方配合开/关设备。

八、消声器调试方案

1. 地面风亭风口噪声监测

实测各风亭风口在正常运行时段、早通风、晚通风条件下的噪声值。

（1）监测方法

按照《声环境质量标准》GB 3096—2008 及地方环境噪声污染防治规定中规定的监测方法，进排风、早晚通风按稳态噪声进行监测（噪声起伏不大于 3dB(A)）。

（2）监测点布设

对各风亭处每个风口分别进行测量，在距风口外 5m 处垂直方向设置噪声监测点。各监测点距离任何反射物（地面除外）至少 3.5m 外测量，距地面高度 1.2m 以上。

（3）测量时段噪声值

进排风口、隧道风口分别按正常运行时段（分昼间和夜间）、早通风和晚通风三个时段，按 1min 等效连续 A 声级进行测量。

（4）测量和记录要求

在正常工作且周围环境噪声源正常状态下测量，并记录测量时的运行工况。

2. 背景噪声测量

（1）监测方法

按照《中国工业企业厂界环境噪声排放标准》GB 12348—2008 及地方环境噪声污染防治规定中规定的背景噪声监测方法进行监测。

（2）测点布设

与噪声源监测相对应，要求测量环境不受被测声源影响且其他声环境与测量被测声源时保持一致。

（3）噪声值

噪声值、测量时段和测量时间要求被测声源测量的相同。

（4）测量和记录要求

与噪声源监测相对应，并保持一致。

3. 测量前后准备

（1）每日测量前使用声校准器校准各测量仪器，并记录；测量后再次校准各测量仪器，并记录。示值偏差不得大于 0.5dB，否则测量无效。

（2）测量在无雨雪、无雷电天气，风速 5m/s 以下时进行。

（3）全部测量均使用快挡，采样间隔 0.1s，噪声值 1min 等效连续 A 声级，测量时加防风罩。

九、车站风机调试方案

1. 调试内容、步骤及依据

1）调试内容（包括但不局限于以下几点）

（1）风机电机的绝缘检查；

（2）风机的风量测试；

（3）电机性能检测；

（4）可逆转风机的逆转性能测试；

（5）可逆风机的由正转至反转的时间测试。

2）调试步骤

（1）为加快设备的调试进程，调试前通知安装单位清理风道内（包括变径管和风机本体）所有杂物，以免因风机运行过程中风力过大，将硬质杂物卷起击伤调试人员，甚至损坏风机零部件及其他设备。

（2）调试前通知安装单位准备电力充足、通话性能良好的对讲机两部或以上。

（3）调试前，应通知安装单位测出风机配用电机的对地绝缘电阻，供调试技术人员确认。若电机对地绝缘电阻为零或过低，首先应通知安装单位测量风机电源主回路的对地绝缘电阻是否存在问题。检查风机接线盒中接线端子是否因受潮而使电阻过低，若是则应烘干相关零部件直到达到测试条件。若仍存在问题，调试人员应通知电机厂的技术人员到场检查电机，直到排除故障达到可测试条件。

（4）调试人员进入工地向安装单位索取对讲机，在领队人员的统一指挥下就位（风机现场及环控室），在此应要求安装单位分别安排一名相关专业人员随从前往风机现场及环控室，协助调试人员的调试工作。

（5）调试人员分别就位后，通知安装单位切断所有需测试风机的主电源，并告之环控室的电气人员未得到风机现场调试人员的指令，不得送主电源并开启风机。

（6）调试人员告之安装单位打开风机设备叶轮端及电机端的检修门供调试人员进入风机本体内，检查风机各零部件、风机风筒内部及变径管内是否仍存在杂物，待调试人员确认风机具备调试条件并确认风机本体内无任何人员后，马上封闭风机设备叶轮端及电机端的检修门，防止他人进入。风机本体检查完毕。

（7）调试人员测量好即将进行测试的风道端的风阀或消声器尺寸、确认即将测试的气流方向，并做好相应记录，同时要求安装单位确认阀门位置无杂物、风亭已全部打开，且风亭附近无防雨布等块状物体，如有则应立即清除，确保风机运行时风亭处于全部打开状态。

（8）确定测试风机所在的管网系统中的阀门均已按测试要求打开或关闭。

（9）调试人员告之安装单位，清除所有与调试无关的人员离场，确认所有调试人员均已就位，关闭相应防火门，并在相应防火门处设立警示牌，防止测试时，任何人员开启防火门，进入测试区域。风机管网系统具备调试条件。

（10）风机现场调试人员通过对讲机向环控室调试人员发出点动风机的指令。

（11）环控室调试人员确认指令后，要求安装单位专业人员点动风机，以便风机现场调试人员确认正确的测试方向及风机是否可正常动作。

（12）风机现场调试人员确认风机可正常动作（若不能正常动作，则应待排除故障后重复此步骤直至可正常动作），并向环控室调试人员发出准确的启动风机指令。

（13）环控室调试人员确认现场调试人员的准确指令后，要求安装单位专业人员启动风机，进入调试状态。此时开始，任何人员不得开启防火门。

（14）环控室调试人员读取并记录启动电流、运行电流、启动时间等要求测试的相关有效数据。

（15）现场调试人员读取并记录相关有效的测试数据。记录完毕后，通知环控室调试人员停止风机。

（16）如果所测的风机设备是正反转隧道风机，则在到停机时间后，由现场调试人员发出反向启动风机的指令。

（17）环控室调试人员确认并按现场调试人员发出的准确指令要求安装单位专业人员启动风机，读取并记录启动电流、运行电流、启动时间等要求测试的相关有效数据。

（18）记录好后，环控室调试人员要求安装单位专业人员停止风机，并切断该风机主电源。

（19）现场所有人员撤离风道，调试完毕。

3）检测调试依据及标准

按国家标准《工业通风机现场性能试验》GB/T 10178—2006 验收规范和风机供货合同要求对安装完毕、检验合格后的风机设备进行现场启动、调试和测试验收。

2. 调试过程需提供的配合

（1）检查安装好的风机是否与基础结合面、风机进出口的管道连接是否自然吻合，且管道的重量没有加在风机各个部位上。

（2）检查安装好的管道与风机连接之间加装的膨胀软接头是否适中；否则应调节膨胀软接头的松紧度，以免增大系统阻力，影响风机送/排风量。

（3）检查安装好的风机和管道系统连接处是否密封好、有无漏气现象；否则应处理，以免影响风机送/排风量。

（4）检查安装好的风机动力电源线是否已连接到风机的接线盒上，并进行密封处理。

（5）检查安装好的风机及其连接管道内是否有杂物碎屑等；否则应清理干净，以保证风机的安全运行。

（6）风机在启动、调试和测试验收前，应进行管道系统、风机及其辅助设备检查，并按以下步骤要求进行风机的使用操作。

① 检查风机叶轮与风筒的间隙，以及其他转动部分与固定部分有无碰撞及摩擦现象。

② 如果是带轮传动方式，须检查皮带的松紧度和用稀油润滑的传动组的轴承座油位，是否在最低与最高油位之间。

③ 风机长期未运行，在开机之前应用 500 伏兆欧表测量电机的绝缘电阻，其值不应低于 $0.5M\Omega$；否则应对电机的定子绕组进行干燥处理，干燥处理的温度不允许超过 120℃。

④ 检查风机的电控系统中电路线路、仪器仪表是否正确完好。带变频器或软起动器控制的风机是否按变频器或软起动器操作说明书上规定进行电路线路连接并进行启动设置。

⑤ 如果风机进口或出口装有风阀，对轴流风机，检查风阀是否在全开位置，否则应把风阀门置于全开位置才启动。对离心风机而言，正好与此相反操作。

⑥ 以上检验完毕后进行风机试运转，查看风机的气流方向和叶轮的旋转方向是否与风机铭牌上的箭头标记一致；否则须任意交换进入电机的两相电源线的位置，然后重新试机。

⑦ 当风机启动正常运行后，逐步关小风阀，调整到用户使用的工况点。检查此时运行的电机电流、电压及功率是否超过其额定值；否则应停机检查，在解决好问题后才允许重新启动。

⑧ 风机进行试运行，应经常检查风机的振动情况和电机的电流、电压、功率是否正常。如果发现风机有剧烈的振动、撞击、轴承温度迅速上升、电流过大等反常现象，应立即停机检查，予以排除。

⑨ 带变频器调节的风机，用户在变频调速的过程中应注意不要超过风机配用电机的额定功率值，应在给定的变频性能参数范围内的进行调频使用。

3. 注意事项

（1）确认风机具备调试条件并确认风机本体内无任何人员后，应马上封闭风机设备叶轮端及电机端的检修门，防止他人进入。

（2）调试人员告之安装单位，清除所有与调试无关的人员离场，确认所有调试人员均已就位，关闭相应防火门，并在相应防火门处设立警示牌，防止测试时，任何人员开启防火门，进入测试区域。

（3）各设备专业人员对设备检查无问题的情况下，经专业人员才能对设备进行通电。

6.3.3.2 低压配电专业调试方案

一、低压智能控制柜调试方案

1. 调试的前提条件

（1）设备安装就位施工单位已经全部完成。

（2）厂家二次线及柜间密集母线槽连接完毕。

（3）施工单位对柜内垃圾清洁。

（4）施工单位对电缆的连接完整。

2. 调试项目及内容

（1）目测柜内清洁。

（2）绝缘电阻的测试。

（3）柜内上电（临时电或正式电）。

（4）柜内控制电源的上电。

（5）测试进线、母联、三级负荷的连锁关系。

（6）每个回路的上电。

（7）单机通信测试。

（8）框架断路器的参数整定。

（9）与 BAS 的接口联调。

（10）与综合监控系统能源管理系统测试。

3. 调试步骤和方法

（1）绝缘电阻的测试

需先用 500V 摇表测绝缘电阻。使用 500V 兆欧表测量绝缘电阻值不小于 0.5 兆欧，绝缘电阻测量的部位；主开关电器在断开位置时，相间电阻值和相对地的电阻值。

（2）馈电回路调试

目测馈线回路的二次上电情况是否正常。

（3）测试进线、母联、三级负荷的连锁关系测试（见表 6-2）

进线、母联、三级负荷联锁测试记录表 表 6-2

主要检验/试验项目			要求/检验/试验方法
进线、母联电气联锁操作试验	两进线一母联电气联锁操作试验	1. 就地控制状态 I（转换开关 3SA1 投向就地位置，转换开关 3SA2 投向撤出位置，此时控制方式为柜上手动操作控制。）	① 当 1♯进线得电时，1QF 进线上桩有电，按下合闸按钮，1QF 开关合闸。当 2♯进线有电时，2QF 进线上桩有电，按下合闸按钮，2QF 合闸。两路进线分列供电。这时三级负荷总开关得到供电，允许三级负荷总开关合闸。当需要分闸时，按下 1♯进线中分闸按钮或 2♯进线中分闸按钮，1QF 或 2QF 开关分闸。同时，联锁使三级负荷总开关分励线圈 F1 得电，使三级负荷总开关分闸，实现一路电源失电跳三级负荷的功能
			② 当 1♯进线开关分闸或 2♯进线开关分闸后，母联 3QF 开关得以供电，按下合闸按钮，3QF 开关合闸，实现一路电源通过母联供给两路正常的一、二级负荷的供电功能
		2. 就地控制状态 II（3SA1 投向远控位置，转换开关 3SA2 投向投入位置，此时控制方式为 SCADA 系统控制。常态 SCADA 系统默认为就地自动。）	① 其过程是：PLC 输出合闸信号点，使 1QF 开关合闸和 2QF 开关合闸，两路电源分别供电
			② 当 1QF 或 2QF 其中一路上桩电源失电时，PLC 输出分闸信号，使 1QF 或 2QF 开关分闸，PLC 输出母联的合闸信号，使 3QF 开关合闸。由一路电源经联络开关供给整段母线一、二级负荷，这过程两段母线三级负荷总开关全部跳闸，脱离供电
			③ 当失电一路电源恢复供电时，PLC 输出母联的分闸信号，3QF 开关分闸，同时输出进线的合闸信号，1QF3WL 或 2QF3WL 开关合闸。实现自投自复功能
		3. 远方控制状态 I（3SA1 投向远控位置，转换开关 3SA2 投向投入位置，此时控制方式为 SCADA 系统控制。常态 SCADA 系统默认为远控自动。）	① 其过程是：PLC 输出合闸信号点，使 1QF 开关合闸和 2QF 开关合闸，两路电源分别供电
			② 当 1QF 或 2QF 其中一路上桩电源失电时，PLC 输出分闸信号，使 1QF 或 2QF 开关分闸，PLC 输出母联的合闸信号，使 3QF 开关合闸。由一路电源经联络开关供给整段母线一、二级负荷，这过程两段母线三级负荷总开关全部跳闸，脱离供电
			③ 当失电一路电源恢复供电时，PLC 输出母联的分闸信号，3QF 开关分闸，同时输出进线的合闸信号，1QF3WL 或 2QF3WL 开关合闸。实现自投自复功能

主要检验/试验项目		要求/检验/试验方法
进线、母联电气联锁操作试验	两进线一母联电气联锁操作试验	4. 元方控制状态Ⅱ（3SA1 投向远控位置，转换开关 3SA2 投向撤出位置，SCADA 系统通过通信总线向母联柜发出远控手动控制指令后，输出使受控开关动作。）	① 两进线的上桩有电。两进线具备合闸。当通信总线接到 SCADA 指令，PLC 输出端发出合闸信号送至 1QF、2QF 开关合闸回路，使 1QF3WL、2QF3WL 合闸、1♯、2♯ 电源分别投入运行。实现 SCADA 对 3WL 开关的点动控制操作。当需要分闸时，SCADA 指令通过通信总线发送至 PLC，PLC 输出端发出分闸信号至 1QF、2QF 分闸回路，使 1QF、2QF 开关分闸。实现停止供电
			② 当 1♯ 或 2♯ 电源其中一路失电时，PLC 发出分闸信号，使 1QF 或 2QF 分闸。SCADA 指令通过通信总线发送至 PLC，PLC 输出端发出合闸信号至母联 3QF，使 3QF 开关合闸。当失电的一路电源需要恢复供电时，只有当 SCADA 发出分闸指令至母联，使 3QF 合闸线圈 F1 得电，才能使 3QF 跳闸
进线、母联联锁操作试验	当开关故障时，两进线母联联锁过程操作试验	1. 开关 3SA 投向就地位置，控制方式为柜上手动操作控制	原先两路电源为分列供电，当其中一路由于负载短路造成 1QF 或 2QF 开关过电流跳闸。3QF3WL 联络开关合闸回路得不到供电，3QF 不能合闸。实现就地手动母联开关 3QF3WL 不允许合闸的联锁要求
		2. 当开关 3SA 投向远控位置时的控制方式：联锁过程说明	原先两路电源也为分列供电，当其中一路由于负载短路造成 1QF 或 2QF 开关过电流跳闸，这时 PLC 判断不输出母联的合闸信号，3QF 联络开关合闸回路得不到供电，使 3QF 不能合闸。实现远控点动操作，母联开关 3QF 不允许合闸的联锁要求

（4）单机通信测试

根据系统图及通信网络图（网络图包括手操箱的网络图、智能控制柜的网络图），通信检测每个回路信号的上传情况是否正常；控制信号是否正常；根据每个站的点表，进行核对。

（5）与 BAS 的接口联调

根据系统图及通信网络图（网络图包括手操箱的网络图、智能控制柜的网络图）及信息点表配合 BAS 系统调试。

4. 调试注意事项

（1）在首次送电前，必须注意下列事项：

① 切断配电柜的所有进/出线开关。

② 对配电柜的内外进行清理/清洁工作。

③ 将配电柜的门、侧板、盖板及底板等依次就位。

④ 应对所有的各开关/控制设备进行必要的绝缘、安全距离、连接扭矩的检查。

⑤ 安排所有与调试无关的人员离开现场。

⑥ 对馈电接线状况进行检查。

（2）确认变压器低压侧送电后

① 必须由操作人员接通设备的进线开关。

② 必须逐个接通待运行设备的馈电开关。

③ 检查相序的正确性。

④ 检验紧急停止装置和安全（保险）转换电路。

二、低压智能配电柜调试方案

1. 调试说明

智能低压配电柜的主要功能是为车站提供交流 0.38/0.22kV 的动力照明电源。其中动力系统主要是指通信系统、信号系统、防灾报警系统、机电设备监控系统、主控系统、自动售检票系统、屏蔽门、所用电、民用通信、消防泵、车站排水泵、雨水泵、空调器、风机及其阀门、商业通信、自动扶梯、排污泵、电梯等；照明电源主要是指公共区照明、设备区和管理区照明、区间照明等。

2. 调试的前提条件

（1）设备安装就位施工单位已经全部完成。

（2）厂家二次线及柜间密集母线槽连接完毕。

（3）施工单位对柜内垃圾清洁。

（4）施工单位对电缆的连接完整。

3. 调试项目及内容

（1）目测柜内清洁。

（2）绝缘电阻的测试。

（3）柜内上电（临时电或正式电）。

（4）柜内控制电源的上电。

（5）测试进线、母联、三级负荷的连锁关系。

（6）每个回路的上电。

（7）单机通信测试。

（8）框架断路器的参数整定。

（9）与 PSCADA 的接口联调。

4. 调试步骤和方法

（1）绝缘电阻的测试

根据《低压成套开关设备和控制设备 第 1 部分总则》GB 7251.1—2013 标准中的"9.1 介电性能"执行。需先用 500V 摇表测绝缘电阻。

使用 500V 兆欧表测量绝缘电阻值不小于 0.5 兆欧，绝缘电阻测量的部位；主开关电器在断开位置时，相间电阻值和相对地的电阻值。

（2）馈电回路调试

目测馈线回路的二次上电情况是否正常。

（3）测试进线、母联、三级负荷的连锁关系测试

（4）单机通信测试

根据系统图及通信网络图，通信检测每个信号的上传情况是否正常；根据每个站的点表，进行核对。

（5）与 PSCADA 的接口联调

根据系统图及通信网络图及信息点表配合 PSCADA 系统进行信号核对。

配合 PSCADA 系统对进线、母联、三级负荷的远程控制。

5. 调试注意事项

（1）在首次送电前，必须注意下列事项

① 切断配电柜的所有进/出线开关。

② 对配电柜的内外进行清理/清洁工作。

③ 将配电柜的门、侧板、盖板及底板等依次就位。

④ 应对所有的各开关/控制设备进行必要的绝缘、安全距离、连接扭矩的检查。

⑤ 安排所有与调试无关的人员离开现场。

⑥ 对馈电接线状况进行检查。

（2）确认变压器低压侧送电后

① 必须由操作人员接通设备的进线开关。

② 必须逐个接通待运行设备的馈电开关。

③ 检查相序的正确性。

④ 检验紧急停止装置和安全（保险）转换电路。

三、事故照明电源调试方案

1. 调试前准备工作

（1）必备的调试工具一般包括：钳型万用表、小一字起、十字起、呆扳手等。

（2）调试项目的图纸、检验及调试质控点表。

（3）调试场地要求

① 施工单位已经全部完成设备安装就位工作，柜内垃圾及周围环境已清洁。

② 调试场地内外不应有激烈的振动和很强的电磁干扰，待调设备周边有条件的话须铺设绝缘胶垫，并将场地用拉网围好，必要时可加"有电危险"之类的警告牌。

③ 调试场所内所有的电源开关、保险丝、插座、插头和电源线等，不许有带电导体裸露部分，所用的辅助电气元器件的二作电压和工作电流不能超过额定值。

2. 调试方案

1）调试项目及步骤

（1）产品外观检查；

（2）电池组安装；

（3）接线正确性检查；

（4）电源引入；

（5）充电部分的调试；

（6）逆变部分的调试；

（7）功能及接口联动测试；

（8）整机性能指标的测试。

2）产品外观检查

（1）检查成品设备的外观，确保在就位安装完成后柜体内外无划痕、无撞击凹陷。

（2）检查各元器件的标识号、铭牌、接线端子标号、线端号码管及警示标记（如危险、N、PE）等是否齐全。

3）电池组安装

（1）打开电池包装纸箱，检查电池外观，观察电池外壳是否变形破裂、漏液、接线端子是否变形，必须用表测量每只电池电压，并做好记录。

（2）因电池已带电，安装时要注意防止短路，所有安装工具都要缠上绝缘胶布。

（3）安装连接前应先用干净的棉麻布擦去电池极柱及外壳上的灰尘。

（4）产品中电池连接采用串联方式，如容量不够时采用并联电池组，连接时前节电池的负极与后节电池的正极相连，电池排列后采用"S"形联机不能交叉，并注意上下层正负位置。

（5）蓄电池连接时将螺丝从外向内穿，同样采用双平垫、单弹垫牢靠拧紧，拧紧螺丝时注意旁边电池的联机柱头不要短路，必要时采用绝缘材料将两极隔开，再进行连接。

（6）电池安装后，必须逐个检查所有螺丝是否拧紧，安装后如果没有接市电充电，应断开蓄电池组。

4）接线正确性检查

（1）检查各断路器及馈线回路的接线端子、连接或跨接端子等处是否压接牢固。

（2）检查导线与柜体横梁靠接处有无压痕、破皮现象。

（3）检查外接市电是否到位，双路市电进线电源电压一般单相 AC220V 左右，三相 AC380V 左右。

（4）检查接地线安装是否牢靠。当采用专用接地装置时，接地电阻不应大于4Ω；当采用公用接地装置时，接地电阻不应大于1Ω。

5）电源引入

（1）将双电源转换开关设置为自投自复工作模式并将其上级的两路交流母线输入开关合闸，为设备提供交流电源；将电池组的控制开关合闸，为设备提供直流电源。

（2）受电方案

EPS整机通电的过程，遵循双电源切换供电→市电开关合闸→电池组开关合闸→充电机输入开关合闸→输出总开关合闸→各馈出回路开关合闸的顺序。市电或逆变应急电供电正常时，严禁将旁路输出开关合闸。

检修维护时，遵循输出总开关分闸→旁路输出开关合闸的顺序，方可进行系统内部的检修工作。检修过程中，严禁将输出总开关合闸。检修完毕后，先将旁路输出开关分闸，然后再按照受电顺序逐一合闸。

6）充电部分的调试

（1）将市电输入总开关及充电输入开关合闸，充电机启动，面板数码管应有显示。

（2）将柜内的电池放电开关合闸，接通充电输出与电池组循环回路，用钳型万用表测量直流母线端的充电电压及充电电流。

（3）在监控装置人机界面上观察显示的充电电压、充电电流等参数是否正常，并做好记录。

7）逆变部分的调试

（1）在监控装置人机界面上观察显示的市电三相输入、输出电压值，用万用表测量市电电压的实际值与显示值是否一致，相间电压误差不应超过±5V为宜。

（2）将市电输入总开关及电池放电开关分闸，重新启动逆变器，待直流母线接触器正常吸合后断开市电输入总开关，逆变器开始工作。测量逆变变压器副边输出电压与人机界面上显示的逆变电压值是否一致，相间电压误差不应超过±5V为宜。

（3）在设备输出端接入标称功率的负载，切断市电电源，测试逆变器在不同功率负载下（正常100%、超载120%、超载150%）的三相输出电流值是否与显示值一致。将人机界面上的每相电流乘以每相电压，求和计算是否跟实际带载功率一致。逆变器超载120%、150%时，人机界面应能显示出相应的报警信号或过载提示。

（4）解除负载过载，停止逆变，待系统恢复正常后，重新进入人机界面的参数设置后台，根据设备电池组节数，重新设定电池欠压保护值（一般18节电池组设置为194V，41节电池组设置为442V），以模拟在逆变情况下，电池放电至欠压时是否自动停机保护，人机界面应同时报蓄电池欠压故障信息。

（5）在电池组欠压状态下，利用强制按钮或钥匙开关，强制启动逆变器，应能正常工作。

（6）在逆变器调试过程中如遇到故障，首先应断开输入电源，根据上述调试步骤逐步排查找出故障部位，更换元器件，做好问题记录并返修。

8）功能及接口联动测试

（1）双电源切换装置

将两路市电电源的进线开关合闸，一路定义为常用电源，另一路定义为备用电源。双电源切换装置在自动工作模式下，应能自动投切到常用电源档位，用万用表测量双电源切换装置输出端的电压应正常；将常用电源进行开关分闸，双电源切换装置应能自动投切到备用电源档位，测量双电源切换装置输出端的电压应正常；恢复常用电源供电后，双电源切换装置应能自动回切到常用电源档位。

将双电源切换装置调整为手动工作模式，通过操作手柄或控制面板上的按钮将双电源切换装置从常用电源档位输出切换到备用电源档位输出，切换后均需测量输出端的电压是否正常。

（2）隔离变压器

① 注意变压器侧的散热风机转向，一般要求为送风式。

② 检查无极性电容连线的焊点，确保无虚焊现象。

③ 检查变压器的绕组，确保绕组漆包线无破漆。

④ 逆变工作状态下，如变压器器叫声异常刺耳，需确认逆变器的载波频率设置。

（3）监控装置

① 监控装置人机界面通电后，需核对当前程序的版本说明，应为适用于所调工程的对应程序。

② 进入人机界面的参数设置后台，对设备的运行参数按要求做相关设置，主要为充电机、逆变器、电池检测装置、馈线检测装置、与 BAS 的接口参数。

③ 设备上所有开关合闸待入机界面正常工作后，切换各个显示界面，观察显示的电压、电流、状态、提示等信息是否均显示正常；模拟或实际发生故障后，应能及时正确的显示故障类型或位置。

④ 利用模拟的 BAS 上位机程序，对监控装置人机界面需上传的参数和状态、故障点作监测。具体的接口测试点表依据接口协议执行。

（4）馈线检测单元

① 模拟每一路输入口的输入信号状态，馈线检测单元应能及时准确地将这些状态上传至监控装置人机界面。

② 设备有故障时，监控装置会通过馈线检测单元的输出口启动故障指示灯和报警蜂鸣器，通过柜门板上的消音按钮，可解除故障报警蜂鸣。

（5）电池检测单元

① 操作按键，查看电池组内每节电池的端电压，如有电压显示不正常，查看是否有单节电池检测连线错位。

② 拔掉一组或多组电池检测连线端子，应有检测故障信息上传至监控装置人机界面，检测连线端子重新插入线路板后，应能恢复自检。

（6）外部功能试验

根据设计要求，进行 BAS 及 FAS 的接口及反馈测试。如果是无源干节点信号，可直接用跨线短接对应的干节点组，观察所控接触器的动作状态；如果是有源信号，则按控制电源要求为该组节点提供直流 24V 或者交流 220V 的控制电源，观察所控继电器的动作状态。

9）整机性能指标的测试

（1）接地连续性测试

用万用表测量接地点与机壳之间通断，接地点与金属表面（通常是指机壳）之间阻抗是低于 1Ω，认为接地是良好的。

（2）各种报警试验

模拟各个部件故障及馈出回路的分、合闸状态，设备上的蜂鸣器和故障指示灯应能发出声光报警信号，相应的故障和反馈信息应能在监控装置人机界面上显示；故障解除后，声光报警状态应能自动恢复为正常。

（3）短路保护试验

主要为测试在馈线支路短路情况下，逆变器的保护能力。在逆变器工作输出状态下，用导线短接馈出支路的零线和任意一根火线，逆变器应能立即停止输出并保护。注意短接时的操作安全。

（4）老化试验

在基本功能和整机性能测试后，将设备上的所有开关合闸，通电进行72H的老化试验（条件允许情况下）。新安装的电池组在使用前应进行72H浮充充电，进行内部电量均衡，之后进行使用或测试，这对电池组的使用寿命、可靠性都非常重要。

四、UPS调试方案

1. 调试说明

集中UPS系统为专用通信（含专用通信、PIDS）、综合监控（含火灾自动报警、门禁、办公自动化）、自动售检票（车站级中央设备）、近端智能低压（含环境与设备监控、智能低压）等弱电系统在车站提供不间断电源。

2. 调试的前提条件

（1）设备安装就位施工单位已经全部完成。

（2）施工单位对柜内垃圾清洁。

（3）施工单位对电缆的连接完整。

3. 调试项目及内容

（1）目测柜内清洁。

（2）系统安装硬件检查。

（3）系统调试数据记录。

（4）系统运行参数测量。

（5）系统设备功能测试。

4. 调试注意事项

（1）在首次送电前，必须注意下列事项

① 切断配电柜的所有进/出线开关。

② 对配电柜的内外进行清理/清洁工作。

③ 将配电柜的门、侧板、盖板及底板等依次就位。

④ 应对所有的各开关/控制设备进行必要的绝缘、安全距离、连接扭矩的检查。

⑤ 安排所有与调试无关的人员离开现场。

⑥ 对馈电接线状况进行检查。

（2）通电后

① 必须由操作人员接通设备的进线开关。

② 必须逐个接通待运行设备的馈电开关。

③ 检查相序的正确性。

④ 检验紧急停止装置。

6.3.3.3　给排水及消防专业调试方案

一、潜污泵设备调试方案

1. 调试步骤及依据

（1）水泵安装，厂家派技术人员指导潜污泵的自动耦合安装（底座水平误差不超过2cm），检查水泵绝缘是否完好，并按设计图纸将动力电缆及控制电缆连接到控制柜相应端子上。

（2）浮球开关分别对应开泵、停泵、报警等水位安装固定，并根据实际水位情况调节好控制水位的高度。

（3）确保控制柜内部无灰尘，检查控制柜元器件是否完好，工作电源380VAC±5%，将断路器推到合闸位置，万能转换开关拨到手动位置，然后按下启动按钮，水泵开始运行，同时控制柜上运行指示灯显示。停止时按下停止按钮。

（4）万能开关拨到自动位置，浮球将检测到的水位信号送入到 PLC，PLC 根据设定的停泵水位、开泵水位自动交替运行水泵。

（5）水泵调试之前，确保水池水位满过水泵。运行时检查各指示灯指示是否正确，各保护功能是否灵敏可靠，水位达到超低、超高水位时有报警输出（仅对设有超低、超高报警水位的控制箱）。

2. 调试过程需提供的配合及注意事项

（1）水泵安装前，需方需将水池内及其附近的建筑垃圾清理干净，水池盖板放置符合要求，防止垃圾进入池内，影响水泵运行。

（2）需方需将电缆套管安装就绪，并将暗装控制箱孔洞清理干净。

（3）需方负责提供安装工地的照明、水电（设备安装所需电压、频率）等条件，并承担水泵调试期间照明、安装用水用电费用。

（4）需方提供现场运输及起吊设备。

（5）需方负责提供安装所需切割、焊接等设备。

二、IG-541 气体自动灭火调试方案

1. 总则

自动灭火系统的设计范围应包括对以下所有保护对象控制系统和管网系统的设计，保护对象具体为：地下车站（含地下区间风井）的综合监控设备室、信号设备室（含电源室）、通信设备室（含电源和 PIDS 室）、UPS 整合室、屏蔽门设备室、应急照明蓄电池室、环控电控室、变电所的 0.4kV 开关柜室、直流开关柜室、与直流开关柜室合建的 33KV 开关柜室、整流变压器、控制室、能量回馈装置室、电阻柜室等。

IG-541 混合气体灭火剂作为灭火介质的气体自动灭火系统，适用于扑救不适合于用水灭火的电子、电气设备等场所火灾。本工程气体灭火系统设计采用了组合分配式系统和单元独立式系统，实行全淹没灭火方式。

IG-541 混合气体自动灭火系统由管网子系统和控制子系统两大部分组成。技术规格书仅涉及气体自动灭火系统的管网子系统，而控制子系统则见综合监控系统技术规格书。

2. 系统组成及功能要求

（1）系统组成

管网子系统包括储存装置、启动装置、分区控制阀、喷嘴、输送管路及其他附件组成。

（2）功能要求

气体灭火系统与火灾自动报警系统配套使用，实现对防护区的火灾自动探测与报警以及灭火联动控制，并实现对气体灭火系统的自动、手动、机械应急操作三种启动方式。

气体灭火系统在火灾自动报警系统的某个灭火控制单元发出启动信号时，能够立即准确地打开启动装置，通过启动装置打开对应的选择阀和灭火剂瓶组，并通过灭火剂的汇集与分配装置，经输送管网与喷嘴将灭火剂喷放到该防护区内，实施灭火。在灭火剂释放时，气体灭火系统向火灾自动报警系统发出气体释放反馈信号。

3. 调试前置条件

（1）施工单位在调试前需把气体灭火所有设备安装到位。

（2）气体灭火主机回路线，各模块箱的监视/控制线要连接到位，所有接入到气体灭火设备的外线必须做好标示、记录。

（3）所有和气体灭火设备连接的外线（含回路线、外控线等）必须满足《火灾自动报警系统施工及验收规范》的要求，对地绝缘电阻不小于 20MΩ，气体灭火设备的接地线必须专用，地线对地电阻不能大于 4Ω，线与线之间无短路、断线情况。

（4）所有受气体灭火控制的设备，如风阀、风机等受控设备在和气体灭火模块连接前，必须是之前调试好的设备，且提供给气体灭火连接端子必须是无源的干接点。

（5）在各个防护区及钢瓶间内，施工单位必须配备好房门钥匙，以方便气体灭火调试人员随时到现场检测设备运行状况。

4. 系统调试项目及内容

1）火灾自动报警系统与气体灭火系统联动调试

气体灭火系统安装完毕，并在相关的火灾报警系统和开口自动关闭装置、通风机械和防火阀等联动设备的调试完成后，进行气体灭火系统的调试，将火灾自动报警系统与气体灭火系统相关信号线连接，进行以下模拟联动。

（1）手动操作方式

① 在控制盘处于手动状态时，向 FAS 系统输出信号（手自动转换信号）紧急启动按钮被按下，气体灭火控制盘立即启动。

② 控制盘启动声光报警器，并进入延时状态，控制盘输出信号（关闭防烟防火阀）。

③ 30s 延时结束时，控制盘输出有源信号至启动瓶上的电磁阀释放气体。气体通过管道输送到防护区。此时，压力开关上的触点开关动作并将气体释放信号传至控制盘和 FAS 系统，并启动气体释放指示灯。

（2）自动操作方式

① 感烟探测器或感温探测器探测到火灾信号后，气体灭火控制盘蜂鸣器鸣响，同时向 FAS 系统输出信号（气灭一次报警信号）。

② 烟感、温感都探测到火灾报警信号后，气体灭火控制盘蜂鸣器鸣响，控制盘启动声光报警器，同时向 FAS 系统输出信号（气灭二次报警信号），并进入延时状态，控制盘输出信号关闭防烟防火阀（模拟）。

③ 30s 延时结束时，控制盘输出有源信号（至启动瓶上的电磁阀释放气体。气体通过管道输送到防护区）。此时，压力开关上的触点开关动作并将气体释放信号传至控制盘和 FAS 系统，并启动气体释放指示灯。

（3）模拟试验结果应符合规范要求

① 延迟时间与设定时间相符，响应时间满足要求。

② 有关声、光报警信号正确。

③ 联动设备动作正确。

④ 驱动装置动作可靠。

2）气体灭火系统试喷试验

火灾报警系统设备和气体灭火设备安装到位，进行各项功能联动试验合格后，进行气体灭火系统试喷试验，详细为：采用不少于 1 套 IG-541 气体 80L 灭火剂贮瓶接入试验系统，同时接入一套试验用氮气瓶组，执行模拟火灾整个系统喷放过程，并实施自动检测、自动启动、自动控制灭火等一系列系统性能。

（1）具体试验过程为：

① 给感烟探测器或感温探测器一个火灾信号，感烟探测器或感温探测器探测到火灾信号后，气体灭火控制盘蜂鸣器鸣响，同时向 FAS 系统输出信号（气灭一路报警信号）。

② 烟感、温感都探测到火灾报警信号后，气体灭火控制盘蜂鸣器鸣响，控制盘启动声光报警器，同时向 FAS 系统输出信号（气灭二路报警信号），并进入延时状态，控制盘输出信号关闭

防烟防火阀（模拟）。

③ 30s 延时结束时，控制盘输出有源信号，启动钢瓶上的电磁阀接收到启动信号，打开启动钢瓶，氮气通过启动管路，打开对应的选择阀和氮气试喷钢瓶组，通过集流管、分流管和防护区管道，将灭火剂释放到防护区（防护区的每个喷嘴均能喷出试验气体）。此时，压力开关上的触点开关动作并将气体释放信号传至控制盘和 FAS 系统，并启动气体释放指示灯。

注意：模拟喷放试验时，严禁人员留在防护区内。

（2）模拟喷气试验的结果，应符合下列规定：

① 延迟时间与设定时间相符，响应时间满足要求。

② 有关声、光报警信号正确。

③ 有关控制阀门工作正常。

④ 压力讯号器动作后，气体防护区门外设置的气体释放指示灯应工作正常。

⑤ 气瓶间内的设备和对应防护区内的灭火剂输送管道无明显晃动和机械性损坏。

⑥ 试验气体能喷入被试防护区内，且应能从被试防护区域的每个喷头喷出。

6.3.3.4　环境与设备监控系统调试方案

在厂家进场调试前，施工单位应完成培训手册中的附表，并提交给厂家检查，根据完成情况确定是否具备上电调试的条件。特别是所有箱柜的校线工作，必须认真完成。因这项工作直接影响到整个调试工作是否能顺利进行，也是缩短调试时间、避免损坏设备的前提。

施工单位配合，完成所有 BAS 自身设备的上电，网络调试，并对所有传感器进行电气部分的测试。BAS 测试内容及人员安排如表 6-3 所示。

BAS 测试内容及人员安排　　　　　　　　　表 6-3

调试类别	测试内容	人员安排	所需的工具及资料	注意事项
UPS 调试	维修旁路功能测试	BAS 厂家 1 人，施工单位 1 人	万用表，手提电脑，房间钥匙	施工单位低压专业需提前给低压配电箱送电
	UPS 主机旁路功能测试			
	UPS 在线供电功能测试		UPS 操作说明，维修旁路开关操作说明	
	市电与电池切换供电测试			
控制柜调试（先调网关端）	上电后检查所有 220V，24V 电源是否正常	BAS 厂家 2 人，施工单位 2 人	万用表，手提电脑，房间钥匙	
	检查所有模块、交换机的电源灯、状态灯是否正常			
	下载所有 PLC，ENIU 程序			
	通过上位画面和 ME 编程软件检查 PLC 的通信状态			
	再次检查 CMM 模块状态灯和所有转换器通信灯的状态，判断接口程序是否正常运行			
	PLC 冗余测试，A/B 端冗余切换测试			
控制箱调试	上电后检查所有 220V，24V 电源是否正常	BAS 厂家 2 人，施工单位 2 人	万用表，手提电脑，房间钥匙，下位程序，上位画面	所有机架的配置在出厂前已下载
	检查所有模块的电源灯、状态灯是否正常			
	通过上位画面和 ME 编程软件检查各机架的通信状态			

调试类别	测试内容	人员安排	所需的工具及资料	注意事项
模拟量调试	控制箱上电后立即用万用表对传感器的端子进行测量	BAS厂家2人，施工单位2人	万用表，手提电脑，保险管，房间钥匙，下位程序，上位画面	发现保险烧后就先检查线路是否短路
	电流型设备的电压在19～23之间。二通阀应在0～10V之间			
	流量计需要按口径在设备上设定量程		流量计口径与量程对应表	
	二通阀需通过上位画面监控，检查输出与反馈的开度与现场是否一致		—	二通阀在出厂前都做了校正工作
	压力压差只做电回路的测试		—	待水系统调试完成后再打开截止阀
	压差控制器按选型表设定压差值		扳手，压差控制器说明书，压差控制器选型表	在与环控专业做水平衡时一起进行调试
工控机调试	安装操作系统及上位软件	BAS厂家1人，施工单位1人	安装软件	如果现场不具备安装条件，应推迟安装调试时间

1. 现场总线冗余切换

测试目的：检测现场总线故障状态下的冗余切换。

测试步骤如表6-4所示。

现场总线冗余切换测试步骤　　　　　　　　　　　表6-4

测试内容	测试步骤	预期结果
现场总线冗余	1. 在任一处拔掉A网，保持B网的连接	在该处自动切换到B网通信
	2. 在任一处拔掉B网，保持A网的连接	在该处自动切换到A网通信
	3. 在任一处同时拔掉A、B网	在测试平台中扫描不到该节点

2. PLC冗余切换

测试目的：检测车站硬冗余PLC在故障状态下的冗余切换。

测试步骤如表6-5所示。

PLC冗余切换测试步骤　　　　　　　　　　　表6-5

测试内容	测试步骤	预期结果
冗余PLC的切换	1. 关闭主CPU所在机架的电源	从CPU成为主CPU，ENIU通信正常，与另一端PLC通信正常
	2. 打开被关闭的机架电源	两CPU经同步后，新得电的CPU成为从CPU，主CPU不变，ENIU通信正常，与另一端PLC通信正常
	3. 关闭主CPU所在机架的电源	从CPU成为主CPU，ENIU通信正常，与另一端PLC通信正常
	4. 打开被关闭的机架电源	两CPU经同步后，新得电的CPU成为从CPU，主CPU不变，ENIU通信正常，与另一端PLC通信正常
	5. 关闭从机架电源	主CPU正常工作，从机架关闭，ENIU通信正常，与另一端PLC通信正常

3. 数量采集与控制

测试目的：检测系统对监控点采集和控制的正确性。

测试步骤如表 6-6 所示。

数量采集与控制测试步骤　　　　　　　　　　　　　表 6-6

测试内容	测试步骤	预期结果
监控点采集和控制	1. 对 DI 点，用开关端子短接改变其状态，观察 HMI 显示是否一致	HMI 能正确显示现场的状态
	2. 对 DO 点，在 HMI 中控制其状态，观察 PLC 或控制箱 I/O 模块输出显示是否一致	HMI 能正确控制现场设备，PLC 或 I/O 模块输出正确
	3. 对 AI 点，检查 HMI 模拟量的显示值判断是否正确	HMI 能正确显示模拟量输入值

6.3.3.5　火灾自动报警系统调试方案

1. FAS 调试前必须具备的条件

（1）FAS 的全部设备包括现场级的各种末端设备（如温感探头、烟感探头、模块箱）等全部安装完毕，线路敷设和接线全部符合设计图纸的要求。

（2）FAS 的 FACP 报警控制盘及其相关的回路通信线不仅铺设、安装完毕，而且要有连续正常调试用的 AC220V 供应电。

（3）检查 FAS 与各系统的接口联动、信息传输和线路铺设等必须满足设计要求。

2. 调试内容、步骤及依据

1）调试内容

（1）以各车站级为调试单位，分别对各车站内的设备如：探测器、模块箱内的模块、各间风机房、消防联动控制装置按说明书单机逐台进行通电前的检查（如线路有无接地、短路等情况），正常后接入系统进行联动调试。

（2）对所需与 BAS 联动设备要在现场模拟试验均无问题后，再从消防控制中心对其设备进行手动或自动操作系统联调。对每个防火区及其他的大系统、小系统进行模拟试验。进行调试试验时，采取可靠的安全措施，知会与相关的专业（如切除三级负荷），确保各联动设备不会造成人员伤亡。对各车站级图形显示终端进行各单点设备的编辑工作。调试完毕后，将调试记录、接线端子表整理齐全完善。将 FACP 报警控制盘打到手动状态，进行新线的联网通信测试。

2）调试步骤

调试步骤主要如下：

回路线施工完整性检查→回路编址单元接线的检查方法→检查火灾报警控制器、其他开关的安装→确认火灾报警灭火控制器、无故障→测试探测器、火警→测试紧急释放停止手自动转换功能→进行模拟试验→各设备的接线检查。

检查报警主机与各回路卡、报警主机与电源、报警主机与打印机、回路外部设备（包括各类型探头、各类型模块、红外对射感烟控制器）、各通信接口（包括与第三方系统）之间的连接传输是否正确。

（1）系统通信检查

报警主机及其相应设备通电后，启动程序检查主机与本系统其他设备通信是否正常，确认系统内设备无故障。

（2）系统监控性能的测试

在报警主机侧按《探头、模块设备编码表》监控点表和《联动、系统火灾模式表》调试大纲的要求，对本系统的各探头、模块、火灾报警模式进行。

（3）系统联动功能的测试

本系统与其他子系统采取硬连接方式联动，则按设计要求全部或分类对各监控点进行测试，并确认是功能满足设计要求。本系统与其他子系统采取通信方式连接，则按系统集成的要求进行测试。系统功能测试流程如图 6-7 所示。

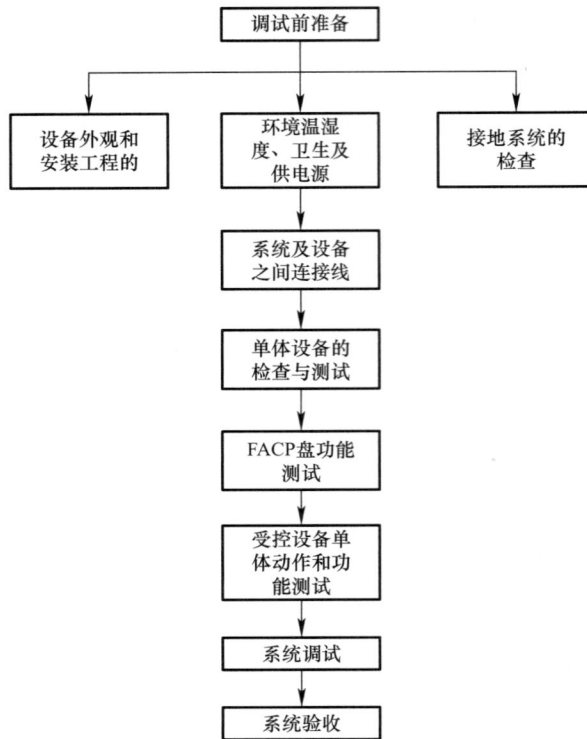

图 6-7 FAS 系统功能测试流程

3. FAS 系统调试内容及人员安排（见表 6-7）

FAS 系统调试内容及人员安排 表 6-7

序号	调试项目	调试前需具备条件		调试配合人员
1	FAS 主机与探测器、模块箱柜通信测试	FAS 施工单位需完成所有 FAS 系统箱柜接线（包括电源线、通信线、控制线），接通 AC220 电源，还需完成校线工作		施工单位
2	低压配电调试	低压配电厂家需完成配电箱安装调试工作，FAS 施工单位需完成 FAS 主机与配电箱之间接线、校线工作		施工单位，配电箱厂家
3	仪器仪表配置及调试	FAS 施工单位需完成探测器的安装及接线、校线工作		施工单位
4	FAS 与各子专业接口调试	与低压配电接口调试	低压配电专业设备需安装调试完成，FAS 施工单位需完成 FAS 与低压配电接口的接线及校线工作	施工单位，低压配电厂家
		与 AFC 接口调试	AFC 专业设备需安装调试完成，FAS 施工单位需完成 FAS 与 AFC 接口的接线及校线工作	施工单位，AFC 厂家
		与气体灭火接口调试	气体灭火专业设备需安装调试完成，FAS 施工单位需完成 FAS 与气体灭火接口的接线及校线工作	施工单位，气体灭火厂家

序号	调试项目	调试前需具备条件		调试配合人员
4	FAS与各子专业接口调试	与消防泵接口调试	消防水泵专业设备需安装调试完成，FAS施工单位需完成FAS与消防水泵接口的接线及校线工作	施工单位，消防泵厂家
		与BAS接口调试	BAS需安装调试完成，FAS施工单位需完成FAS与BAS接口的接线及校线工作	施工单位，BAS厂家
		与防烟防火阀接口调试	给排防烟防火阀需安装调试完成，FAS施工单位需完成FAS与防烟防火阀接口的接线及校线工作	施工单位，防烟防火阀厂家
5	FAS与ISCS联动调试	ISCS专业施工单位需完成ISCS专业的设备安装、接线及校线工作，ISCS厂家需完成内部调试工作		施工单位，ISCS厂家

4. 调试过程需提供的配合及注意事项

三权移交前：需要施工方的密切配合，发现施工问题影响调试的需要立即进行整改。

三权移交后：除需要施工方配合请点整改，还需要运营人员大力配合，医移交后必须运营人员配合才能进行调试。

6.3.3.6 门禁系统调试方案

1. 工程概述

门禁系统（ACS）工程为容包括门禁就地控制箱、读卡器、开门按钮、紧急开门按钮及车控室机柜等设备。

各站ACS在车控室门禁机柜内安装工作站及IBP盘配线盘，并与FAS、ISCS有接口，ACS系统打成自动模式时由ISCS系统IBP盘操作台上实现全站磁力锁电源切断，打成手动模式时由FAS系统实现全站磁力锁电源切断。

2. 系统调试

1）现场调试安全措施

在调试人员进场调试前，施工单位应保证调试现场无高处落物，并将工地现场有跌落危险的坑洞予以填补或遮盖，墙壁或地面凸起的金属件应做好保护并做明显标记。调试人员进入工地应佩戴好安全帽，遵循施工工地安全守则。

2）现场调试分工

ACS系统现场调试时，施工单位负责配合厂家进行调试，并在调试过程中提供调试的便利条件，保证厂家调试人员的人身安全，修复在调试过程中发现的线缆错接等施工问题。接口调试时，施工单位人员配合门禁与主控厂家工程师进行线缆核对并跟踪接口的点对点工作。

3）调试步骤与方法

（1）接线正确性检查

本阶段调试的内容为ACS的控制柜、就地控制箱与现场设备（读卡器、开门按钮、紧急开门按钮、磁力锁）之间的接线的正确性确认。

本阶段的测试由施工单位和厂家的现场负责人共同完成，如发现接线有问题，由施工单位进行修改。厂家协助便于掌握施工单位的接线状态，为以后的调试做好基础工作。

（2）系统上电

ACS系统上电前必须进行电源接线检查。根据配线图，按照强弱电隔离的原则，对ACS就地控制箱 220VAC 和 24VDC 的进线逐项进行检查以确认不存在短路的现象。

车站具备上电条件后，厂家会核查读卡器、磁力锁、开门按钮、紧急开门按钮等设备接线及工作情况，观察调整直到系统能正确运行。在做本部分工作时，需施工单位配合，以便能够及时发现、纠正电源方面的错误和通信线缆方面的错误而保证测试顺利进行。系统上电完毕后，厂家完成工作站与就地控制箱互连，并能从工作站实现对设备的监控。注意接地线的检查。

上电工作必须按照先控制柜后控制箱进行，要根据系统供电图纸按照供电系统图上的先后顺序逐个进行上电，确保供电正常。

（3）内部子系统调试

系统上电调试结束后，各控制柜、箱工作正常，组建现场门禁系统工作站上，通过工作站观察通信是否正常，此时要检查工作站与就地控制箱通信是否正常。

（4）接口专业的调试

与 ACS 接口的 FAS 专业接口形式为硬接线方式。对接口专业的调试内容进行逐项测试，测试完毕后填写相应表格。

接口调试，由 FAS 方进行主导，ACS 厂家及施工单位配合调试，外部接线问题由 ACS 厂家与配合调试的施工单位进行整改，内部接线问题由综合监控及 IBP 盘厂家进行整改，调试完成后，填写与各专业的调试记录表。

与 ACS 接口的 ISCS 专业接口形式为硬接线方式。对接口专业的调试内容进行逐项测试，测试完毕后填写相应表格。

接口调试，由 ISCS 方进行主导，ACS 厂家及施工单位配合调试，外部接线问题由 ACS 厂家与配合调试的施工单位进行整改，内部接线问题由综合监控及 IBP 盘厂家进行整改，调试完成后，填写与各专业的调试记录表。

（5）IBP 盘接口调试

① ACS 与 ISCS 厂家 IBP 盘接口部分

当 IBP 盘工作台上门禁系统部分，接口调节为手动时，门禁系统由 IBP 盘工作台控制，按下释放按钮，对整个车站门禁磁力锁断电，磁力锁进入不工作状态。释放按钮复位时，门禁系统磁力锁上电，磁力锁重新进入工作状态。

② ACS 与 FAC 厂家接口部分

当 IBP 盘工作台上门禁系统部分，接口调节为自动时，门禁系统由 FAC 控制，FAC 通过指令，对整个车站门禁磁力锁断电，磁力锁进入不工作状态。FAS 发出复位指令时，门禁系统磁力锁上电，磁力锁重新进入工作状态。

（6）通信接口调试

通信方式接口调试：在门禁专业设备调试完毕后方可与 ISCS 进行通信调试。

门禁系统与 ISCS 系统进行点对点及各控制命令测试，调试顺序为，先进行通信互连，通信正常后进行 100% 点对点测试（包括监视点和控制点），ISCS 实现对门禁设备进行监视及控制，门禁系统设备信息正确上传给 ISCS，接口测试由 ISCS 主导，ACS 厂家及现场施工单位进行调试配合。

（7）综合联调

在完成单机测试、接口测试后，进入综合联调阶段。前提条件，通信主干网联通，中央服务器架设完成并完成门禁数据库设备内容及设置录入。门禁系统中央服务器与本地服务站进行数据同步，中央与本地系统通信及数据交换正常，工作站对本地设备进行监视及控制。

3. 门禁调试内容及人员安排（见表6-8）

门禁调试内容及人员安排 表6-8

车站名称	调试设备内容	计划调试时间	配合人员
各站	现场已供货设备开箱检验	因各站情况不一，需根据实际情况确定	施工单位
	前期施工技术交底（主要解答关于施工图纸存在的疑问）		施工单位
	现场指导（前提：施工单位按设计要求安装好设备及铺设好线路）		施工单位
	现场门禁系统指导接线	1天	施工单位
	检查门禁系统接线情况	2天	施工单位
	运营部门到现场对线路进行摇表测试	2天	施工单位、运营部门
	第一次系统设备加电测试	2天	施工单位
	检查读卡器、开门按钮及紧急开门按钮就地功能	1天	施工单位
	现场门禁设备软硬件联动进行脱锁单机调试	2天	施工单位
	发临时卡测试现场读卡器功能	1天	施工单位
	现场门禁设备软硬件联动进行带锁单机调试	1天	施工单位
	指导施工单位进行门禁IBP盘接线及调试	2天	施工单位
	与主控及FAS厂家进行IBP盘测试	1天	施工单位、FAS厂家
	与主控厂家进行接口测试	2天	施工单位、ISCS厂家
	正式门禁系统接入（主干网连通及服务器数据库完成）	2天	运营部门、通信专业、施工单位

6.3.3.7 供电系统调试方案

一、综合监控系统调试方案

1. 线路测试

首先从外部检查。即用眼观察各种配线情况，对照图纸检查配线关系，判断接线是否正确。确保机柜接地正确。

2. ISCS服务器、网络柜、机柜调试

（1）产品外观检查，核对柜内设备安装数量，柜内接线是否正确，器件安装牢固，包括是否有器件松动损坏。

（2）核对ISCS服务器、网络柜柜间接线正确，将柜内设备接线拔出，并用500V摇表测量及二次回路的绝缘电阻，绝缘电阻应大于1MΩ。

（3）ISCS服务器、网络柜接地可靠。机柜接地线安装符合要求，柜体接地绝缘电阻应小于1Ω。

（4）ISCS服务器、网络柜通电自检，其中服务器、网络设备、光电转换器等设备自检正常，启动正常，设备内风扇装置应运转良好。启动后指示灯闪烁正常。

（5）上电后服务器内置软件、网络设备内置软件均正常启动，并显示正常。

（6）综合监控局域网通信链路检查，主要包括检测服务器、交换机，FEP、工作站间的局域网通信链路正常。

（7）车站局域网调试，主要进行交换机配置和功能调试。

（8）通信接口电光转换器安装数量正确，端口接线正确。

3. 综合监控设备室UPS调试

（1）判断接线、机柜接地是否正确。

回路的绝缘电阻，绝缘电阻应大于1MΩ。

（2）UPS通市电，带额定负荷，输出电压参数符合设计和产品技术要求。

（3）UPS断开市电，UPS能在线带额定负荷，输出电压参数、供电时间符合设计和产品技术要求。

4. IBP 盘调试

（1）产品外观检查，柜体安装牢固，盘面拼接正确且标识清晰，按钮按压正常，后侧维修箱体紧固件无松动，维修气撑杆开关正常，内部是器件无松动损坏。

（2）核对 IBP 盘内及盘外接线正确，将盘内插件拨出，并用 500V 摇表测量二次回路的绝缘电阻，绝缘电阻应大于 1MΩ。

（3）IBP 盘接地可靠。柜体接地绝缘电阻应小于 1Ω

（4）IBP 盘通电自检，按钮自检灯显示正常。

5. ISCS 工作站调试

（1）产品外观检查完好，零件、备品、技术文件及合格证齐全。

（2）核对工作站接线正确（包括设备电源接线、设备之间通信线、工作站与服务器通信线）。

（3）工作站通电自检。

（4）工作站软件功能正常启动。

二、PSCADA 单机调试方案

1. CSC-326GH 数字式变压器保护装置调试方案（见表 6-9）

CSC-326GH 数字式变压器保护装置调试方案 表 6-9

序号	项目内容					结果
1	单板焊接质量检查					
2	通电前检查					
	① 装置结构紧凑，紧固螺丝无滑扣现象，表面无机械损伤、裂痕，按钮操作灵活					
	② 核对装置内各插件编号与配置表信息、订货清单、装置铭牌是否一致					
3	绝缘电阻及工频耐压试验					
4	直流稳压电源检查					
	① 经检查，本装置电源的自启动性能良好，失电告警继电器工作正常					
	② 输出电压稳定性检查					
	输出额定值	5V	+12V	−12V	24V	24V′
	输出标准	(5.0～5.15)	(9.6～12.0)	(−12.0～−9.6)	(24.0～25.2)	(24.0～25.92)
5	装置上电检查					
	① 液晶显示正常，键盘各键灵活、接触良好、面板上指示灯工作正确					
	② 时钟及电池回路工作正确					
	③ 定值整定及定值区切换工作正确					
	④ 无通信异常告警					
6	通信接口测试					
7	操作回路检查（CSC326GF）					
8	AO 插件测试					
9	非电量输入输出检查（CSC326GF）					
10	IEC 61850 公共文件及模型文件检查正确					
11	高温连续通电试验					
12	模拟量通道检查					
	① 零漂检查					
	② 噪声值检查					
	③ 模拟量精度及极性检查					
	④ 线性度检查					
13	开入测试					

序号	项目内容			结果
14	开出测试			
15	保护功能测试			
16	版本信息			
	项目	版本及CRC	项目	版本
	保护程序	2.60 60C9	DIO	—
	保护方案	326GH_S201 8C40	MMI	2
	启动CPU(CSC326GD/GM)	—	装置固件	1
总结：该产品经系列调试后，产品是/否合格。				√/×

注：① 除模拟量通道检查合格的须填写"合格"外，其余未加说明的项目均是合格打"√"，不合格打"×"。
　　② 随装置的实际配置不同，检测项目会有增减。

2. CSC-122M 数字式母联保护装置调试方案

本调试方案适用于单跳圈的 CSC-122M 数字式母联保护装置。

注：未加说明的项目均是合格打"√"，不合格打"×"。

（1）目的

验证 CSC-122M 数字式母联保护装置功能完整。

（2）适用范围

CSC-122M 数字式母联保护装置。

（3）硬件调试

所需设备和工具。

（4）单板焊接质量检查

① 直接观察或用放大镜检查各插件上无元器件焊反、焊错、漏焊或虚焊现象。

② 检查本装置所有互感器的屏蔽层的接地线是否均已可靠接地，装置外壳是否已可靠接地。

③ 检查本装置型号、铭牌、额定参数、出厂年月及编号等标注齐全、正确，各插件上元器件规格、接线符合设计要求，所有元件的焊接质量是否良好。

（5）插件插拔检查

将电压切换插件、交流插件、CPU插件、Master插件、开入、开出插件、操作插件、电源插件依次插入机箱，注意插件顺序不可弄错。各插件应插拔灵活、接触可靠。

（6）插件跳线检查

① 保护CPU插件跳线设置正确。

② MASTER插件跳线设置正确。

③ 开入插件跳线设置正确。

④ 开出1插件跳线设置正确。

⑤ 开出2插件跳线设置正确。

（7）直流稳压电源检查

① 检查本装置电源的自启动性能是否良好，失电告警继电器工作是否正常。

② 输出电压稳定性检查，将实测值添入表6-10。

输出电压稳定性检查　　　　　　　　　　　　　　　表6-10

直流输出电压额定值	5V	+12V	−12V	24V	R24V
允许误差范围	0%～3% (5.0～5.15)	−20%～0% (9.6～12.0)	−20%～0% (−12.0～−9.6)	0%～5% (24.0～25.2)	0%～8% (24.0～25.92)
输入电压220V（100%）或 110V（100%）输出实测值					

注：输入电压220V/110V根据装置具体额定参数定。

（8）绝缘电阻及工频耐压试验

参看调试方法，将相应结果填入表 6-11（合格打"√"，不合格方案填入实测值）。

绝缘及耐压试验方案 表 6-11

试验项目	绝缘电阻		工频耐压试验		备注
	技术要求（MΩ）	实测（MΩ）	技术要求（kV）	耐压水平（kV）	
A、B 组对地	≥100		2		
C 组对地			2		
D 组对地			2		
E 组对地			1		
A 组对 B、C、D 组			2		
B 组对 C、D 组			2		
C 组对 D 组			2		

（9）装置基本功能检查

① 按照调试方法上电进行装置初始化以后，装置运行灯亮，液晶显示正常。

② 做三次快速拉合直流试验，装置正常。

③ 出厂菜单中仅仅投入 CPU1。

④ 保护的配置 CRC 和归档的有效 CRC 一致。

⑤ 压板模式设置正确。

⑥ 装置时钟设置正确，走时准确。

⑦ 装置对时方式设置正确。

⑧ 规约选择正确。

⑨ 103 功能类型设置为 F2H，正确。

⑩ SOE 复归选择正确。

⑪ 装置地址设置正确。

⑫ 装置的间隔名称正确。

⑬ 软定值区切换功能正确。

⑭ 打印功能正确。

⑮ 保护定值和装置参数固化正确。

⑯ 菜单设置正确。

⑰ 在装置没有告警时，进行开入、开出插件检测。开入开出不告警。

⑱ 装置的权限密码已经设为"8888"。

⑲ 快捷键功能正确。

⑳ 操作《报告》、《定值》、《采样》、《版本》、《＋》、《－》键，分别打印最近一次动作报告、当前定值区的定值、采样值、装置信息和运行工况；定值区加 1、定值区减 1，正确。

㉑ 装置设置正确，将结果填入表 6-12。面板灯设置：填写各个灯的正确状态（√/×）。"√"表示设置正确；"×"表示设置不正确。

装置设置核对表 表 6-12

名称	属性	是否正确（√/×）
第一盏灯	运行	
第二盏灯	保持	
第三盏灯	非保持	
第四盏灯	非保持	

名称	属性	是否正确（√／×）
第五盏灯	非保持	
第六盏灯	非保持	
第七盏灯	非保持	
第八盏灯	保持	

（10）模拟量打印设置

装置主菜单—装置设定—打印设置—录波打印量设置。模入量打印设置中 Ix、Iaa、Ibb、Icc 设置为"×"，其余模入量设置为"√"。

（11）开关量打印设置（见表 6-13）

装置主菜单—装置设定—打印设置—录波打印量设置，开关量打印设置中所有开关量均设为"√"。

打印方式设置：请填写√、×两种属性。

开关量打印设置核对表 表 6-13

名称	属性	是否正确（√／×）
自动打印录波	√	
打印控制字内容	√	
录波打印模式	图形	

（12）菜单设置：请填写√、×两种属性。（见表 6-14）。

菜单设置核对表 表 6-14

序号	名称	应设置的属性
	标准界面模式	
＊ ＊	通道信息菜单	
	清除定值属性配置	
	清除主接线配置	
	大液晶模式	
	CSC200C 新规约模式	
	与 CSN/2 通信	
	LON 网打印模式	
	已配置 LON2	
	已配置 LON1	
	已配置 485＿1	
	已配置 485＿2	
	录波状态量以字节为单位	
	103 规约事件以 ASDU1 上送	
	以太网 1 屏蔽 CSC2000 规约	
	以太网 2 屏蔽 CSC2000 规约	
＊	以太网 1 采用 61850 规约	
＊	以太网 2 采用 61850 规约	
＊	装置参数控制字可更改打印	
＊	通道 A 信息菜单显示	

续表

序号	名称	应设置的属性
*	通道 B 信息菜单显示	
	通道 C 信息菜单显示	
*	压板相关菜单显示	
*	报告打印采用表格格式	

（13）高温连续通电试验

在装置没有告警的状态下，没有整机在 450℃ 环境下连续通电运行 72h，高温运行过程中装置应工作正常，信号指示正确，无异常告警，显示屏字体清晰可辨。

试验结果：

A、良好

B、无显示屏字体不清

C、无异常告警

（14）安全定值整定

参照调试方法，当前定值区设为 0 区。

当前定值区为 0 区。

（15）保护通信接口测试

通信接口测试正常。

（16）查看开入、开出插件 24V 电压值

① 进入装置主菜单—运行工况—装置工况中，查看"开入 1 组电压"、"开入 2 组电压"和"开出电压"查看结果：开入 1 组电压：23.896V；开入 2 组电压：23.896V；开出电压：25.083V。

② "查看的结果"与测量的"输入电压 100%"时"24V 的测量值"之差均应＜±0.5V。

（17）装置基本功能检查

装置运行正常，将版本号记入表 6-15。

装置基本功能检查表　　　　　　　　　　　　　　　　　　　表 6-15

序号	项目	版本信息	
1	CSC122M	V1.02	2005.04 ADFA 6A78
2	制造编码	0103	2008.07 B284 F8F8
3	开入 1	V1.04	2009.03 B7DA
4	开出 1	V1.04	2008.10 47FE
5	开出 2	V1.04	2008.10 AD3C
6	面板	V2.13	2014.06 D194 CBC4
7	管理 1 板	V5.13	2010.09 F6F5
8	MSTCOMM	V5.13	2010.09 3203

（18）模拟量检查

注意 Iaa、Ibb、Icc 是双 A/D 冗余通道，应分别与 Ia、Ib、Ic 相同。

（19）零漂调整

调整零漂时，应断开装置与测试仪或标准源的电气连接，确保装置交流端子上无任何输入。结果方案于表 6-16。

零漂调整表　　　　　　　　　　　　　表 6-16

通道	Ia	Ib	Ic	3I0	Ua	Ub	Uc	Ux
调整结果	0.0000	0.0000	0.0000	0.0052	0.0000	0.0205	0.0000	0.0205

电流通道绝对值应<0.1A（5A 额定值 CT）或<0.02A（1A 额定值 CT），电压通道绝对值应<0.1V。

结论：零漂调整后符合要求。

（20）刻度调整

Ia、Ib、Ic、3I0、Ua、Ub、Uc、Ux 通道刻度调整正确。

（21）精度及线性度检查

刻度调整成功后，按表 6-17 和表 6-18 加量，要求电压通道在 0.4V 时显示值与外部表计值误差小于 0.1V，其余小于 2.5%；电流通道在 0.08In 时误差小于 0.02In，其余小于 2.5%。其中 Iaa、Ibb、Icc 在运行工况—噪声值中查看。

精度及线性度检查（一）　　　　　　　　　表 6-17

通道	0.08In A	In A	2In A
允许偏差	±0.02In	±0.025In	±0.05In(±2.5%)
Ia	0.078	1.000	2.000
Ib	0.078	1.000	2.000
Ic	0.078	1.000	1.992
3I0	0.078	1.000	2.000
Iaa	0.078	1.000	2.000
Ibb	0.078	1.000	2.000
Icc	0.078	1.000	2.000
结论	合格	合格	合格

精度及线性度检查（二）　　　　　　　　　表 6-18

通道	0.4V	50V	60V
允许偏差	±0.1V	±1.25V(±2.5%)	±1.5V(±2.5%)
UA	0.391	50.000	60.000
UB	0.391	50.000	60.000
UC	0.391	50.000	60.000
Ux	0.391	50.000	60.000
结论	合格	合格	合格

（22）极性检查

① 三相电流及电压（包括 Ux）角度检查正确。

② 3I0 极性检查正确。

分相查看刻度值，分相加量后，通过装置循环显示查看，结果方案于表 6-19。要求各通道显示值与外部表计值误差小于 2.5%。

极性检查表   表 6-19

通道	Ua	Ub	Uc	Ia	Ib	Ic
查看结果	50.000V	50.000V	50.000V	1.000A	1.000A	0.996A
结论						

（23）硬件测频通道检查

结果方案于表 6-20。误差应≤0.02Hz。

硬件测频通道检查表   表 6-20

频率	48Hz	50Hz	52Hz
显示值	48.000	50.000	52.000
结论			

（24）开入检测

结果方案于表 6-21。

开入检查测表   表 6-21

序号	端子位置	含义	检查结果
1	a14	备用压板	
2	a16	备用压板	
3	a18	电压并列 1 开入	
4	a20	电压并列 2 开入	
5	a22	闭锁远方操作	
6	a24	检修状态压板	
7	a26	复归信号	
8	c4	备用遥信 1	
9	c6	备用遥信 2	
10	c8	备用遥信 3	
11	c10	备用遥信 4	
12	c12	备用遥信 5	
13	c14	备用遥信 6	
14	c16	备用遥信 7	
15	c18	备用遥信 8	
16	c20	备用遥信 9	
17	c22	备用遥信 10	
18	c24	外操作箱 TWJ	
19	c26	手合同期开入	
20	a4	母充过流 1 段	
21	a6	母充过流 2 段	
22	a8	母充零流 1 段	
23	a10	母充零流 2 段	
24	a12	失灵保护	

（25）开出传动

结果方案于表 6-22。注意：断开 KM＋、KM－的电源后试验。

开出传动表   表 6-22

序号	项目	应接通的接点	面板应亮的灯	MMI 应显示	结论
1	装置告警 1	x7-a26～x7-c26 x7-a28～x7-c28 x6-a30～x6-c30 x6-a32～x6-c32	运行灯闪 告警灯闪	开出传动成功	
	装置断电后上电	x7-a26～x7-c26 x6-a32～x6-c32	告警灯闪		
2	装置告警 2	x7-a26～x7-c26 x7-a28～x7-c28	运行灯闪 告警灯常亮	开出传动成功	
	装置断电后上电	x7-a26～x7-c26	告警灯常亮		
3	保护跳闸	x8-c2～x8-c4 x8-a8～x8-a10 x8-c8～x8-c10 x8-c16～x8-c18 x8-a16～x8-a18 x8-a24～x8-c24 x8-a26～x8-c26	运行灯闪 动作灯亮	开出传动成功	
	装置断电后上电	x8-c16～x8-c18	动作灯亮		
4	遥控合闸	x8-c2～x8-c6 x8-a8～x8-a12	运行灯闪	开出传动成功	
5	失灵电流继电器	x8-a22～x8-c22	运行灯闪	开出传动成功	
6	备用开出 1	x7-a6～x7-c6 x7-a8～x7-c8	运行灯闪	开出传动成功	
7	备用开出 2	x7-a10～x7-c10 x7-a12～x7-c12	运行灯闪	开出传动成功	
8	备用开出 3	x7-a14～x7-c14 x7-a16～x7-c16	运行灯闪	开出传动成功	
9	备用开出 4	x7-a18～x7-c18 x7-a20～x7-c20	运行灯闪	开出传动成功	
10	备用告警	x7-a22～x7-c22 x7-a24～x7-c24	运行灯闪 告警灯常亮	开出传动成功	
11	手合同期开出	x7-a2～x7-c2 x7-a4～x7-c4	运行灯闪	开出传动成功	
12	用＋220V/＋110V 点 x8-a2（中间开入）	x8-a28～x8-c28 x8-a30～x8-c30 断开＋220V 后以上接点断开	无	无	
13	先传动"保护跳闸"，开出成功后再传动"失灵电流继电器"（此项用于检测"启动失灵"）	x8-c2～x8-c4 x8-a8～x8-a10 x8-c8～x8-c10 x8-c14～x8-a14 x8-c16～x8-c18 x8-a16～x8-a18 x8-a22～x8-c22 x8-a24～x8-c24 x8-a26～x8-c26	运行灯闪 动作灯亮	开出传动成功	

注：① 各项开出传动后，按复归按钮后，相应的灯灭、相应的接点断开。
② 开出传动时，运行灯应闪烁。
③ 做第 12 项时需将－220V 电源接至 KM－。

（26）操作回路测试
① 控制回路断线信号测试。
② KM＋为断开状态时，电源消失或断线信号（x9-a10～x9-a16）应接通。
③ 操作回路测试。
④ 根据端子定义接好模拟断路器，注意 KM＋接至＋220V/＋110V，KM－接至－220V/－110V，均要接好，接内部防跳回路，接线如下：
a x8-c4、x8-a4 短接；x8-c6、x8-a6 短接。
b x9-c20 接 x9-c18，x9-c18 接至模拟断路器合闸输入，x9-c26 接至模拟断路器跳闸输入。
在装置主菜单—定值设置—设置装置参数中退出"控制回路断线自检"。试验步骤及结果方案见表 6-23。

操作回路测试表

表 6-23

项目	试验状态	需进行操作	正确结果	结论
保护跳闸压板1、永跳开入、手动跳闸	传动"遥控合闸"，使模拟断路器处于合位。	① 查看相关显示	"合闸位置"开入应为合，面板"合位"灯亮，x9-a4～x9-a6导通、x9-a20～x9-a22导通。	
		② ＋220V/＋110V点 x9-c28	模拟断路器应可靠跳闸；"合闸位置"开入显示"分"；合位灯灭；接点断开。	
		③ ＋220V/＋110V点 x9-c24		
手动合闸功能	模拟断路器分位	① 查看相关显示	开入"跳闸位置"应显示合，面板"跳位"灯亮；x9-a4～x9-a8导通。	
		② ＋220V/110V点 x9-c22 合闸开入	模拟断路器应可靠合闸，"跳闸位置"开入显示"分"；跳位灯灭；x9-a4～x9-a8接点断开。	
防跳回路测试	传动"遥控合闸"开出，使模拟断路器处于合位	不按复归钮再传动"保护跳闸"开出。	模拟断路器可靠跳闸，开入"跳闸"应显示"合"。即在合闸高电平保持的同时跳闸高电平出现，不出现开关跳跃现象。按复归按钮后以上开入显示"分"。	
位置不对应试验	传动"遥控合闸"，使模拟断路器处于合位	再在模拟断路器上手分断路器。	检查开入"位置不对应"应显示"合"，同时x9-a2～x9-c2导通。	
气压低闭锁合闸	传动"遥控跳闸"，使模拟断路器处于分位	① 按复归按钮后，用x9-c12短接x9-c8	开入"气压低闭锁合闸"显示"合"，x9-a10～x9-a12导通。	
		② 此时传动"遥控合闸"	模拟断路器不能合上。	
		③ 断开 x9-c12 和 x9-c8 的连接	开入"气压低闭锁合闸"显示"分"，接点x9-a10～x9-a12断开。	
气压异常闭锁操作	传动"遥控跳闸"，使模拟断路器处于分位	① 按复归按钮后，用x9-c12短接x9-c10	x9-a10～x9-a12导通，x9-a10～x9-a14导通。MMI的开入"气压低闭锁操作"显示"合"。	
		② 此时传动"遥控合闸"	模拟断路器不能合上。	
		③ 断开 x9-c12 和 x9-c10	x9-a10～x9-a12断开，x9-a10～x9-a14断开。上述①中MMI的开入显示"分"。	
	传动"遥控合闸"，使模拟断路器处于合位。	按复归按钮后，用x9-c12短接x9-c10。传动"遥控跳闸"及"保护跳闸"。	模拟断路器均不能跳开。	
操作箱信号复归		用＋220V点 x9-c14	查看开入"操作箱信号复归"为"合"。	
		断开上述连接	查看开入"操作箱信号复归"为"分"。	
跳闸信号	合闸状态时	传动保护跳闸	x9-a10～x9-a18应接通。	
		按复归按钮	x9-a10～x9-a18应断开。	
位置测量	模拟断路器处于合位	查看接点	合闸位置接点x9-a28～x9-a30导通。	
	模拟断路器处于分位	查看接点	跳闸位置接点x9-a28～x9-a32导通。	
手跳位置	模拟断路器处于合位	用＋220V/＋110V点 x9-c24	STJ接点x9-a24～x9-a26导通。	
回路启动值测试	70%电压			
	55%电压			
	40%电压			

（27）电压并列回路测试

缺省为保持型电压切换插件，可以根据用户需求选配非保持型电压切换插件。调试时请注意：保持型插件按照 27 条中的（1）操作，非保持型按照 25 条中的（2）操作。

x1-5 "KM-"接于-220V/-110V 电源端子，用＋220V/＋110V 分别接入以下开入。回路检查在额定电压下调试完后，还需做起动值检测，要求回路的起动电压范围满足额定电压的 40%～70%。

① 保持型电压切换

按照状态 1、状态 2 至状态 7 顺序作。

状态 1：线路在一母（一母隔刀合位开入 x1-1、二母隔刀分位有开入 x1-4）

状态 2：线路在一母（断开一母合位开入、二母分位有开入 x1-4）

状态 3：线路在二母（一母隔刀分位开入 x1-2、二母隔刀合位有开入 x1-3）

状态 4：线路在二母（一母隔刀分位开入 x1-2、断开二母隔刀合位开入）

状态 5：线路同时接在一二母（一母隔刀合位开入 x1-1、二母隔刀合位有开入 x1-3）

状态 6：线路同时接在一二母（断开一母隔刀合位、断开二母隔刀合位开入）

状态 7：线路未接任何母线（一母隔刀分位开入 x1-2、二母隔刀分位有开入 x1-4）

注："√"表示接点闭合导通或灯亮，状态栏空白处表明接点不通或灯不亮，根据状态栏内标准依次测试状态 1～4，若在某种状态下开出接点及信号灯均正确，在结论栏内画"√"，若某一接点或信号灯不正确，在相立栏内标注"×"，同时在结论栏内画"×"（见表 6-24）。

保持型电压切换插件调试方案　　　　　　　　　　　　　　　　表 6-24

序号	开出接点及信号灯	端子位置	状态						
			1	2	3	4	5	6	7
1	电压切换插件上Ⅰ母电压信号灯，MMI 上一母灯								
2	电压切换插件上Ⅱ母电压信号灯，MMI 上二母灯								
3	UA1-UA	x2-c10～x2-c26							
4	UB1-UB	x2-c12～x2-c28							
5	UC1-UC	x2-c14～x2-c30							
6	3U01-3U0	x2-c16～x2-c32							
7	UA2-UA	x2-c18～x2-c26							
8	UB2-UB	x2-c20～x2-c28							
9	UC2-UC	x2-c22～x2-c30							
10	3U02-3U0	x2-c24～x2-c32							
11	计量 UA1-计量 UA	x2-a16～x2-a28							
12	计量 UB1-计量 UB	X2-a18～x2-a30							
13	计量 UC1-计量 UC	X2-a20～x2-a32							
14	计量 UA2-计量 UA	X2-a22～x2-a28							
15	计量 UB2-计量 UB	X2-a24～x2-a30							
16	计量 UC2-计量 UC	X2-a26～x2-a32							
17	投一母位置 1—隔刀位置开出 1	X2-a8～x2-a12							
18	投一母位置 2—隔刀位置开出 2	X2-c6～x2-a6							
19	投一母位置 3—隔刀位置开出 3	x1-7～x2-a14							
20	投二母位置 1—隔刀位置开出 1	x2-a10～x2-a12							
21	投二母位置 2—隔刀位置开出 2	x2-c8～x2-a6							

续表

序号	开出接点及信号灯	端子位置	状态			
22	投二母位置 3—隔刀位置开出 3	x1-8～x2-a14				
23	电压消失开出	x2-c2～x2-a2				
24	同时动作开出	x2-c4～x2-a4				
100%电压时结论						
30%电压时结论						
70%电压时结论						

② 非保持型电压切换插件

按照状态 1、状态 2 至状态 4 顺序作。

状态 1：线路在一母（一母隔刀合位有开入 x1-1）

状态 2：线路在二母（二母合位有开入 x1-3）

状态 3：线路同时接在一二母（一母合位有开入 x1-1、二母合位有开入 x1-3）

状态 4：线路未接任何母线（断开一母合位、断开二母合位开入）

注："√"表示接点闭合导通或灯亮，状态栏空白处表明接点不通或灯不亮，根据状态栏内标准依次测试状态 1~4，若在某种状态下开出接点及信号灯均正确，在结论栏内画"√"，若某一接点或信号灯不正确，在相应栏内标注"×"，同时在结论栏内画"×"（见表 6-25）。

非保持型电压切换插件调试方案表　　　表 6-25

序号	开出接点及信号灯	端子位置	状态			
			1	2	3	4
1	Ⅰ母电压信号灯					
2	Ⅱ母电压信号灯					
3	UA1-UA	X2c10-X2c26				
4	UB1-UB	X2c12-X2c28				
5	UC1-UC	X2c14-X2c30				
6	3U01-3U0	X2c16-X2c32				
7	UA2-UA	X2c18-X2c26				
8	UB2-UB	X2c20-X2c28				
9	UC2-UC	X2c22-X2c30				
10	3U02-3U0	X2c24-X2c32				
11	计量 UA1-计量 UA	X2a16-X2a28				
12	计量 UB1-计量 UB	X2a18-X2a30				
13	计量 UC1-计量 UC	X2a20-X2a32				
14	计量 UA2-计量 UA	X2a22-X2a28				
15	计量 UB2-计量 UB	X2a24-X2a30				
16	计量 UC2-计量 UC	X2a26-X2a32				
17	投一母位置 1—隔刀位置开出 1	X2-a8～x2-a12				
18	投一母位置 2—隔刀位置开出 2	X2-c6～x2-a6				
19	投一母位置 3—隔刀位置开出 3	x1-7～x2-a14				
20	投二母位置 1—隔刀位置开出 1	x2-a10～x2-a12				
21	投二母位置 2—隔刀位置开出 2	x2-c8～x2-a6				
22	投二母位置 3—隔刀位置开出 3	x1-8～x2-a14				
23	电压消失开出	x2-a2～x2-c2				
24	同时动作开出	x2-a4～x2-c4				
100%电压时结论						
30%电压时结论						
70%电压时结论						

（28）保护性能测试

投退相应的压板，模拟各种短路试验，保护动作结果应符合表 6-26。请打开打印机，检查打印报文功能。

保护性能测试　　　　表 6-26

序号	保护功能	故障类型	面板的正确报文	信号灯	结论
1	过流Ⅰ段	A相，Ⅰ=1.05 倍定值	保护启动，过流Ⅰ段出口	动作亮	
2		A相，Ⅰ=0.95 倍定值	保护启动	无	

（29）定值安全值固化（该项在整屏调试完成后进行）

① 调试完后把定值区切到 0 区。

② 把 0 区定值拷贝到各区。

（30）CSN-201 网络式打印共享器调试方案（见表 6-27）

CSN-201 网络打印共享器调试方案　　　　表 6-27

序号	项目内容		结果
1	单板焊接质量检查		
2	通电前检查		
	① 检查各接口、印字、灯罩正确		
	② 装置面板型号标示、端子号标示、装置铭牌标注完整、正确		
3	打印口测试正确		
4	以太网测试正确		
5	高温通电实验正确		
6	程序版本	IP 地址	子网掩码
	V1.00	192.168.6.250	255.255.255.0
	总结：该产品经系列调试后，产品是/否合格		√/×

注：① 未加说明的项目均是合格打"√"，不合格打"×"。
　　② 随装置的实际配置不同，检测项目会有删减，没有涉及的需杠掉。

（31）CSC-326GD 数字式变压器保护装置调试方案（见表 6-28）

CSC-326GD 数字式变压器保护装置调试方案　　　　表 6-28

序号	项目内容					结果
1	单板焊接质量检查					
2	通电前检查					
	① 装置结构紧凑，紧固螺丝无滑扣现象，表面无机械损伤、裂痕，按钮操作灵活					
	② 核对装置内各插件编号与配置表信息、订货清单、装置铭牌是否一致					
3	绝缘电阻及工频耐压试验					
4	直流稳压电源检查					
	① 经检查，本装置电源的自启动性能良好，失电告警继电器工作正常					
	② 输出电压稳定性检查					
	输出额定值	5V	+12V	−12V	24V	24V′
	输出标准	(5.0～5.15)	(9.6～12.0)	(−12.0～−9.6)	(24.0～25.2)	(24.0～25.92)
5	装置上电检查					
	① 液晶显示正常，键盘各键灵活、接触良好、面板上指示灯工作正确					
	② 时钟及电池回路工作正常					
	③ 定值整定及定值区切换工作正确					
	④ 无通信异常告警					

续表

序号	项目内容				结果
6	通信接口测试				
7	操作回路检查（CSC326GF）				
8	AO 插件测试				—
9	非电量输入输出检查（CSC326GF）				
10	IEC 61850 公共文件及模型文件检查正确				
11	高温连续通电试验				
12	模拟量通道检查				
	① 零漂检查				—
	② 噪声值检查				—
	③ 模拟量精度及极性检查				
	④ 线性度检查				
13	开入测试				
14	开出测试				
15	保护功能测试				
16	版本信息				
	项目	版本及 CRC	项目	版本	
	保护程序	2.60 D09B	DIO	—	
	保护方案	调挡逻辑—2.0 DBF4	MMI	2.0	
	启动 CPU(CSC326GD/GM)	2.60 DA49	装置固件	1.00	
总结：该产品经系列调试后，产品是/否合格。					√/×

3. CSC-336C 数字式非电量保护装置调试方案

CSC-336C 数字式非电量保护装置调试方案   表 6-29

序号	项目内容					结果
1	单板焊接质量检查					
2	通电前检查					
	1）经检查，装置外壳已可靠接地					
	2）检查装置面板型号标示、灯光标示、背板端子贴图、端子号标示、装置铭牌标注完整、正确					
	3）各插件拔、插灵活，插件和插座之间定位良好，插入深度合适					
	4）检查装置各插件型号正确，插件齐全，位置正确					
	5）保护 CPU 地址跳线、MASTER 跳线、开入开出地址跳线设置正确					
3	软件固化正确，开入开出地址下载正确					
4	绝缘电阻及工频耐压试验					
5	直流稳压电源检查					
	1）经检查，本装置电源的自启动性能良好，失电告警继电器工作正常					
	2）输出电压稳定性检查					
	输出额定值	5V	+12V	−12V	24V	R24V
	输出标准	(5.0～5.15)	(9.6～12.0)	(−12.0～−9.6)	(24.0～25.2)	(24.0～25.92)
6	装置基本功能检查					
	按照调试方法上电进行装置初始化以后，装置运行灯亮，液晶显示正常					
	做三次快速拉合直流试验，装置正常					
	在装置没有告警时，进行开入、开出板自检，开入开出不告警					
	CPU 配置文件下载正确					
	定值隐藏属性配置文件下载正确					

续表

序号	项目内容	结果
6	MASTER 设置配置文件下载正确	
	装置时钟设置正确，走时准确	
	装置对时方式设置正确	
	装置地址、以太网设置正确	
	MASTER 版本设置正确	
	CPU 设置正确	
	压板模式设置正确	
	检查装置选项设置正确	
	分别用以太网和串口线连接装置和 CSPC，能正确修改、固化保护的定值和装置参数	
	打印功能正确	
	快捷键功能正确，"＋"、"－"功能键正确	
7	通信接口测试	
8	IEC 61850 公共文件及模型文件检查正确	
9	高温连续通电试验	
10	安全定值固化正确	
11	录波打印功能试验正确	
12	开入和输入测试	
13	开出测试	

14	版本信息			
	名称	版本	软件 CRC	配置 CRC
	CSC336C3	V1.04　2012.12	5D87	7DB8
	制造编码	0104　2012.12	6788	A0AE
	配置名称	V1.04　2012.12	A7E1	
	延时输出	V1.02　2007.05	0FF9	
	管理 1 板	V5.13　2010.09	090A	AB78
	MSTCOMM	V5.13　2010.09	3202	AB78
	面板	V2.13　2014.06	2E28	CBC4

15	安全定值 CRC			
		CPU1	/	/
	定值 CRC	9362	/	/
	装置参数 CRC	6a83	/	/

总结：该产品经系列调试后，产品是/否合格。	√/×

注：① 未加说明的项目均是合格打"√"，不合格打"×"。
　　② 随装置的实际配置不同，检测项目会有删减，没有涉及到的需杠掉。

4. JFZ-32Q 电压并列箱调试方案

JFZ-32Q 电压并列箱调试方案　　　　表 6-30

序号	项目内容	结果
1	单板焊接质量检查	
2	通电前检查	
	① 装置结构紧凑，紧固螺丝无滑扣现象，表面无机械损伤、裂痕，按钮操作灵活	
	② 核对装置内各插件编号与配置表信息、订货清单、装置铭牌是否一致	
3	绝缘电阻及工频耐压试验	

续表

序号	项目内容	结果
4	① 电源监视	
	② Ⅰ母/保护电压切换继电器检查	
	③ Ⅱ母/计量电压切换继电器检查	
	④ 电压并列继电器检查	
总结：该产品经系列调试后，产品是/否合格		√/×

注：① 未加说明的项目均是合格打"√"，不合格打"×"。
　　② 检测项目随装置具体配置不同有删减，没有的需杠掉。
　　③ 回路检查在额定电压下调试完后，还须做起动值检测。

三、供电安全系统单机调试方案

1. OCC 电调调试方案

1）OCC 控制中心结构图

因供电安全系统是综合监控系统下的子系统，为方便理解调试内容，OCC 控制中心结构图见图 6-8。

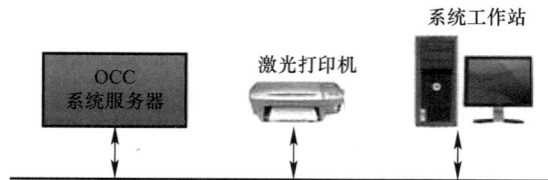

图 6-8　OCC 控制中心结构图

2）调试内容

（1）在控制中心设置中央管理层，设备包括主备服务器、防误工作站。

（2）系统服务器安装 JOYO-H 系统软件，包含防误系统模块、操作票专家系统模块、工作票系统模块、巡检系统模块等，实现全线变电站工作票、操作票、巡检数据的集中管理与集中处理功能。

（3）服务器与 OCC 层 ISCS 系统通信，实现互传遥信，遥控软闭锁功能。

（4）系统工作站作为 OCC 电调工作人员防误操作的工作界面，包括操作模拟、工作票的处理审核等。

3）调试过程中需提供的配合及注意事项

（1）调试过程中需要施工单位配合处理安装不当造成的单机调试故障。

（2）在确保接线正确后才可进行通电测试。

2. 变电部值班所调试方案

1）变电部值班所结构图（见图 6-9）

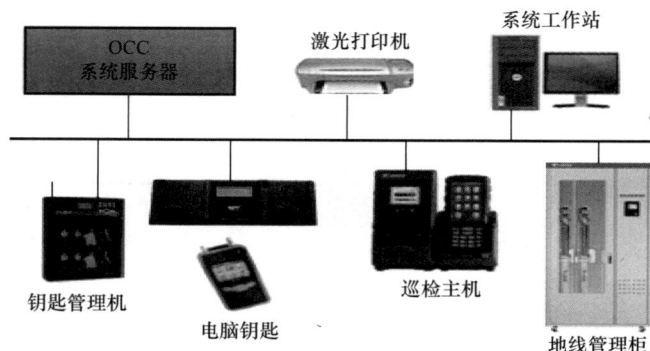

图 6-9　变电部值班所结构图

2）调试内容

（1）防误工作站、以太网交换机、智能钥匙管理器、地线管理器、电脑钥匙适配器、电脑钥匙、巡检仪适配器、巡检仪、打印机组成。

（2）变电值班人员在系统工作站上根据作业令进行工作票的编制、审核，提交电调批准，并可根据需要生成相关指导性操作文档并打印。

（3）电脑钥匙可接受由电调分解生成的倒闸操作票，也可以直接接收系统工作站上经模拟预演后生成的倒闸操作票，接票后操作人员持电脑钥匙到管辖变电所进行相关电气设备操作。

（4）变电值班人员可在系统工作站上定制巡检任务，并对巡检任务和缺陷进行管理。

（5）钥匙管理机用于紧急解锁钥匙的管理。

3）调试过程中需提供的配合及注意事项

（1）调试过程中需要施工单位配合处理安装不当造成的单机调试故障。

（2）在确保接线正确后才可进行通电测试。

3. 变电巡检工区调试方案

1）变电巡检工区结构图（见图6-10）

2）调试内容

车辆段变电巡检工区设置一套系统工作站、以太网交换机、智能钥匙管理器、电脑钥匙适配器、电脑钥匙、巡检仪适配器、巡检仪、打印机等。

在变电巡检工区内可实现对全线变电所运行安全管理信息的操作和检查。

3）调试过程中需提供的配合及注意事项

（1）调试过程中需要施工单位配合处理安装不当造成的单机调试故障。

（2）在确保接线正确后才可进行通电测试。

4. 接触网检修班组调试方案

1）接触网检修班组结构图（见图6-11）

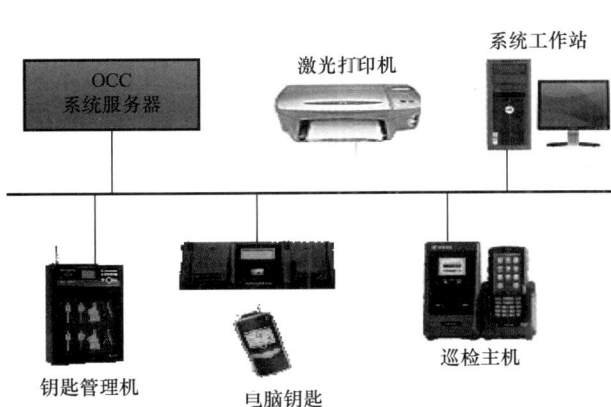

图6-10　变电巡检工区结构图

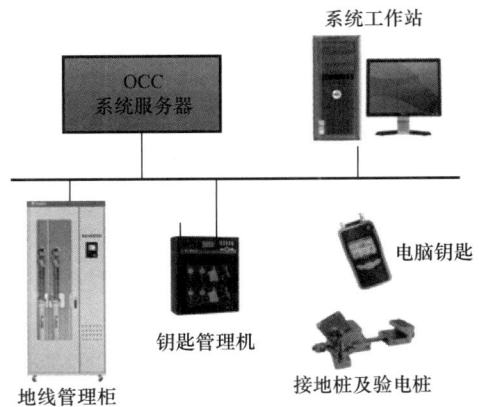

图6-11　接触网检修班组结构图

2）调试内容

系统设备由防误工作站、以太网交换机、智能钥匙管理器、地线管理柜、电脑钥匙适配器、电脑钥匙、巡检仪适配器、巡检仪、打印机组成。在各车站设置地线管理柜，受接触网检修班组管理。

接触网检修班组作为接触网维护人员工作所在地，设置有系统工作站以便检修人员能及时对需要检修操作的设备进行工作票办理及操作票的生成，实现工作票及操作票的签发电子流，并实时跟踪和检测临时接地线在现场所挂接的位置及状态。

地线管理柜用来规范管理接触网接地线使用，具有地线存取状态的在线监视管理功能。

3）调试过程中需提供的配合及注意事项

（1）调试过程中需要施工单位配合处理安装不当造成的单机调试故障。

（2）在确保接线正确后才可进行通电测试。

5．DCC 检调调试方案

1）DCC 检调结构图（见图 6-12）

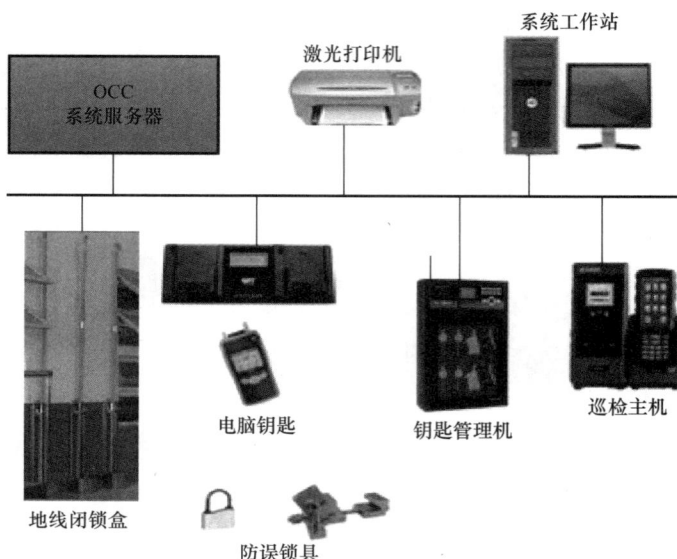

图 6-12　DCC 检调结构图

2）调试内容

在车辆段 DCC 设置一套系统工作站、智能钥匙管理机、电脑钥匙、防误元件、无线基站、锁具及地线管理系统等，以实现车辆段库内隔离开关、接触网、地线的防误操作模拟、传票及其他防误管理功能。

在车辆段 DCC 检调设置一台打印机，以实现工作票/操作票的制表打印。

在车辆段配置无线网络，实现库区的无线信号传输，无线网络通过布置无线基站和网络控制器来实现，无线网络为 2.4GHz Zigbee 微功耗网络。

3）调试过程中需提供的配合及注意事项

（1）调试过程中需要施工单位配合处理安装不当造成的单机调试故障。

（2）在确保接线正确后才可进行通电测试。

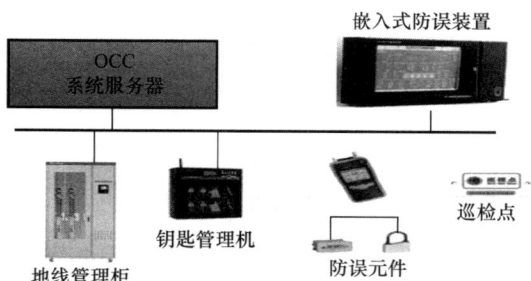

图 6-13　变电所结构图

6．变电所调试方案

1）变电所结构图（见图 6-13）

2）调试内容

系统在每个牵引所/降压所站设置一套触摸式微机防误装置、以太网交换机、智能钥匙管理器、电脑钥匙适配器、电脑钥匙、巡检标签、地线管理柜等，实现本站内的防误操作功能。

电脑钥匙可接收本站微机防误装置上经模拟预演后生成的倒闸操作票，接票后操作人员持电脑钥匙到就地进行相关电气设备操作。

钥匙管理机用于紧急解锁钥匙的管理。

地线管理柜用来规范管理变电所接地线使用，具有地线存取状态的在线监视管理功能。

3）调试过程中需提供的配合及注意事项

（1）调试过程中需要施工单位配合处理安装不当造成的单机调试故障。

（2）在确保接线正确后才可进行通电测试。

6.3.3.8　站台门专业调试方案

1. 调试内容（见表6-31）。

站台门测试、调试内容表 　　　　　　　　　　表 6-31

工序	测试调试内容	所需人员	时间安排
1. 通电试验前检测	与图纸的符合性检查	2	2 天
	安全检查		
	电缆的检查		
	电源的检测		
	绝缘检测		
2. 滑动门的调试	手动解锁把手的解锁力调试	2	2 天
	专用钥匙开锁的解锁力调试		
	手动开门力调试		
	滑动门电磁锁调试		
3. 整侧站台门的等电位测试	整侧站台门的等电位测试	1	
4. 就地控制盒（LCB）功能测试	LCB 的开关门功能测试	2	
	滑动门的开关门时间测试		
5. 滑动门手动操作测试	用专用钥匙将滑动门解锁操作测试	2	
	用解锁把手将滑动门解锁操作测试		
6. 障碍物测试	障碍物测试	2	
	最小障碍物测试		
7. 滑动门的手动解锁力及手动开门力测试	滑动门用钥匙开锁解锁力测试	2	4 天
	滑动门的手动开门测试		
	滑动门用把手开锁解锁力测试		
8. 应急门/端头门的手动操作和手动解锁力测试	应急门/端头门的手动操作测试	2	
	应急门/端头门的手动解锁力测试		
	应急门/端头门的手动开门力测试		
9. 整侧站台门关闭且锁定检测	整侧站台门关闭且锁定检测	2	
10. 就地控制盘（PSL）功能测试	PSL 开关门功能及指示灯测试	2	
	互锁解除操作测试		
11. 信号模拟系统（SIG）接口测试	信号模拟系统（SIG）接口测试	2	
12. IBP 盘紧急操作测试	IBP 盘紧急操作测试	2	
13. 噪声测试	环境噪声测试	2	
	站台门运行噪声测试		
14. 5000 次现场运行测试	5000 现场运行试验前检查	4	5 天
	5000 现场运行试验过程检查		
	5000 现场运行试验结束检查		
15. 站台门与信号系统、BAS 系统及业主组织的与其他系统的联合调试	站台门与信号系统的测试调试	2	90 天
	站台门与综合监控系统的测试调试		
	站台门系统与业主组织的与其他系统的联合调试		

2. 测试、调试流程图

站台门单机调试见图 6-14。

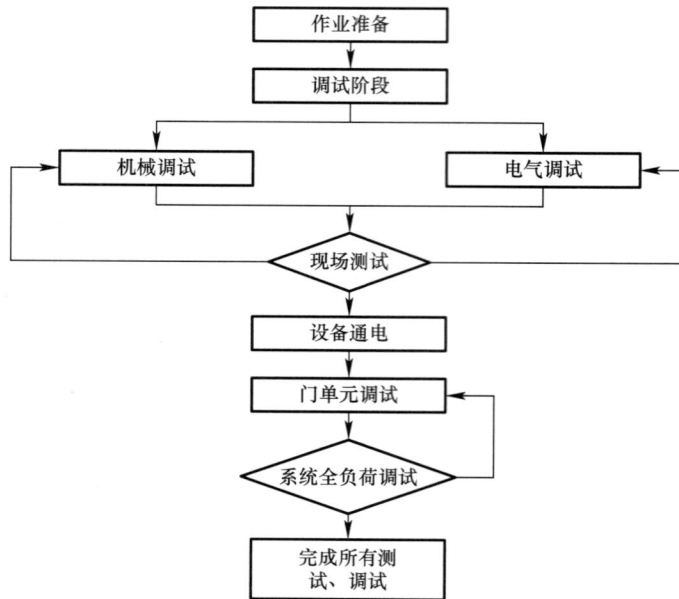

图 6-14 站台门调试流程图

3. 测试调试大纲

1) 通电试验前检测

（1）检验目的

通电前对站台门进行安全检查，保证站台门通电前门体安装的正确性，与图纸的相符性，电气安装的规范性以及绝缘的合格性。

（2）检验标准

① 检验站台门各部件的安装与图纸相符，包括站台门的外观与图纸相符，表面无损伤；

② 所有紧固件应拧紧，无松动现象；

③ PSC、DCU、PSL、LCB、门机以及 UPS 须按照图纸的要求安装完毕；

④ 检验站台门各部件，不存在对人员造成伤害的尖角或毛刺；

⑤ 检验站台门顶盒面板能按规定打开和关闭，并且用滑撑定位后，面板能处于稳定开启的状态；

⑥ 所有电缆、接插件应良好连接，无松动现象；

⑦ 整侧站台门绝缘电阻≥0.5MΩ；

⑧ 各电缆的绝缘电阻≥5MΩ（检查施工时对电缆绝缘检测的记录）；

⑨ 交流输入电压 380±20％V；

⑩ 直流备用电源 220V，电压允许范围 190～286V。

（3）试验设备

卡尺、钢卷尺、DC500V 兆欧表。

（4）试验方法及步骤

① 检验站台门各部件的安装情况及外观、表面情况；

② 检查所有紧固件是否已经拧紧、无松动现象；

③ PSC、DCU、PSL、LCB、门机以及 UPS 的要求情况；

④ 检验站台门各部件，是否存在对人员造成伤害的尖角或毛刺；

⑤ 检验站台门顶盒面板是否能按规定打开和关闭，并且用滑撑定位后，面板是否能处于稳

定开启的状态；

⑥ 检查所有电缆、接插件的连接情况，无松动现象；

⑦ 检测整侧屏蔽门绝缘电阻。

2）滑动门的调试

（1）调试目的

通电前对滑动门进行调试，确保每档滑动门手动解锁力和手动开门力达到合同要求，为下一步的现场测试调试工作做准备。

（2）调试标准

① 每档滑动门用手动解锁把手开锁的力≤67N；

② 每档滑动门用钥匙开锁的力≤67N；

③ 将滑动门完全打开所需的力≤133N；

④ 滑动门能正常锁闭。

（3）调试所需工具

扳手、卷尺、卡尺，线锤、推拉力计。

（4）调试方法及步骤

① 调整左右滑动门，要求左右滑动门上下间隙相差不大于3mm；

② 调整滑动门的解锁装置，使其能可靠锁闭并解锁，要求滑动门用手动解锁把手将滑动门开锁的力≤67N，用钥匙将滑动门开锁的力≤67N；

③ 调整滑动门的手动开门力，使滑动门能手动开关自如，并将滑动门的手动开门力调试到≤133N。

4. 整侧站台门的等电位测试

1）测试目的

检查站台门各金属部件是否可靠连接。

2）试验标准

站台门的等电位电阻应≤2Ω。

3）测试设备

直流低电阻测试仪、BV-6 mm² 电缆。

4）试验方法及步骤

（1）站台门电阻加电缆电阻（R1）检测

① 按照等电位测试示意图（见图6-15），通过电缆将直流低电阻测试仪与站台门等电位铜排连接；

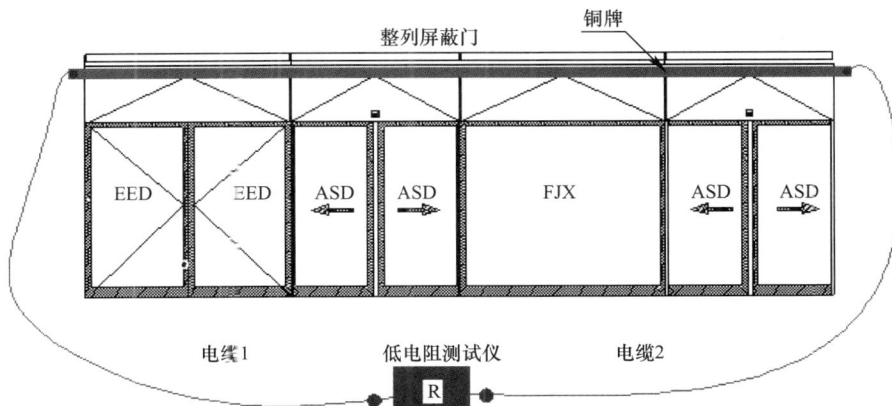

图 6-15　等电位测试示意图

② 打开直流低电阻测试仪电源开关，将其设置为自动量程，记录电阻值 R1；

③ 关闭直流低电阻测试仪的电源开关，并拆除电缆与屏蔽门的连接。

（2）电缆电阻（R2）检测

① 按照电缆电阻测试示意图如图 6-16 所示接线；

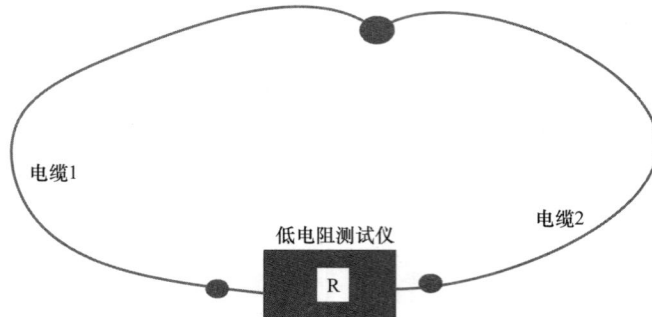

图 6-16 电缆电阻测试示意图

② 按同样方法检测并记录电阻值 R2；

（3）等电位电阻

屏蔽门的等电位电阻为 R1 减去 R2 。

5. 就地控制盒（LCB）功能测试

1）试验目的

检验就地控制盒（LCB）的功能是否符合合同要求。

2）试验标准

（1）将就地控制盒（LCB）上的钥匙开关置于"手动"位，按开门按钮滑动门打开，按关门按钮滑动门关闭。

（2）将就地控制盒（LCB）上的钥匙开关置于"隔离"位，在就地控制盘（PSL）上按"开门"、"关门"按钮，滑动门不动作。

（3）用 LCB 对屏蔽门进行 5 次循环开关门操作，滑动门应该正常打开和关闭。

（4）就地控制盒（LCB）上的钥匙开关置于"自动"位时方可取出。

3）测试设备

秒表。

4）试验方法及步骤

（1）将就地控制盒上的钥匙开关置于"手动"位，在就地控制盘（PSL）上按"关门"按钮，观察滑动门的运行情况。

（2）将就地控制盒上的钥匙开关置于"手动"位，在就地控制盘（PSL）上按"开门"按钮，观察滑动门的运行情况。

（3）将就地控制盒（LCB）上的钥匙开关置于"自动"位，在就地控制盘（PSL）上按"开门"、"关门"按钮，观察滑动门的运行情况。

（4）将就地控制盒（LCB）上的钥匙开关置于"隔离"位，在就地控制盘（PSL）上按"开门"、"关门"按钮，观察滑动门的运行情况。

（5）用 LCB 对滑动门进行 5 次的循环开关门操作。

6. 滑动门手动操作试验

1）试验目的

检测滑动门手动解锁功能，确定屏蔽门手动操作是否符合合同要求。

2）试验标准

（1）在滑动门关闭且锁定的情况下，通过轨道侧的解锁把手能将滑动门打开并解除电机力，滑动门上的状态指示灯亮。

（2）在站台侧，通过钥匙将滑动门打开并解除电机力，滑动门上 PSD 状态指示灯亮。

3）试验设备

滑动门钥匙。

4）试验方法及步骤

（1）将滑动门关闭且锁定。

（2）在滑动门关闭且锁定的情况下，通过轨道侧的解锁把手是否可以将滑动门打开并解除电机力，观察滑动门上 PSD 状态指示灯亮的状态。

（3）在滑动门关闭且锁定的情况下，在站台侧通过钥匙是否可以将滑动门打开并解除电机力，观察滑动门上 PSD 状态指示灯亮的状态。

7. 障碍物测试

1）试验目的

检验屏蔽门防夹功能。

2）试验设备

5mm×40mm×200mm 的钣板。

3）试验标准

（1）关门障碍物探测

① 滑动门在关门过程中遇到障碍物，滑动门停止关闭并后退一定距离 100mm（后退距离可调），门停顿 2s（停顿时间在 0～10s 范围内可调）后再重关门，重复关门 3 次（1～5 次可调）门仍不能关闭，门状态指示灯闪烁报警，等待处理。

② 将障碍物移开，给一个关门命令，滑动门关闭且锁紧，门状态指示灯熄灭。

（2）最小障碍物探测

滑动门在关门过程中能在距门槛 1100mm 的高度探测到障碍物的最小尺寸为 5mm。

4）试验方法及步骤

（1）关门时的障碍物探测

① 打开滑动门；

② 在滑动门关门行程上放置障碍物；

③ 观察滑动门的动作情况；

④ 将障碍物移开，给开门命令后，再给一个关门命令，观察滑动门的动作情况。

（2）宽度为 5mm 的障碍物探测，见图 6-17。

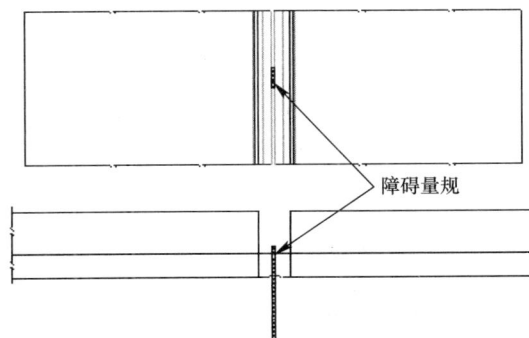

图 6-17　屏蔽门障碍物测试示意图

① 打开滑动门；

② 在距踏步板高度为 1100mm 处，滑动门门扇间放置 5mm×40mm×200mm 的钢板；

③ 观察滑动门的动作情况；

④ 将钢板移开，给开门命令后，再给一个关门命令，观察滑动门的动作情况。

8. 滑动门的手动开锁力及手动开门力测试

1）试验目的

检测手动开锁、手动开门需要的操作力，以确定是否符合合同要求。

2）试验标准

（1）在轨道侧通过把手将滑动门开锁所需的力≤67N。

（2）在站台侧通过钥匙将滑动门开锁所需的力≤67N。

（3）滑动门开锁后，手动将滑动门由关闭位完全打开所需的力应≤133N。

3）试验设备

0～200N 数显推拉力计。

4）试验方法及步骤

（1）用推拉力计测量门把手开锁所需的力。

注：通过推拉力计的测试钩钩在滑动门开锁把手上，测量门把手开锁所需的力。

（2）用推拉力计测量使用钥匙开锁所需的力。

注：通过推拉力计的钩形测试头钩住钥匙手柄进行开锁，测量开锁所需的力。

（3）将推拉力计放在滑动门中间（见图6-18），滑动门开锁后将滑动门推开至全开位，读推拉力计读数并记录。

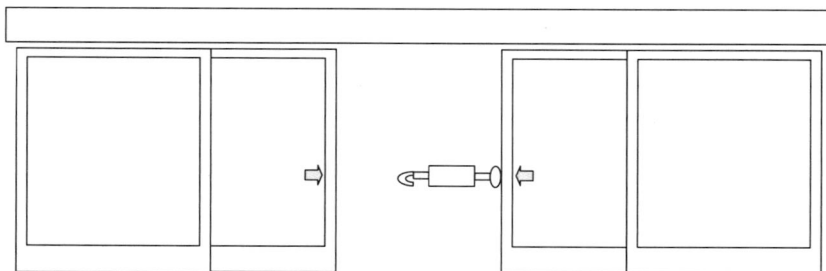

图 6-18　屏蔽门拉力测试示意图

9. 应急门/端头门的手动操作和手动开锁力测试

1）试验目的

检测应急门手动开门功能和手动开锁需要的操作力，确定应急门是否符合合同要求。

2）试验标准

（1）在轨道侧，通过应急门/端头门推杆将应急门/端头门打开，应急门/端头门打开角度为90°时，能静止不动。在站台侧，通过钥匙能将应急门/端头门打开，应急门打开时，PSC 上 PSD/EED 手动操作指示灯亮，PSD/EED 开门状态指示灯亮，PSD/EED 关闭且锁紧状态指示灯熄灭；当应急门关闭且锁定时，PSC 上 PSD/EED 手动操作指示灯熄灭，PSD/EED 开门状态指示灯熄灭，PSD/EED 关闭且锁紧状态指示灯亮。

（2）在轨道侧通过推杆将应急门开锁所需的力≤67N。

（3）在站台侧通过钥匙将应急门开锁所需的力≤67N。

3）试验设备

应急门/端头门钥匙、0～200N 数显推拉力计。

4）试验方法及步骤

（1）在轨道侧，能通过应急门/端头门推杆将应急门/端头门打开，测量完全打开应急门/端头门的力。在站台侧，通过钥匙将应急门/端头门打开，观察 PSC 上 PSD/EED 手动操作指示灯、PSD/EED 开门状态指示灯，PSD/EED 关闭且锁紧状态指示灯的状态。

（2）用推拉力计测量推杆开锁所需的力。

注：通过推拉力计的测试卡卡在应急门开锁推杆上，测量推杆开锁所需的力。

（3）用推拉力计测量使用钥匙开锁所需的力。

注：通过推拉力计的钩形测试头钩住钥匙手柄进行开锁，测量开锁所需的力。

10．整侧屏蔽门关闭且锁定检测

1）试验目的

检测所有滑动门、应急门的安全回路是否已经全部可靠连通、验证 PSD/EED 关闭且锁紧指示灯状态是否正确。

2）试验标准

（1）在所有的 PSD/EED 全部关闭且锁定的情况下，PSC、PSL、信号模拟系统上"PSD/EED 关闭且锁紧"状态指示灯亮。

（2）手动打开任意一档滑动门或应急门，PSC、PSL、信号模拟系统上"PSD/EED 关闭且锁紧"状态指示灯熄灭，当把门关上时，指示灯恢复。

3）试验方法及步骤

（1）检查所有的滑动门及应急门是否都已经关闭且锁紧。

（2）打开任意一档滑动门，观察 PSC、PSL、信号模拟系统上"PSD/EED 关闭且锁紧"状态指示灯状态，再关上滑动门，观察 PSC、PSL、信号模拟系统上"PSD/EED 关闭且锁紧"状态指示灯状态。

（3）打开任意一档应急门，观察 PSC、PSL、信号模拟系统上"PSD/EED 关闭且锁紧"状态指示灯状态，再关上应急门，观察 PSC、PSL、信号模拟系统上"PSD/EED 关闭且锁紧"状态指示灯状态。

11．就地控制盘（PSL）功能测试

1）试验目的

检验就地控制盘（PSL）的功能是否符合合同要求。

2）试验标准

（1）将就地控制盘（PSL）上的操作允许钥匙开关从"禁止"位置于"允许"位，中央接口盘（PSC）上的"PSL 操作允许"状态指示灯亮。

（2）按"开门"按钮，滑动门打开，PSL 上"PSD/EED 全锁闭"状态指示灯熄灭，中央接口盘（PSC）上"PSD/EED 开门"状态指示灯亮，"PSD/EED 关闭且锁紧"状态指示灯熄灭。

（3）按"关门"按钮，滑动门关闭且锁紧，PSL 上"PSD/EED 全锁闭"状态指示灯亮，中央接口盘（PSC）上"PSD/EED 开门"状态指示灯熄灭，"PSD/EED 关闭且锁紧"状态指示灯亮。

（4）就地控制盘（PSL）上的操作允许钥匙开关置于"禁止"位，手动打开滑动门人为设置 PSD 未"关闭且锁紧"故障，操作"互锁解除"钥匙开关，PSC 和信号模拟系统上"PSD/EED 互锁解除"报警指示灯亮。

（5）恢复"互锁解除"自复位钥匙开关状态，PSC 和信号模拟系统上"FSD/EED 互锁解除"报警指示灯熄灭。

（6）按 PSL 上的"测试"按钮，PSL 盘面上的所有指示灯亮。

（7）将就地控制盒（LCB）上的钥匙开关从"自动"位置于"隔离"位，安 PSL 上的"开门"、"关门"按钮，不能控制滑动门的打开和关闭。

3）试验方法及步骤

（1）就地控制盘（PSL）上的操作允许钥匙开关置于"允许"位，观察 PSL 上指示灯状态，观察中央接口盘（PSC）上的"PSL 操作允许"指示灯状态。

（2）按"开门"按钮，观察滑动门是否打开，并观察 PSC "PSD/EED 开门"、"PSD/EED 关闭且锁紧"指示灯状态和 PSL 上"PSD/EED 全锁闭"状态指示灯。

（3）按"关门"按钮，观察滑动门是否关闭且锁定，并观察 PSC "PSD/EED 开门"、"PSD/EED 关闭且锁紧"指示灯状态和 PSL 上"PSD/EED 全锁闭"状态指示灯。

（4）就地控制盘（PSL）上的操作允许钥匙开关置于"禁止"位，手动打开滑动门，操作"互锁解除"钥匙开关，观察 PSC 及信号模拟系统上"PSD/EED 互锁解除"报警指示灯状态。

（5）恢复"互锁解除"钥匙开关状态，观察 PSC 和信号模拟系统上"PSD/EED 互锁解除"报警指示灯状态。

（6）按 PSL 上的"测试"按钮，观察 PSL 盘面上的所有指示灯是否都亮。

（7）将就地控制盒（LCB）上的钥匙开关从"自动"位置于"隔离"位，按 PSL 上的"开门"、"关门"按钮，观察能否控制滑动门的打开和关闭。

12. 噪声测试

1）测试目的

在整侧屏蔽门的顶盒面板全部关闭的情况下，检测滑动门运行时产生的噪声。

2）试验标准

（1）进行听觉测试，应无异常噪声。

（2）滑动门开启、关闭时检测的噪声与背景噪声之差应≥10dB。

（3）在距屏蔽门 1 米、地面 1.5 米高处所测得的噪声值≤70dB。

3）试验设备

30～135dB 声极计。

4）试验步骤

（1）关闭好全部的顶盒面板。

（2）听觉测试：通过听力感觉屏蔽门在开/关门操作中有无异常噪声。

（3）背景噪声测量：如图 6-19 所示，将声极计放在距屏蔽门样机 1 米、离地面 1.5 米处，测量屏蔽门静止时的噪声。

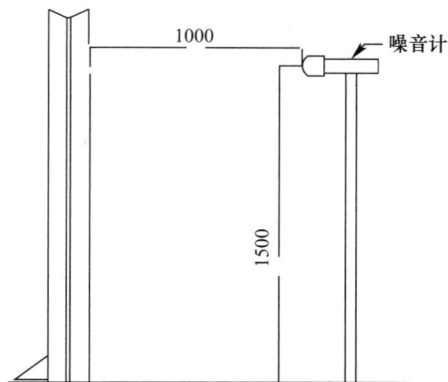

图 6-19 噪声测试示意图

（4）声极计位置不变，测量屏蔽门开门、关门运行时的噪声。

13. 5000 次现场运行测试

1）试验目的

5000 次现场运行试验的目的是为了检测一个站台的屏蔽门系统同时运行的可靠性，检验门机的磨合是否达到合同要求，为业主验收屏蔽门提供依据和相关信息。

2）测试要求

5000 次现场运行试验由厂家与施工单位共同负责执行，业主和监理等现场共同见证。如果业主因故不能参加，在得到业主的许可后试验可按正常程序进行。

5000 次现场测试前，现场需有相关的警示措施。

屏蔽门的运行频率是每分钟 5—6 次循环（每开/关门一次为一个循环），每天运行 24h，直至完成 5000 次现场运行试验。

PSC 中监视软件将对屏蔽门的运行过程作全面监视，在测试中，监视系统软件显示应正常，如果监视系统中出现不正常的报警信号，测试人员需立即寻找原因，排除故障，在 5000 次测试全过程中，测试人员将对监视系统实行全过程监测。

在试验过程中，屏蔽门不应出现系统故障，当出现系统故障时，5000 次现场运行试验将重新开始测试。系统故障的具体表现为：发生系统性故障而导致无法开门；影响系统安全的任何故障。

一旦发生上述故障应立即中止试验，并由测试人员排除故障后（不允许作大的修改和调整），再重新开始连续试验，如果第二次连续 5000 次试验继续发生设备或系统故障，将重新进行第三次连续 5000 次试验，如果第三次试验依然发生设备或系统故障，将迅速采取有效措施，包括更换主要设备等。

3）测试设备

（1）秒表；

（2）显示器、鼠标、键盘；

（3）循环试验控制装置。

4）测试方法

（1）试验前检查

① 屏蔽门系统电压的检测。

② 检查循环控制装置是否安装正确。

（2）常规检查

① 必须在监视系统上接入显示器、鼠标、键盘，以监视屏蔽门运行情况。

② 按时记录 5000 次循环试验装置计数器的读数，计算的频度（即实际的频度）应与设定的循环频度基本一致。

③ 检查各挡屏蔽门运行是否正常，观察的项目包括整个站台一侧的屏蔽门的滑动门运动是否顺畅，系统运行时产生的噪声是否正常。

④ 在屏蔽门运行过程中，打开监视系统中屏蔽门监视软件，观察其中的显示界面是否正常。

⑤ 观察 PSC 和 PSL 上的屏蔽门开关指示灯是否正常。

⑥ 安全措施、警示措施是否正常。

（3）5000 次测试记录

当 5000 次现场测试结束后，应进行以下检查：

① 检查循环次数是否全部完成并且合格。

② 检查 5000 次测试中有无重大故障及故障出现后的解决方法。

③ 5000 次现场测试结论。

6.3.3.9 电扶梯专业调试方案

一、自动扶梯调试方案

调试的内容和步骤

1）自动扶梯就位后执行的测试

（1）基准线检验

检查宽度，长度，提升高度和井坑道尺寸，与规定的图纸（安装图纸）相符。

（2）中间支撑（如果有）

检查中间支撑与安装图纸一致。

（3）主驱动轴

按工程标准规格水平地检查机械部分主轴和回轴精确度。

检查自动扶梯尺寸与规定图纸一致。

（4）桁架连接

检查连接处螺丝紧固状况。

（5）导轨检查和轴检查

检查在连接处，链导向到工作线位置等于 561.5 ± 1mm。

检查右手边，链与链导向间缝隙（公差：1mm）。

检查连贯的链导向之间距离不要超过图纸中规定的距离。

检查导轨到涨紧架连接对齐情况。

（6）导轨表面连接状况

检查不同层面导轨，没有对齐的以及连接偏离现象。

（7）梳齿板与地板水平对齐

（8）梯级链张紧装置

在梯级链连接好后，检查涨紧架可以通过应用杠杆运动以探测涨紧架。

检查涨紧架支座足够紧固的固定在桁架上。

涨紧架指示器正确地安装，然后，检查接合销位置。

（9）扶手带驱动轮和导向轮

检查扶手带轮的安装。

（10）机防设施

检查机器摆放整齐，且正确定位，符合图纸要求，维修空间符合惯例操作标准。

（11）扶手支架（如果有）

检查扶手支架定位和安装符合图纸安装要求。

2）启动测试前执行的检测

（1）覆盖层

① 裙板

裙板垂直于踏板和梯级；裙板防护装置正确安装；裙板连接处必须光滑。

② 扶手

嵌板连接。

③ 装饰件

装饰件连接和对准必须光滑的、正确的、两边对称的。

④ 扶手导向

扶手导向连接光滑，导轨与扶手间隙小于等于6mm。

（2）2个连续梯级之间间隙

2个连续梯级间水平和倾斜部位间隙小于6mm。

（3）梳齿板间隙

梯级顶部与梳齿板底部间隙不得超过4 mm；梯级必须在处于梳齿板齿槽中间。

（4）接尘盘—安全装置—接油槽

油滴盘和接尘盘正确安装并便于接触，接油盘安装在右扶手链下。

（5）补富锌漆

对桁架表面镀锌层破坏地方补富锌漆，修补完好。

（6）防滑装置（如果有）

检查防滑装置已被安全的固定下来。

（7）电气

检查线槽装置、连接、接地和正确的金属接地及包装部分。

3）24小时运行前执行的检测

（1）绝缘测试

① 绝缘测试（在电压输入前测试）

a 马达电路、绝缘电机电路

提供相线与地线之间的1000V直流电，电压必须保持一定时间，保证兆欧表上的数据是稳定的。测量绝缘电阻，不得低于3MΩ。

b 线路控制、绝缘线路控制

提供终端与接线端的500V直流电，电压必须保持一定时间，保证兆欧计上的数据是稳定的。测量绝缘电阻，不得低于3MΩ。

② 高压测试

a 马达电路、绝缘电机电路

在30秒内，逐渐施加2000V AC 50Hz电压。

保持一分钟全压，然后迅速降低直到切断。

每相都重复操作一次。

b 线路控制、绝缘线路控制

在30秒内，逐渐施加500V AC 50Hz电压。

保持一分钟全压，然后迅速降低直到切断。

③ 绝缘检测（施加电压后）

操作过程同①。

（2）润滑系统

① 检查润滑管道系统确保无泄露现象。

② 润滑油供应线安全固定在每个润滑油滴入区域入口点。

③ 润滑油供应线固定需能在两条连接链之间，让油滴在链中间。

④ 循环频率放出油滴。

⑤ 油泵马达自动关闭当扶梯停动时。

⑥ 润滑梯级链，主驱动，副轴链和扶手带链。

（3）反常噪声

运动零部件无反常噪声。

（4）接地检验

测试必须轮流对配件的每个裸露金属部件上不同点进行测试，接地端连接电阻不得超过

1Ω。

（5）电机马达运转条件

马达齿轮运转无反常噪声。

马达齿轮可以平稳运转无不适当发热，润滑剂可以正确加入。

（6）工作制动

检查工作制动开关功能，保证电机在制动命令没能发出时不开始工作。

（7）紧急制动

通过按下停止按钮，紧急制动能平稳运行工作。

（8）主驱动链张力

正确张力 F 下主驱动链松弛是 2% 的链长度（米）。

（9）清洁

导轨和桁架无碎片和残骸。

4）在 24h 运行期间和之后进行的测试

（1）每个运行方向，运行 12h

让自动扶梯持续地以正常速度在向上，和向下方向各运行 12h。

（2）温度记录

在 24h 运行后，进行下列温度测试：环境温度、工作制动、紧急制动、马达保护外套、马达轴承机架、齿轮箱外套保护和控制器变压器。

（3）扶手带加热

检查扶手带无过热现象。

（4）记录

记录下供应电压，主动马达开始和运行时电流。

（5）速度检查

用转速器来检查正确的运行速度和维修速度。

（6）空载制动扭矩

在测试后，通过在马达轴上附上转矩扳手，测量制动扭矩，此测量数据仅作为维修记录。

（7）安全装置

根据合同，每个安全装置都必须能让扶梯停止运动。

① 断电错相保护装置：调换电源两相或断开一相，PO 继电器红灯亮，观察扶梯能否起动。

② 电机保护：将 PTC 输入一端断开后 THM 继电器红灯亮，扶梯停止，接上 PTC 后，THM 红灯灭，复位按钮按下前，观察扶梯能否起动。对于过流的模拟，可改变变频器的电流限幅值，观察扶梯是否停机。

③ 工作制动器安全开关：按下制动器抱闸检测开关，扶梯不能起动。

④ 附加制动器安全开关：按下附加制动器抱闸检测开关，观察扶梯能否起动。

⑤ 超速保护装置：更改变频器参数，使扶梯运行速度超速至额定速度的 1.15 倍，观察扶梯是否停止及主制动器和附加制动器动作情况；更改变频器参数，使扶梯运行速度超速至设定速度的 1.3 倍时，观察扶梯是否停止及主制动器和附加制动器动作情况。

⑥ 意外逆转保护：设置变频器让电机停止，模拟扶梯意外逆转，观察附加制动器动作情况。

⑦ 梯级链保护装置：开动扶梯，调节梯级链安全装置凸轮，使其压迫梯级链断裂保护开关滚轮，观察梯级链断裂保护开关是否被触发，扶梯是否停止。

⑧ 扶手带保护装置：使用金属片压迫扶手带断裂保护安全开关，观察扶梯是否停止。

⑨ 扶手带速度监控装置：扶手带与梯级速度相差 2% 超过 5s，扶梯报警，扶手带与梯级速度相差 5% 超过 5s，扶梯停梯。由于扶手带测速与梯级测速使用不同的传感器，两者之间要比较速度需要在 PLC 程序内对测得的脉冲数乘以相应的系数。为模拟两者之间的速度差，采取欺骗 PLC 的方法，改变上述系数，使扶手带与梯级速度相差 3%，5s 后观察扶梯是否报警，同样使扶手带与梯级速度相差 6%，5s 后观察扶梯是否停梯。

⑩ 扶手带入口保护装置：用一根金属棒伸入扶手带入口，观察扶梯是否停梯。

⑪ 梳齿板安全开关：使用螺丝刀撬起梳齿板，观察扶梯是否停止。

⑫ 梯级塌陷保护：使用工具扳动梯级塌陷打杆，观察扶梯是否停止。

⑬ 梯级运行安全装置：用金属片拨动梯级塌陷安全开关，然后观察扶梯是否停止。

⑭ 裙板安全保护：用金属片拨动裙板安全开关，然后观察扶梯是否停止。

⑮ 驱动链破断保护装置：使用工具拨动驱动链断裂保护开关，观察扶梯是否停止。

⑯ 急停开关：按下急停开关，观察扶梯是否停止。

⑰ 接地故障保护装置：运行扶梯，按下漏电保护器测试按钮，观察扶梯是否停止。

⑱ 缺梯级保护装置：拆卸一个缺梯级传感器，运行扶梯，观察扶梯是否停机并检查故障信息。

⑲ 制动闸瓦监视：拨动制动闸瓦安全开关观察扶梯是否报警。

5）完成测试

（1）盖板和扶梯大地板

检查盖板和扶梯大地板安装正确。

（2）停车三脚架

检查停车三脚架和扶梯大地板的安装正确。

（3）梳齿板

检查安装的梳齿板状况良好。

（4）梯级

检验梯级状况良好。

（5）外装饰件

检验装饰件在移去保护层后状况良好，装饰件需无锋利毛刺。

（6）裙板保护

检验裙板保护状况良好，无锋利毛刺。

（7）裙板

检验裙板状况良好，无锋利毛刺。

（8）内侧盖板

检验内外侧盖板（如果适用的）在移去保护层后状况良好，检查 2 个连续的玻璃板之间间隙在 1.5mm 和 3.5mm 之间。

（9）紧急停止按钮

检验紧急制动按钮功能状况，检测按下按钮停止扶梯运行。

（10）安全开关

检验安全开关完好固定。

（11）清洁卫生

检测以下项目清洁：装饰件；内盖板；外包板；主驱动；电控柜；桁架；接油盘/接尘盘；梯级；扶手带。

二、电梯调试方案

1. 调试项目内容、步骤及依据

1）调试内容（包括但不局限于以下几点）

（1）电梯安装完毕后的电气绝缘、机械、安装间隙等的检查。

（2）电梯快车调试完毕，各安全部件测试合格，平层及电梯各功能调试完毕。

（3）在电梯控制柜端模拟 BAS 的消防信号输入状态，检测电梯有无执行消防返回功能，有无完成消防指令的反馈信号输出。

（4）模拟电梯某一故障，观察电梯故障输出干触点有无动作。

（5）在控制柜端接好 BAS 电缆，与 FAS 配合联调消防功能，"电梯故障输出信号"，"完成消防指令信号"。

2）调试步骤

（1）电梯曳引装置、导轨、缓冲器、油类检查（见表 6-32）

电梯曳引装置、导轨、缓冲器、油类检查表　　　　　表 6-32

1. 曳引轮			
型号		减速比	
编号			
2. 曳引轮			
直径（节圆）		槽数	
槽宽（绳径）			
3. 曳引绳			
直径		根数	
规格		绕法	
4. 电动机			
型号		编号	
转速	转/分	电流	A
电压	V	功率	kW
温升	正常□ 不正常□		
5. 曳引机/缓冲器油及各部位润滑检查			
曳引机油牌号		油量	足够□ 不够□
缓冲器油加入	正确□ 不正确□ 没加□	缓冲器恢复时间	秒
各润滑部件注油	正确□ 不正确□ 没加□	油温	正常□ 不正常□
6. 制动器制动调整			
弹簧压紧长度	左 mm ｜ 右 mm	制动器间隙	左 mm ｜ 右 mm
制动器额定电压	V	制动器维持电压	V
制动器监控装置	设置□ 不设置□	制动器监控装置有效	左 ｜ 右
监控是否同步	同步□ 不同步□	单边抱闸减速度	左 ｜ 右
7. 导轨型号			
主轨	T	副轨	
井道尺寸			
顶层高度	M	底坑深度	M

（2）电梯控制/驱动装置主要参数及软件版本号（见表6-33）

电梯控制/驱动装置主要参数及软件检测表　　　　　　表 6-33

1. 控制柜

型号		制造商		
编号		出厂年/月		
控制方式		系统软件版本		

2. 变频器

制造商		型　号		出厂编号	
相关电路板编号		变频器：		电梯主板：	

3. 变频器参数

变频器参数（CPI），程序版本不同可能有所不同　　选用□ 未选用□

P0		P?		P21		F39	
P1		P13		P22		F40	
P2		P1?		P23		F50	
P3		P15		P24		P51	
P4		P16		P25		P52	
P5		P1?		P26		P53	
P6		P18		P37		P54	
P8		P19		P38		P96	

主板主要参数 TCM 系列 控制主板　　选用□ 未选用□

AF23		AF33		AF50		AF59	
AF26		AF36		AF53		AF5C	
AF29		AF39		AF56		AF60	

K200 门机参数　　选用□ 未选用□

F00		F0?		F18		F27	
F01		F1?		F19		F28	
F02		F11		F20		F29	
F03		F12		F21		F30	
F04		F13		F22		F31	
F05		F14		F23		F32	
F06		F15		F24		F33	
F07		F16		F25		F34	
F08		F17		F26		F35	

（3）电梯主要部件的调整记录（见表6-34）

电梯主要部件的调整记录表　　　　　　　表 6-34

门刀与门球调整要求：
门刀与开门球间隙：9mm 是□ 不是□
门刀与关门球间隙：7mm 是□ 不是□

前门球和刀臂的间隙为9mm。
51
门刀臂和后门球间隙为7mm。

限速器-安全钳-涨紧装置			
限速器型号			
动作速度		使用有效日期至	
制动方式		钢丝绳规格	
安全钳型号			
类型/动作方式		调整间隙	mm
涨紧装置	正常□ 不正常□	距底坑地面高度	mm

轿厢称重装置			
型号			
称重装置调整		已全部调整好□ 没作调整□ 轿厢将作装潢□	

层楼码板/门区码板检查			
层楼码板	垂直度符合□ 安装牢固□	插入深度	mm
门区码板	垂直度符合□ 安装牢固□	插入深度	mm

限位开关与极限开关				
快车限位距	设置□ 不设置□		慢车限位距	上 mm
	上： mm	下： mm		下 mm
极限距	上 mm		极限距	下 mm

门机控制（厅/轿门参数）			
门机型号			
驱动器型号		控制方式	DC□ VVVF □A C□
开门型式	中分□ 左□ 右□	开门宽度	mm
厅门型号	S	轿门型号	K

（4）电梯电气绝缘测试记录（见表6-35）

电梯电气绝缘测试记录表　　　　　　　表 6-35

动力线路绝缘电阻测试记录			
L 1		MΩ	
L 2		MΩ	
L 3		MΩ	
电动机回路绝缘电阻测试记录			
R		MΩ	
S		MΩ	
T		MΩ	
安全回路绝缘电阻测试记录			
机房设施		MΩ	
井道部分		MΩ	
底坑设施		MΩ	
轿厢系统		MΩ	
照明回路绝缘电阻测试记录			
轿厢照明	MΩ	轿内通风	MΩ
接地电阻值测试记录			
动力线路	Ω	照明及通风	Ω

（5）电梯运行特性曲线/平衡系数测定（见表 6-36）

电梯运行特性曲线/平衡系数测定表   表 6-36

额定载荷	kg		平衡系数	%	平衡负荷	Kg
负荷	0%	25%	40%	50%	75%	100%	110%
运行方向（上）电流（A）						
运行方向（下）电流（A）						

（6）轿厢平层、层站呼梯及层显功能检测记录（见表 6-37）

轿厢平层、层站呼梯及层显功能检测记录表   表 6-37

层号	平层精度（空载）	层站呼叫			厅门指示灯			
		上	下	面板水平度/垂直度	到站钟		层显	面板水平度/垂直度
					上	下		
标 准	<±4mm	正常	正常	<2mm	正常	正常	正常	<2mm

（7）电梯主要功能检测记录（依梯型和设备供货合同可能会有不同）（见表 6-38）

电梯主要功能检测记录表   表 6-38

轿内照明	完成□ 未完成□	轿内通风装置	完成□ 未完成□
轿内应急照明	完成□ 未完成□	轿内报警功能/警铃	完成□ 未完成□
轿门开门按钮	完成□ 未完成□	轿门关门按钮	完成□ 未完成□
内呼	完成□ 未完成□	轿内层显及方向指示	完成□ 未完成□
满载、超载装置	完成□ 未完成□	强迫关门功能	完成□ 无此项□
光栅保护系统	完成□ 无此项□	重开门功能	完成□ 无此项□
防捣乱功能	完成□ 无此项□	关门力≤150N	完成□ 未完成□
轿内/机房通话	完成□ 未完成□ 无此项□	三方通话系统	完成□ 未完成□
消防显示及报警	完成□ 未完成□ 无此项□	消防迫降功能	完成□ 未完成□ 无此项□
消防操作功能	完成□ 未完成□ 无此项□	优先运行功能	完成□ 未完成□ 无此项□
司机操作功能	完成□ 未完成□ 无此项□	锁梯功能	完成□ 未完成□ 无此项□
群控功能	完成□ 未完成□ 无此项□	返基站功能	完成□ 未完成□ 无此项□
再平层功能	完成□ 未完成□ 无此项□	平层功能	完成□ 未完成□ 无此项□
紧急供电运行	完成□ 未完成□ 无此项□	梯群电脑监控系统	完成□ 未完成□ 无此项□
远程监控系统	完成□ 未完成□ 无此项□		
并联（或群控）单梯断电后，其他梯外呼正常		无此项□ 完成□ 未完成□	
电梯技术合同规定的其他功能（附表）			

（8）电梯安全测试记录（见表 6-39）

电梯安全测试记录表　　　　　　　　　　　　　　　　表 6-39

机房		
控制柜急停开关　正常□　无效□　无此项□		机房限速器开关　正常□　无效□　无此项□
限速器开关　正常□　无效□　无此项□		对重限速器开关　正常□　无效□　无此项□
紧急救援开关　正常□　无效□　无此项□		
井道		
检修限位开关	上：正常□　无效□　无此项□	下：正常□　无效□　无此项□
极限开关	上：正常□　无效□　无此项□	下：正常□　无效□　无此项□
轿顶		
轿顶急停开关　正常□　无效□　无此项□		安全窗开关　正常□　无效□　无此项□
安全钳开关　正常□　无效□　无此项□		
底坑		
底坑急停开关　正常□　无效□		限速器涨紧轮开关　正常□　无效□
轿厢缓冲器开关　正常□　无效□		对重缓冲器开关　正常□　无效□
其他（附表）		

（9）电梯调试电源情况（见表 6-40）

电梯调试电源情况表　　　　　　　　　　　　　　　　表 6-40

三相五线□ 三相四线□	临时电源□　输入电源线径平方　用于台梯调试　　电压 V 电压波动范围 V 至 V　中性线与保护接地之间电压差 V
	正式永久电源□　电压 V　电压波动范围 V 至 V 中性线与保护接地之间电压差 V

（10）电梯测试及运行试验（见表 6-41）

电梯测试及运行试验表　　　　　　　　　　　　　　　表 6-41

1. 限速器安全钳联动试验：机房动作限速器时，轿厢安全钳开关可靠断开			
合格□　不合格□			
2. 缓冲试验			
① 对重完全压缩缓冲器后，空载轿厢不被曳引绳提起，井道顶层余有空间；			
合格□　不合格□			
② 轿厢完全压缩缓冲器后，与底坑设备无碰撞，对重不被曳引绳提起，井道顶层余有空间；			
合格□　不合格□			
3. 100% 超载试验			
合格□　不合格□			
4. 110% 超载运行试验：			
合格□　不合格□			
5. 125% 下行制动试验			
制动试验	合格□	不合格□	
制动距离	合格□	不合格□	实测值（mm）
6. 150% 静载试验：			
合格□　不合格□			
7. 层门与轿门连锁试验：逐层进行			
合格□　不合格□			
8. 电源相序试验			
① 反相试验：调换单梯总电源任意两相，电梯均不能启动　　合格□　不合格□			
② 缺相试验：断开单梯总电源任意一相，电梯均不能启动　　合格□　不合格□			

（11）电梯质量检查记录情况（见表 6-42）

电梯质量检查记录情况表　　　　　　　　　　　　　　　　　　　表 6-42

电梯安装过程质量控制检测记录	按工序完成时间段填写□　完成各工序并提交□　工序完成未填写□　未提交□
电梯安装内部验收报告	安装队完成检查□　安装公司质检完成□　调试工程师专检完成□

2. 调试过程需提供的配合

（1）买方需在各个现场及时提供满足电梯设备安装及正常运行要求的电力、设备及梯外照明。

（2）BAS 电缆的及时铺设到位，并提供足够的预留长度。

（3）电梯厅门外的清洁。

（4）每次调试时买方提供对讲设备。

6.3.3.10　防淹门专业调试方案

1. 影响单系统调试的问题和前提条件

（1）防淹门设备房的双电源切换箱需安装完毕并有正式电源提供。

（2）做闸门的启闭实验，门体孔口下的接触网要提前拆除。

2. 调试内容

1）控制柜的检查与调试

（1）外观检查；

（2）仪表、元件校验及接线正确性检查；

（3）防止误操作及权限功能试验；

（4）各部分的绝缘测定及介质电气强度试验；

（5）各基本单元和辅助单元的静态特性试验及总体静态特性试验；

（6）系统控制、保护、信号及监测、报警等功能正确试验；

（7）系统响应（I/O）测定；

（8）内部电源设备试验；

（9）系统开环/闭环运行指导试验；

（10）自动/手动切换试验；

（11）3 次动作准确性试验；

（12）可以互换的具有同样参数值和结构的组件，校验其互换性。

2）启闭机和电动锁定装置

（1）电气设备的试验要求按《水电工程启闭机制造安装及验收规范》NB/T 35051—2015 的规定执行。对采用 PLC 控制的电气控制设备应首先对程序软件进行模拟信号调试正常无误后，再进行联机调试。

（2）空载试验：空载试验是在启闭机不与闸门连接的情况下进行的空载运行试验，空载试验应符合施工图纸和《水电工程启闭机制造安装及验收规范》NB/T 35051—2015 的各项规定。

（3）带荷载试验：带荷载试验是在启闭机与闸门连接后，针对不同性质闸门的启闭机分别按《水电工程启闭机制造安装及验收规范》NB/T 35051—2015 的有关规定进行。

（4）启闭机与电动锁定装置的联动实验。

3）闸门的试验

闸门的试验项目包括：无水情况下全行程启闭试验，试验过程检查滑道或滚轮的运行无卡阻现象，双吊点闸门的同步应达到设计要求；在闸门全关位置，水封橡皮无损伤，漏光检查合格，止水严密。在本项试验的全过程中，必须对水封橡皮与不锈钢水封座板的接触面采用清水冲淋润滑，以防损坏水封橡皮。

4）验收过程记录

（1）设备检查（见表6-43）

防淹门设备检查表 表 6-43

测试方法与目的	1. 设备外观和安装符合设计要求（外壳应无破损，元件安装位置正确，固定牢固，便于拆换）。 2. 设备型号和数量符合设计要求（规格、型号、工作条件与现场要求相符，铭牌标志齐全）。 3. 二次回路上电模拟试验功能满足设计要求（设备的状态、显示正常）
测试结果	□通过 □未通过

（2）运行测试（见表6-44）

防淹门运行测试表 表 6-44

测试方法与目的	1. 屏面上执行命令，先按"关门请求"，"请求关门"指示灯会亮，延时3秒"允许关门"指示灯亮，此时可以操作闸门，按下"关闭"按钮，执行闸门下降动作，"关门指示"指示灯会亮，说明门体在运行。 2. 模拟下极限到位（短接），闸门停止关闸流程结束。 3. 屏面上执行命令，按下"开启"按钮，执行闸门上升动作，"开门指示"指示灯会亮，说明门体在运行。 4. 模拟全开到位（短接），锁定电机运行，中间继电器动作，锁定到位后（短接），锁定电机运行，中间继电器失电，闸门停止开闸流程结束
测试结果	□通过 □未通过

（3）端对端测试（见表6-45）

防淹门端对端测试表 表 6-45

测试方法与目的	根据双方约定的通信类表、点表，进行100％的类、100％点测试。根据测试结果填写现场端对端测试记录表。 调试范围及调试方法详见《ISCS. PSCADA现场调试大纲》。
	□通过 □未通过

（4）水位计测试（见表6-46）

防淹门水位测试表 表 6-46

测试方法与目的	1. 在水位检测装置上改变设定值，当设定值为0mm时，为"一级水位"；当设定值为100mm时，为"二级水位"；当设定值为200mm时，为"三级水位"；当设定值为300mm时，为"四级水位"，从而触发四个发讯点。 2. 当水位达到一级或四级时，防淹门系统将向主控发出一级报警信息或二级报警信息，当水位达到二级或三级时仅向主控传送水位信息（二、三级水位发讯点用于测量水位上涨速度）。 3. 从一级报警水位起，控制系统计算水位增长速度值，如果水位骤涨速度超过设定值（该设定值将在施工设计阶段确定），系统自动将报二级报警水位
测试结果	□通过 □未通过

（5）触摸屏测试（见表6-47）

防淹门触摸屏测试表 表 6-47

测试方法与目的	显示屏已启动，且工作正常。 PLC程序运行正常。 与显示屏的通信良好。 检查系统已有的画面是否满足监控的要求
测试结果	□通过 □未通过

（6）控制权限（见表6-48）

防淹门控制权限表 表 6-48

测试方法与目的	1. 把控制权限由现场切换到车控，主控系统能进行操作。 2. 把控制权限由车控切换到现场，防淹门系统能进行操作
测试结果	□通过 □未通过

3.调试注意事项

（1）调试过程，需监理及地铁相关部门配合见证。

（2）调试期间，轨道需挂地线，封闭轨道区间防淹门区域，禁止任何人员在调试时间内在防淹门区域底通行，设专人防护防淹门左右两端，在区间设警示灯，工作人员穿反光服。

（3）调试期间需相关信号部门人员配合；

（4）调试期间，现场配备4台5T手动葫芦，预防市电断电情况下，将闸门提起至初始位置。

6.3.3.11 广告灯箱设备、导向指示牌设备系统调试方案

1.调试项目内容、步骤及依据

1）调试内容（包括但不局限于以下几点）

（1）广告导向指示牌通电前的成品保护检查；

（2）通电前的供电电压测试；

（3）电源性能检测；

（4）通电后电压测试；

（5）照度测试。

2）调试步骤

（1）为加快设备的调试进程 调试前通知安装单位清理调试现场，以免影响调试人员调试及对设备造成影响；另外还需安装单位配备一台对讲机，防止在调试现场遇到等发事件因地下信号问题造成的严重后果。

（2）调试前通知安装单位准备电力充足及通风干燥。

（3）调试前，首先对设备进行外观保护进行排查，确保设备外观完整无损；然后再对设备内部的电源、灯条、PC板等部件进行检查，查看是否存在缺漏、破损或人为损坏等情况。

（4）开始进行调试前，首先对电源开关进行测电压，确保电压稳定符合要求；然后对灯箱电源插头进行检查，确保安全后进行通电测试灯效。

（5）通电后，如设备出现部分LED灯条不亮或闪烁的情况，标记下存在问题的灯条位置，在确保断电后，对受损的灯条或设备进行更换。

（6）完成对所有广告灯箱、导向指示牌的调试后，确保设备能正常运行并达到合同技术要求后，对设备断电后，并用专用钥匙进行上锁，避免设备部件造成失窃，另外自行清理由于调试产生的垃圾。

（7）调试人员测试好每一个设备后，做好相应调试记录并整理归档存档。

（8）确定所有测试广告灯箱、导向灯箱已调试合格后并确保电源关闭。

（9）调试结束后，调试人员离开现场，归还安装单位对讲机并告知调试完毕。

2.调试过程需提供的配合

（1）检查安装好的广告灯箱、导向灯箱是否按图纸要求安装完成，是否存在由于安装过程造成的箱体变形等情况。

（2）检查安装好的导向灯箱是否牢固，是否有晃动现象，如有，需安装单位配合对灯箱进行加固。

（3）需确保调试现场具备通电、透风、干燥等。

（4）为保证调试过程顺利，需相关单位配合协助办理各站点通行证。

3．注意事项

（1）确保调试人员佩戴安全后才允许进入工地现场进行调试。

（2）为保证调试顺利进行，需相关单位落实好已安装好的设备的成品保护。

6.4　接口调试

6.4.1　接口调试概述

在车站各单机设备安装并调试完成之后，各设备系统之间运行还存在一定的磨合期。车站设备接口调试工作，是验证车站设备接口间联动是否存在问题或在后期运营中是否产生安全隐患，是保证相关的设备之间的接口能够达到和符合相应的接口技术条件，从而使得各个设备能够构成一个功能完备的轨道交通车站设备系统。同时，接口调试工作也是由许多单位相互配合才能完成，需要其他专业的配合协调，才能切实保证各设备接口调试工作顺利完成。车站设备接口划分如下：

（1）车站设备系统内部接口：各组成设备系统之间的接口，例如冷水机组与环控电控柜、轴流风机与环控电控柜等。

（2）车站设备系统外部接口：机电与供电、机电与通信、机电与信号等。

6.4.1.1　系统内接口调试

系统内接口主要是指通风空调系统、低压配电系统、给排水系统以及监控系统等在其内部电气、机械、功能、软件、规约等方面相互关联、相互衔接的部分，主要有硬接口和软接口两种类型。硬接口又称为物理性接口，表示设备之间或系统之间存在着电气、机械方面的直接连接。软接口表示设备之间或系统之间存在着功能、软件及通信规约等方面需互相匹配，以便协调运作的接口。

（1）系统内接口调试主要内容

对于系统内接口调试的管理，主要的工作是根据本系统设备的特点，制定各系统设备之间的接口调试细则、解决建议方案等；制定系统内各设备接口调试计划，根据工程进度情况开展车站设备各项接口调试、接口协调等工作；协调系统设备各供货商之间的关系，通知并协调所有受影响的有关各方，保证接口调试的贯彻与实施。

（2）系统内接口调试管理流程

制定接口调试细则，内容主要包括：接口的识别、定义、描述。接口调试的建议：技术方案的建议，供货商的配合、分工建议等。

根据工程进度制定接口调试实施计划，计划内容包括：各设备系统接口调试工作目标、工作内容、完成时间等。

制定接口调试实施与管理办法。对接口调试工作的流程，包括接口协调机制、接口信息传送机制、接口调试问题的处理机制等提出具有普遍意义的规定和解释。接口调试实施与管理办法报业主审批后，下发各个供货商执行。

接口调试工作由接口调试工程师统一负责，各个设备监造专业工程师配合实施，按照接口调试实施计划分阶段进行接口调试管理，并且在各阶段形成接口调试管理总结报告。

协调各接口相关方相互配合，必要时召开接口调试协调会议，进行接口调试试验，见证接口调试记录并形成报告。

6.4.1.2　系统外接口调试管理

系统外接口调试管理的目标是协调完成属于本系统内的各项调试任务，制定本系统与其他相关系统的接口调试细则，并提出解决建议方案，以保证接口功能的实现。在业主的领导监督下，建立一个接口识别、计划、协调、控制、解决的机制，辅以合理的技术方案，确保系统外部接口功能的完备、可靠。

（1）系统外接口调试工作内容

设备监造商根据总进度要求以及相关接口系统进度计划编制车站设备系统外接口调试实施计划，配合相关接口方实现本系统内的接口调试任务，配合业主协调系统间接口调试出现的问题并提出建议方案，保证系统外部接口功能的实现。

（2）系统外接口调试工作流程

制定系统外接口调试细则，定义接口内容、接口识别，提出接口调试的方案建议和接口相关责任方的责任划分建议。

根据工程总工期计划以及相关系统计划，制定系统外接口调试实施计划，计划内容包括：接口工作目标、工作内容、完成时间等。

制定接口调试实施与管理办法，对接口调试工作的流程，包括接口协调机制、接口信息传送机制、接口问题的处理机制等提出具有普遍意义的规定和解释。

根据计划安排，按照接口调试实施与管理办法的规定，设备监造商应全过程协助业主进行本系统与各相关系统间接口调试实施过程中的各项组织工作，与各相关系统的供货商（或其他部门）配合，编制接口调试文件。

按照接口界面的划分，协调、管理属于本系统范围内的工作，提出具体要求（须经业主批准），由本系统设备供货商实施完成。分阶段提交系统外部接口调试总结报告。

图 6-20 为 BAS-扶梯接口调试，图 6-21 为 BAS-给排水系统接口调试。

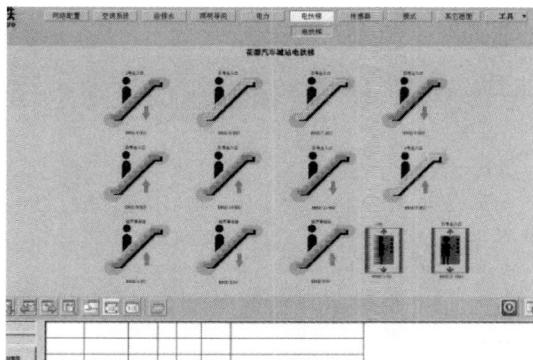

图 6-20　BAS-扶梯接口调试

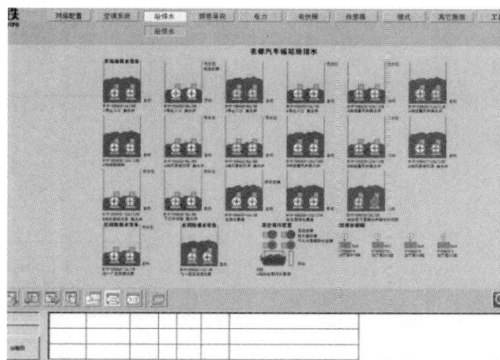

图 6-21　BAS-给排水系统接口调试

6.4.2　接口调试组织管理流程

6.4.2.1　接口调试组织结构

制定接口调试计划，组织、监督供货商按期进行现场调试配合，协调调试配合过程中的矛盾；做好调试过程记录，并收集调试报告；组织运营单位参加接口调试，并签订调试报告，具体组织结构见图 6-22。

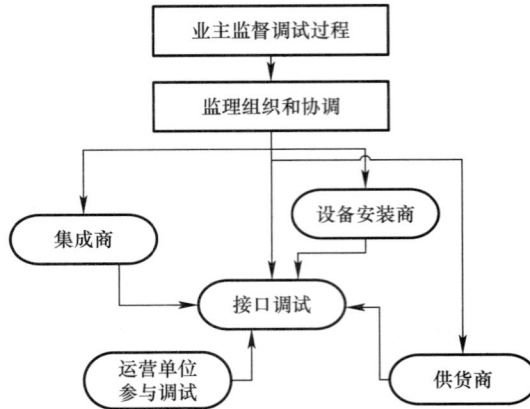

图 6-22 接口调试组织结构图

6.4.2.2 接口调试流程

供货商将按照合同的要求或业主的指令，提供接口试验设备到指定的地点，参加接口试验。设备监造商将根据各系统设备的特点，组织、参加并见证接口试验。审查供货商提交的接口试验方案；签署审查意见后报业主批准；组织、协调接口各方做好试验前的准备工作并参加试验；监督见证试验全过程，对试验数据记录予以审查确认。对试验过程中出现的问题，督促供货商提交分析报告和解决方案并予以审查。协调重新试验，直至试验满足合同要求，具体接口调试流程见图 6-23。

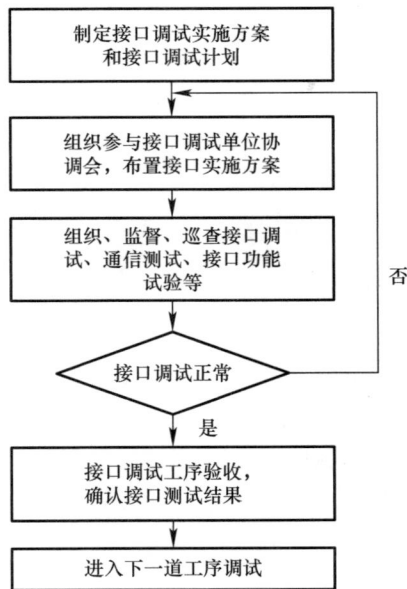

图 6-23 接口调试工作流程图

6.4.3 接口调试方案

6.4.3.1 BAS 与 FAS 接口测试方案

1. 前提条件

（1）BAS 已完成所有站级的点动调试，程序控制的调试，车站级计算机的调试，系统能够投入运行并工作正常。

（2）FAS已完成系统内控制盘、车站级计算机的调试，程序联动控制的调试，系统投入运行并工作正常。

（3）车站机电设备及环控设备已投入运行，工作状况良好。

2. 内容及步骤

（1）FAS、BAS的内部联动功能测试

模拟 FAS-BAS 通道故障，测试系统联动功能是否到达设计目的，测试步骤、人员组织及信息传递详见表6-49。

<table>
<tr><td colspan="4" align="center">FAS-BAS 内部联动功能测试步骤表　　　　　　　　　　　　　表 6-49</td></tr>
<tr><td>序号</td><td>测试步骤</td><td>调试人员</td><td>信息传递</td></tr>
<tr><td>1</td><td>检查 BAS、FAS 均处于正常工作状态、现场环控设备已全置于测试位，确保模式已经锁定，发布开始测试命令</td><td>现场总指挥</td><td>BAS、FAS 现场组</td></tr>
<tr><td>2</td><td>FAS 现场模拟一个火灾信号</td><td>FAS 现场组调试人员</td><td>结果报告 BAS 调试人员</td></tr>
<tr><td>3</td><td>检查 BAS 模式执行情况</td><td>BAS 调试人员</td><td>结果反馈 FAS 调试人员</td></tr>
<tr><td>4</td><td>模拟 FAS 通道故障（屏蔽相应的模块）</td><td>车控室 FAS 调试人员</td><td>结果报告 BAS 调试人员</td></tr>
<tr><td>5</td><td>检查 BAS 模式执行情况（执行情况应该不变）</td><td>BAS 调试人员</td><td>结果反馈车控室 FAS 调试人员</td></tr>
<tr><td>6</td><td>FAS 进行复位</td><td>FAS 调试人员</td><td>结果报告 BAS 调试人员</td></tr>
<tr><td>7</td><td>检查 BAS 的模式执行情况（执行情况应该不变）</td><td>BAS 调试人员</td><td>结果反馈车控室 FAS 调试人员</td></tr>
<tr><td>8</td><td>复位 FAS、BAS（火灾后出现通道故障的情况）</td><td>BAS、车控室 FAS 调试人员</td><td>互通信息</td></tr>
<tr><td>9</td><td>模拟 FAS-BAS 通道故障</td><td>FAS 调试人员</td><td>结果报告 BAS 调试人员</td></tr>
<tr><td>10</td><td>FAS 模拟火灾信号</td><td>FAS 调试人员</td><td>结果报告 BAS 调试人员</td></tr>
<tr><td>11</td><td>检查 BAS 的模式执行情况（BAS 不执行火灾模式）</td><td>BAS 调试人员</td><td>结果反馈车控室 FAS 调试人员</td></tr>
<tr><td>12</td><td>通道恢复正常</td><td>FAS 调试人员</td><td>结果报告 BAS 调试人员</td></tr>
<tr><td>13</td><td>检查 BAS 的模式执行情况（BAS 执行火灾模式）</td><td>BAS 调试人员</td><td>结果反馈车控室 FAS 调试人员</td></tr>
<tr><td>14</td><td>FAS 及 BAS 都进行复位（通道故障后出现火灾的情况）</td><td>BAS、FAS 调试人员</td><td>结果报告现场总指挥</td></tr>
</table>

（2）由 FAS 模拟烟雾蔓延造成多处火警时，测试 BAS 运行的情况是否符合工艺设计（见表6-50）。

<table>
<tr><td colspan="4" align="center">FAS 模拟多处火灾情况下的 BAS 功能测试表　　　　　　　　表 6-50</td></tr>
<tr><td>序号</td><td>测试步骤</td><td>负责人</td><td>信息传递</td></tr>
<tr><td>1</td><td>检查 BAS、FAS 均处于正常工作状态、现场环控设备已全置于测试位或变电所位</td><td>现场总指挥</td><td>下发现场组</td></tr>
<tr><td>2</td><td>FAS 现场模拟一个火灾信号</td><td>FAS 现场组调试人员</td><td>结果报告 BAS 调试人员</td></tr>
<tr><td>3</td><td>检查 BAS 模式执行情况</td><td>BAS 调试人员</td><td>结果反馈车控室 FAS 调试人员</td></tr>
<tr><td>4</td><td>FAS 现场模拟另一个火灾信号</td><td>FAS 现场调试人员</td><td>结果报告 BAS 调试人员</td></tr>
<tr><td>5</td><td>检查 BAS 模式执行情况</td><td>BAS 调试人员</td><td>结果反馈车控室 FAS 调试人员</td></tr>
<tr><td>6</td><td>FAS 保持第二个火警信号，消除第一个火警信号</td><td>车控室 FAS 调试人员</td><td>结果报告 BAS 调试人员</td></tr>
<tr><td>7</td><td>检查 BAS 的模式执行情况</td><td>BAS 调试人员</td><td>结果反馈车控室 FAS 调试人员</td></tr>
<tr><td>8</td><td>复位 FAS、BAS</td><td>BAS、FAS 调试人员</td><td>互通信息</td></tr>
</table>

（3）测试在火灾时，IBP 盘对模式的人工干预情况下，BAS 执行的情况（见表 6-51）。

通过 IBP 进行人工干预下的 BAS 功能测试表　　　　　表 6-51

序号	测试步骤	调试人员	信息传递
1	检查 BAS、FAS 均处于正常工作状态、现场环控设备已全置于测试位或变电所位	现场总指挥	下发现场组
2	FAS 现场模拟一个火灾信号	FAS 现场调试人员	结果报告 BAS 调试人员
3	检查 BAS 模式执行情况	BAS 调试人员	结果反馈车控室 FAS 调试人员
4	在综合监控 IBP 柜按下另一个模式的指令按钮	FAS 调试人员	结果报告 BAS 调试人员
5	检查 BAS 模式执行情况（BAS 应该执行 IBP 盘按下的模式）	BAS 调试人员	结果反馈车控室 FAS 调试人员
6	FAS 控制盘保持火灾模式指令，IBP 柜复位	车控室 FAS 调试人员	结果报告 BAS 调试人员
7	检查 BAS 的模式执行情况（执行 IBP 的复位模式操作命令）	BAS 调试人员	结果反馈车控室 FAS 调试人员
8	复位 FAS、BAS	BAS、FAS 调试人员	互通信息
9	FAS 现场模拟一个火灾信号	FAS 现场组调试人员	结果报告 BAS 调试人员
10	检查 BAS 模式执行情况	BAS 调试人员	结果反馈车控室 FAS 调试人员
11	在 BAS 的站级计算机人工启动另一个火灾模式的指令	BAS 调试人员	结果报告 FAS 调试人员
12	检查 BAS 模式执行情况（执行 BAS 火灾模式）	BAS 调试人员	结果反馈车控室 FAS 调试人员
13	复位 FAS、BAS	BAS、FAS 调试人员	互通信息
14	在 BAS 的站级计算机人工启动火灾模式的指令	BAS 调试人员	
15	检查 BAS 的模式执行情况	BAS 调试人员	结果反馈 FAS 调试人员
16	IBP 打到"手动"位，在 IBP 柜按下另一个模式的指令按钮	车控室 FAS 调试人员	结果报告 BAS 调试人员
17	检查 BAS 的模式执行情况（执行 IBP 模式）	BAS 调试人员	结果反馈车控室 FAS 调试人员
18	保持 IBP 柜的状态，BAS 进行火灾复位操作	BAS 调试人员	结果反馈车控室 FAS 调试人员
19	检查 BAS 的模式执行情况	BAS 调试人员	结果反馈车控室 FAS 调试人员
20	复位 FAS、BAS	BAS、FAS 调试人员	互通信息

（4）FAS 通过控制盘，自动发送火灾模式指令给 BAS，检查 BAS 能否正确执行相应的火灾模式，FAS 与 BAS 的联动功能测试如表 6-52 所示。

FAS 与 BAS 的联动功能测试表　　　　　表 6-52

序号	测试步骤	调试人员	信息传递
1	检查 BAS、FAS 均处于正常工作状态、现场环控设备已全置于测试位	现场总指挥	下发现场组
2	BAS 模式选择处于手动状态、监控的设备全部处在手动状态	BAS 调试人员	结果报告现场总指挥
3	FAS 现场模拟一个火灾信号	FAS 现场组调试人员	结果报告 BAS 调试人员
4	检查 FAS 是否能正常报警，并发出正确的火灾模式指令	车控室 FAS 调试人员	结果报告 BAS 调试人员
5	检查 BAS 能否正确接收执行相应的火灾模式指令	BAS 调试人员	结果反馈车控室 FAS 调试人员
6	FAS 进行火警复位后，BAS 进行复位	BAS、车控室 FAS 调试人员	结果报告现场总指挥
7	选择另一火灾模式，重复第 3—5 步，直至模式全部做完	现场总指挥	结果报告综调总指挥

6.4.3.2　BAS 与给排水系统接口测试方案

1. 前提条件

（1）BAS 已完成程序控制的测试和车站级计算机的测试，BAS 已投入运行，具备对给排水系统所有设备的报警和状态的监视。

（2）给排水系统（主要设备有：车站排水泵、车站污水处理设备、区间变电所集水泵、车辆段水处理设备、控制中心水泵等）的系统内的调试已经完成，并已正常运行。

2. 内容及步骤

（1）车站排水泵

① 现场操作手动/自动按钮，并进行启停，测试 BAS 反馈信号是否与现场一致。

② 现场模拟设备故障，测试 BAS 反馈信号是否与现场一致。

③ 现场操作液位浮球，模拟超高、测试 BAS 反馈信号是否与现场一致。

④ 设备复位，恢复正常。

（2）区间变电所排水泵

① 现场操作手动/自动按钮，并进行起停，测试 BAS 反馈信号是否与现场一致。

② 现场模拟设备故障，测试 BAS 反馈信号是否与现场一致。

③ 现场操作液位浮球，模拟超高水位报警测试 BAS 反馈信号是否与现场一致。

④ 设备复位，恢复正常。

（3）污水处理设备的调试

① 现场模拟设备故障，测试 BAS 反馈信号是否与现场一致。

② 现场模拟水位报警信号，测试 BAS 反馈信号是否与现场一致。

③ 设备复位，恢复正常。

（4）调试步骤（见表 6-53 至表 6-55）

车站排水泵的测试表　　　　　　　　　　　　　　　　　　表 6-53

序号	测试步骤	调试人员	信息传递
1	将排水泵打到"手动"位，并通过对讲机报给 BAS 人员，由 BAS 人员在操作站确认反馈信号是否正确	BAS、给排水调试人员	结果报告 BAS 负责人确认
2	依次手动启动 1♯、2♯ 泵，并通过对讲机报给 BAS 专业人员，由 BAS 人员在操作站确认反馈信号是否正确	BAS、给排水调试人员	结果报告 BAS 调试人员确认
3	将排水泵打到"自动"位，并通过对讲机报给 BAS 人员，由 BAS 人员在操作站确认反馈信号是否正确	BAS、给排水调试人员	结果报告 BAS 调试人员确认
4	将液位浮球提起，模拟排水泵自动启动和超高水位报警并通过对讲机报给 BAS 人员，由 BAS 人员在操作站确认反馈信号是否正确	BAS、给排水调试人员	结果报告 BAS 调试人员确认
5	模拟将排水泵故障，并通过对讲机报给 BAS 人员，由 BAS 人员在操作站确认反馈信号是否正确	BAS、给排水调试人员	结果报告 BAS 调试人员确认
6	取消将排水泵故障，并将转换开关打到"自动"位，并通过对讲机报给 BAS 人员，由 BAS 人员在操作站确认反馈信号是否正确	BAS、给排水调试人员	结果报告 BAS 调试人员确认
7	现场所有设备复位，恢复正常	BAS、给排水调试人员	互通信息

区间变电所集水泵的测试表 表 6-54

序号	测试步骤	负责人	信息传递
1	将排水泵打到"手动"位，并通过对讲机报给 BAS 人员，由 BAS 人员在操作站确认反馈信号是否正确	BAS、给排水调试人员	结果报告 BAS 调试人员确认
2	依次手动启动 1♯、2♯ 泵，并通过对讲机报给 BAS 人员，由 BAS 人员在操作站确认反馈信号是否正确	BAS、给排水调试人员	结果报告 BAS 调试人员确认
3	将排水泵打到"自动"位，并通过对讲机报给 BAS 人员，由 BAS 人员在操作站确认反馈信号是否正确	BAS、给排水调试人员	结果报告 BAS 调试人员确认
4	BAS 人员在操作站远程点动启动 1♯、2♯ 泵，并通过电话报给排水人员，由给排水人员在现场确认控制开启信号是否正确	BAS、给排水调试人员	结果报告 BAS 调试人员确认
5	将液位浮球提起，模拟排水泵自动启动和超高水位报警并通过对讲机报给 BAS 人员，由 BAS 人员在操作站确认反馈信号是否正确	BAS、给排水调试人员	结果报告 BAS 调试人员确认
6	模拟将排水泵故障，并通过对讲机报给 BAS 人员，由 BAS 人员在操作站确认反馈信号是否正确	BAS、给排水调试人员	结果报告 BAS 调试人员确认
7	取消将排水泵故障，并将转换开关打到"自动"位，并通过对讲机报给 BAS 人员，由 BAS 人员在操作站确认反馈信号是否正确	BAS、给排水调试人员	结果报告 BAS 调试人员确认
8	现场所有设备复位，恢复正常	BAS、给排水调试人员	互通信息

污水处理设备的测试表 表 6-55

序号	测试步骤	负责人	信息传递
1	模拟超高水位报警，并传达到环控室的 BAS 人员，由 BAS 人员确认反馈信号是否正确	BAS、给排水调试人员	结果报告 BAS 调试人员确认
2	模拟污水处理设备综合报警故障，并传达到环控室的 BAS 人员，由 BAS 人员确认反馈信号是否正确	BAS、给排水调试人员	结果报告 BAS 调试人员确认
3	现场所有设备复位，恢复正常	BAS、给排水调试人员	结果报告 BAS 调试人员确认

6.4.3.3 BAS 与通风空调系统接口测试方案

1. 前提条件

（1）BAS 已完成程序控制的测试和车站级计算机的测试，BAS 已投入运行，具备对冷水机组所有设备的报警和状态的监视。

（2）冷水机组设备单机调试已经完成，并且空调水系统已正常运行。

2. 内容及步骤

BAS 通过 PC 监测冷水机组的电压、电流、压力、温度、启停、故障代码等运行参数，并对其进行启停控制、复位控制等工作；与此同时与冷水机组下位软件上的显示值进行比较并记录。监测十分钟数据传输、并反复多次启停、调整改变参数。

3. BAS 与变频器接口测试方案

（1）前提条件

① 车站 BAS 的站级功能投入运行，与变频器通信正常。

② 车站变频器已完成内部调试，并已投入运行。

（2）内容及步骤

① 在隧道通风系统的隧道排热风机采用变频器进行变风量运行。

② 在集中冷站的冷水回路，二次泵采用变频器进行变流量运行。

③ 变频器的调节范围：0—50Hz。

④ 变频器在 BAS 的应用范围：15—50Hz。

⑤ 变频器将根据 BAS 的设定值，调节输出频率。并在状态反映字中反馈实际转速；同时反映变频器的运行状态和故障信息。

典型车站 BAS 与变频器接口信号表如表 6-56 至表 6-58 所示。

通信接口信号表　　　　　　　　　　　　　　　　　　　　　　表 6-56

信号名称	信号方向	信号类型	寄存器地址	功能码
频率控制	BAS—>变频器	DO	000001	15
电机电流	变频器—>BAS	AI	416139	03
输出功率	变频器—>BAS	AI	416099	03
输出电压	变频器—>BAS	AI	416119	03
反馈频率	变频器—>BAS	AI	416129	03
电机温度	变频器—>BAS	DI	416179	03
现场/车控	变频器—>BAS	AI	41660（bit）	03

硬线接口信号表（隧道风机）　　　　　　　　　　　　　　　　　表 6-57

信号名称	信号方向	信号类型	I	O	继电器
变频/工频	变频器—>BAS	DI	工频	变频	常开触点
工频正转	变频器—>BAS	DI	工频正转	—	常开触点
工频反转	变频器—>BAS	DI	工频反转	—	常开触点
故障	变频器—>BAS	DI	故障	—	常开触点

硬线接口信号表（二次变频泵）　　　　　　　　　　　　　　　　表 6-58

信号名称	信号方向	信号类型	I	O	继电器
变频/工频	变频器—>BAS	DI	工频	变频	常开触点
工频运行	变频器—>BAS	DI	工频运行	—	常开触点
故障	变频器—>BAS	DI	故障	—	常开触点

6.4.3.4　BAS 与智能低压接口测试方案

1. 前提条件

（1）车站 BAS 的站级功能投入运行，与智能低压系统通信正常，且控制权在 BAS 侧。

（2）车站智能低压系统已完成内部调试，并已投入运行。

（3）车站智能低压系统已完成对环控设备的点对点调试，并且环控设备均能正常运行。

2. 内容及步骤

（1）车站环控设备的人工单体控制（见表 6-59）

人工单体控制调试步骤表　　　　　　　　　　　　　　　　　　　表 6-59

序号	调试步骤	负责人	记录人	信息传递
1	检查并记录所有设备的车、环控状态	各专业人员	各专业负责人	各专业人员

序号	调试步骤	负责人	记录人	信息传递
2	BAS 人员对单台环控设备发出启动指令	BAS 人员	BAS 人员	BAS 人员
3	智能低压检查设备对应的开关柜状态显示是否正常	智能低压人员	智能低压人员	智能低压人员
4	环控系统人员检查对应的设备动作是否正常	环控系统人员	环控系统人员	环控系统人员
5	低压人员检查设备对应的开关柜反馈信号是否正常	低压人员	低压人员	低压人员
6	BAS 人员检查设备状态反馈信号是否正常	BAS 人员	BAS 人员	BAS 人员
7	如设备有两种控制命令(指高、低速,正、反转运行),则重复上述 6 步,调试第二个命令执行情况	各专业人员	各专业人员	各专业人员
8	由 BAS 人员将设备停止并观察反馈信号	BAS 人员	BAS 人员	BAS 人员
9	环控系统人员检查设备状态	环控系统人员	环控系统人员	环控系统人员
10	环控系统人员将设备切换为就地(如有)	环控系统人员	环控系统人员	环控系统人员
11	就地/环控/BAS 权限切换测试	各专业人员	各专业人员	各专业人员
12	智能低压人员将设备对应的电控柜切换为环控	智能低压人员	智能低压人员	智能低压人员
13	由 BAS 人员检查反馈信号是否正常	BAS 人	BAS 人	智能低压人员
14	智能低压人员将设备对应的电控柜切换为 BAS	智能低压人员	智能低压人员	智能低压人员
15	由 BAS 人员检查反馈信号是否正常	BAS 人员	BAS 人员	BAS 人员
16	智能低压人员对环控设备对应的电控柜模拟设备故障信号(无此信号的设备可略过此步和后一步)	环控室操作员	维修工作站操作员	维修工作站操作员
17	由 BAS 人员检查反馈信号是否正常	维修工作站操作员	维修工作站操作员	环控室操作员
18	将设备恢复原状态	各专业人员	各专业人员	各专业人员
19	重复以上各步,直到完成所有通风系统环控设备的调试	各专业人员	—	现场总指挥

通过对车站环控设备的人工单体控制及反馈信号调试,来检测 BAS 系统接收智能低压相关信号情况,同时检测智能低压设备对 BAS 系统控制命令的响应情况。

调试之前,应确定:①所检测环控设备已上电并能正常运行;②所检测设备处于停止状态;③相应环控设备已处于"BAS"状态;④风亭、风机内无杂物,风路畅通。

(2)车站环控模式的人工点动控制(见表 6-60)

人工点动控制调试步骤表　　　　　　　　　　　　　　表 6-60

序号	调试步骤	负责人	记录人	信息传递
1	检查 BAS 工作状态,保证系统显示的环控设备状态(运行/停止,BAS/变电所,手动/自动)为实际的设备状态	BAS 人员	BAS 人员	BAS 人员
2	智能低压人员检查并记录所有设备的车、环控状态,将 BAS 所控的设备转换到"BAS"状态	智能低压人员	智能低压人员	智能低压人员
3	由 BAS 人员手动发送模式控制命令,并在工作站上观察设备的反馈信号	BAS 人员	BAS 人员	BAS 人员
4	智能低压人员根据模式表检查相应的开关柜同智能低压调试电脑的反馈信号并记录	智能低压人员	智能低压人员	智能低压人员
5	BAS 人员切换模式命令,并在工作站上观察设备的反馈信号	BAS 人员	BAS 人员	BAS 人员
6	重复上述五步,直到所有模式调试完毕	—	—	现场总指挥

通过对车站环控模式的人工点动控制及反馈信号调试,来检测 BAS 接收智能低压相关信号情况,同时检测智能低压设备对 BAS 控制命令的响应情况。

调试之前，应确定：①所检测环控设备已上电并能正常运行；②所检测设备处于停止状态；③相应环控设备已处于"BAS"状态；④对于影响模式运行的联动/调节风阀，预先以"环控"方式使其长期开启；⑤风亭、风机内无杂物，风路畅通；⑥准备调试的模式应尽量与上一模式内容相近，避免调试时造成风阀或者同一通风设备的频繁启停。

6.4.3.5　BAS与应急照明电源接口测试方案

1. 前提条件

（1）车站级BAS能监视到事故照明装置的市电状态、逆变状态、负载位置、强制运行、电池状态、充电状态、馈出开关状态、输入转换开关状态、测试BAS与EPS的对时功能。并且车站级BAS能对事故照明装置的报警提供相应方式的报警提示。

（2）车站BAS、EPS均已完成各自系统内部调试，并都已投入运行，运行正常。

2. 内容及步骤（见表6-61）

调试流程表　　　　　　　　　　　　　　　　　　表6-61

序号	调试步骤	调试人员	信息传递
1	由低压人员对应急照明装置检查，确认该装置能正常工作后，准备调试工作 车站级BAS操作人员检查电脑的控制屏上监视信号，确认能接收到信号	低压和BAS调试人员	BAS操作员现场操作员
2	现场操作员检查设备，并确认交流馈线母线有电，查看充电柜上监控屏是否正常，并通过对讲机与车站BAS确认信号显示是否正常	低压和BAS调试人员	BAS操作员现场操作员
3	模拟交流馈线母线失电，查看充电柜上监控屏显示是否正确，并通过对讲机与车站BAS确认信号显示是否正确	低压和BAS调试人员	BAS操作员现场操作员
4	模拟逆变器工作，查看充电柜上监控屏显示是否正确，并通过对讲机与车站BAS确认信号显示是否正确	低压和BAS调试人员	BAS操作员现场操作员
5	模拟EPS旁路，查看充电柜上监控屏显示是否正确，并通过对讲机与车站BAS确认信号显示是否正确	低压和BAS调试人员	BAS操作员现场操作员
6	模拟输入互投装置工作，查看充电柜上监控屏显示是否正确，并通过对讲机与车站BAS确认信号显示是否正确	低压和BAS调试人员	BAS操作员现场操作员
7	模拟EPS系统故障，查看充电柜上监控屏显示是否正确，并通过对讲机与车站BAS确认信号显示是否正确	低压和BAS调试人员	BAS操作员现场操作员
8	模拟电池组异常，查看充电柜上监控屏显示是否正确，并通过对讲机与车站BAS确认信号显示是否正确	低压和BAS调试人员	BAS操作员现场操作员
9	模拟充电机故障，查看充电柜上监控屏显示是否正确，并通过对讲机与车站BAS确认信号显示是否正确	低压专业和BAS专业调试人员	BAS操作员现场操作员
10	模拟逆变器故障，查看充电柜上监控屏显示是否正确，并通过对讲机与车站BAS确认信号显示是否正确	低压专业和BAS调试人员	BAS操作员现场操作员
11	模拟输入输出柜故障，查看充电柜上监控屏显示是否正确，并通过对讲机与车站BAS确认信号显示是否正确	低压和BAS调试人员	BAS操作员现场操作员

续表

序号	调试步骤	调试人员	信息传递
12	模拟 EPS 与 BAS 通信故障，查看充电柜上监控屏显示是否正确，并通过对讲机与车站 BAS 确认信号显示是否正确	低压和 BAS 调试人员	BAS 操作员现场操作员
13	EPS 恢复到正常工作状态，查看充电柜上监控屏显示是否正确，并通过对讲机与车站 BAS 确认信号显示是否正确	低压和 BAS 调试人员	BAS 操作员现场操作员
14	对时信号的验证	低压和 BAS 调试人员	BAS 操作员现场操作员

6.4.3.6 BAS 与照明、导向设备接口测试方案

1. 前提条件

（1）BAS 已完成所有点动调试、程序控制的调试、车站级计算机的调试及照明配电及导向设备接口的调试，BAS 能够实现对照明和导向的点动控制，且 BAS 已投入运行并工作正常。

（2）车站照明配电及导向系统设备已投入运行，工作状况良好。

（3）照配室操作员应确认参与调试的设备具备调试条件，并且设备已按调试要求处于相应状态。

（4）BAS 工作站操作员检查工作站上各设备的设备状态信息（运行/关闭、BAS/就地、故障报警），确认 BAS 工作正常。

2. 内容及步骤

（1）照明配电及导向系统的人工点动控制

通过对照明及导向设备的人工点动控制及反馈信号调试，来检测 BAS 接收照明及导向系统相关信号情况，同时检测照明及导向系统设备对 BAS 控制命令的响应情况。

调试之前，应确定：①检测照明及导向系统设备已上电并能正常运行；②相应设备已处于"BAS"状态；调试步骤如表 6-62 所示。

人工点动控制调试表　　　　　　　　　　　　表 6-62

序号	调试步骤	记录人	信息传递
1	检查并记录所有设备的 BAS/就地状态	BAS 人员、照配人员	BAS 人员、照配人员
2	由环控室 BAS 人员对单区照明或导向设备发出启动指令	BAS 人员	BAS 人员、照配人员
3	由照配室操作员检查设备对应的配电箱动作是否正常	BAS 人员	BAS 人员、照配人员
4	由现场操作员检查对应的设备动作是否正常	BAS 人员	BAS 人员、照配人员
5	由照配室操作员检查设备对应的配电箱反馈信号是否正常	BAS 人员	BAS 人员、照配人员
6	BAS 人员检查设备状态反馈信号是否正常	BAS 人员	BAS 人员、照配人员
7	由维修工作站操作人员将设备停止并观察反馈信号	BAS 人员	BAS 人员、照配人员
8	照配室操作员及现场操作员检查设备状态	BAS 人员	BAS 人员、照配人员
9	由照配室操作员将设备对应的配电箱上的开关切换为"就地"	BAS 人员	BAS 人员、照配人员
10	由维修工作站操作员检查反馈信号是否正常	BAS 人员	BAS 人员、照配人员
11	由照配室操作员将设备对应的配电箱切换为"BAS"	BAS 人员	BAS 人员、照配人员
12	由环控室 BAS 人员检查反馈信号是否正常	BAS 人员	BAS 人员、照配人员
13	重复上述步骤，直到将所有照明及导向系统设备调试完毕	—	—

（2）照明配电及导向系统的模式控制

通过对照明配电及导向系统的模式控制及反馈信号调试，来检测 BAS 接收照明配电及导向系统相关信号情况，同时检测照明配电及导向系统对 BAS 控制命令的响应情况。

调试之前，应确定：①所检测照明配电及导向系统已上电并能正常运行；②相应照明配电及导向系统已处于"BAS"状态。调试步骤如表 6-63 所示。

模式控制调试表　　　　　　　　　　　表 6-63

序号	调试步骤	记录人	信息传递
1	由维修工作站将所有相关设备从工作站中设置命令点为手动状态	BAS 人员	BAS 人员、照配人员
2	由 BAS 人员从 BAS 工作站发出灾害模式指令	BAS 人员	BAS 人员
3	由 BAS 人员检查所设置的手动点是否被屏蔽（此步骤调试灾害模式是否能够屏蔽掉设备的"手动"锁定）	BAS 人员	BAS 人员
4	由 BAS 人员在工作站按照工艺要求对设备的动作情况进行核对，若出现模式不符或设备故障，通报照配室操作员及现场操作员，由照配室操作员及现场操作员处理	BAS 人员	BAS 人员、照配人员
5	在 BAS 操作站上，将选定的设备打为"手动"状态，然后对该设备发出开启/关闭指令（此步骤是调试"人工干预模式功能"是否能够实现）	BAS 人员	BAS 人员、照配人员
6	由 BAS 人员对设备的输出状态进行检查，并判断是否执行人工发出的命令	BAS 人员	BAS 人员、照配人员
7	将设备恢复"BAS"控制状态	BAS 人员	BAS 人员、照配人员
8	重复上述步骤，直至完成所有站内灾害模式的调试	—	—

6.4.3.7　BAS 与自动扶梯接口测试方案

1. 前提条件

（1）自动扶梯可正常运行。

（2）自动扶梯与 BAS 的连线已接好，BAS 具备车站级监控功能，且运行正常。

2. 内容及步骤

（1）自动扶梯上行，BAS 能够正确接收并显示扶梯"上行"（上行状态点显示绿色）（见表 6-64）。

自动扶梯向上运行调试表　　　　　　　　　表 6-64

序号	调试步骤	记录人	信息传递
1	扶梯人员在现场操作自动梯向上运行，并将现场情况通过对讲机报告给 BAS 人员 接到报告后，BAS 人员在 BAS 操作站上观察自动扶梯是否处于"向上运行"状态	BAS 人员	扶梯人员
2	确认反馈信号正确后，BAS 人员通知扶梯人员停止扶梯。在收到现场停梯报告后，BAS 人员再次观察扶梯"停止"反馈信号是否正确	BAS 人员	BAS 人员、扶梯人员
3	重复上述步骤，直至符合	BAS 人员	BAS 人员、扶梯人员

（2）自动扶梯下行，BAS 能够正确接收并显示扶梯"下行"（下行状态点显示绿色）（见表 6-65）。

自动扶梯向下运行调试表　　　　　　　　　　　　　　表 6-65

序号	调试步骤	记录人	信息传递
1	扶梯人员在现场操作自动梯向下运行，并将现场情况通过对讲机报告给 BAS 人员 接到报告后，BAS 人员在 BAS 操作站上观察自动扶梯是否处于"向下运行"状态	BAS 人员	扶梯人员
2	确认反馈信号正确后，BAS 人员通知扶梯人员停止扶梯。在收到现场停梯报告后，BAS 人员再次观察扶梯"停止"反馈信号是否正确	BAS 人员	BAS 人员、扶梯人员
3	重复上述步骤，直至符合	BAS 人员	BAS 人员、扶梯人员

（3）自动扶梯故障：模拟自动扶梯故障，自动扶梯应会自动停止，BAS 能够正确接收到并显示扶梯"故障"（故障报警点显示红色）（见表 6-66）。

自动扶梯发生故障调试表　　　　　　　　　　　　　　表 6-66

序号	调试步骤	记录人	信息传递
1	自动扶梯人员在现场随机模拟 3 个故障，每模拟完一个故障，通过对讲机向 BAS 人员报告	BAS 人员	扶梯人员
2	接到报告后，BAS 人员在 BAS 操作站上观察自动扶梯是否处于"故障"状态。确认后，要求扶梯人员对扶梯复位。在收到现场复位报告后，BAS 人员再次观察扶梯信号是否正常	BAS 人员	BAS 人员、扶梯人员
3	确认反馈信号正确后，BAS 人员可通知现场进行下一个故障模拟调试。直到故障调试完毕	BAS 人员	BAS 人员、扶梯人员

（4）自动扶梯扶左右手带欠速：模拟自动扶梯扶左右手带相对梯级欠速或超速 2%，并持续 5s，BAS 能够正确接收到并显示扶梯扶左右手带欠速或超速报警信号；模拟自动扶梯扶左右手带相对梯级欠速或超速 5%，并持续 5s，此时，自动扶梯应自动停止，BAS 能够正确接收到故障报警信号（故障报警点显示红色）（见表 6-67）。

自动扶梯左右扶手带与梯级的欠速差欠速或超速 2%调试表　　　　表 6-67

序号	调试步骤	记录人	信息传递
1	自动扶梯人员对左右扶手带进行模拟欠速或超速 2%（相对梯级速度），并通过秒表计时，同时将时间报告给 BAS 人员	BAS 人员	扶梯人员
2	BAS 人员仔细观察操作站上扶梯左右扶手带。确认持续欠速或超速 5s，其反馈信号是否正确。符合后，通知扶梯人员进行下一个操作	BAS 人员	扶梯人员

（5）楼层板防盗（只在出入口的扶梯有此报警信号）：模拟自动扶梯楼层板被盗，BAS 能够正确接收到并显示扶梯"楼层板防盗报警"（楼层板防盗报警点显示红色）（见表 6-68）。

模拟扶梯楼层板防盗报警信号调试表　　　　　　　　　　表 6-68

序号	调试步骤	记录人	信息传递
1	出入口扶梯人员在现场操作，把扶梯楼层板揭开后，并将现场情况通过对讲机报告给 BAS 人员。接到报告后，BAS 人员在 BAS 操作站上观察自动扶梯是否处于"楼层板防盗报警"状态	BAS 人员	扶梯人员
2	重复上述步骤，直至符合	BAS 人员	BAS 人员、扶梯人员

6.4.3.8 BAS与电梯接口测试方案

1. 前提条件

（1）电梯可正常运行。

（2）电梯与 BAS 的连线已接好，BAS 具备车站级监控功能，且运行正常。

2. 内容及步骤（见表 6-69）

通过 BAS 火灾模式联动电梯运行调试表 表 6-69

序号	调试步骤	记录人	信息传递
1	BAS 人员在操作站点动大系统火灾模式，BAS 将自动发出火灾模式联动的电梯紧急动作信号，要求电梯运行到安全层（紧急动作前，将电梯置于站台层）	BAS 人员	BAS 人员
2	电梯人员在现场观察电梯紧急运行情况，并报告电梯是否运行到安全层，BAS 人员在操作站观察是否正确接收到电梯状态反馈信号	BAS 人员	电梯人员
3	在 BAS 将自动发出火灾模式联动的电梯紧急动作信号后，通过对讲机报告给电梯人员，而电梯人员接收到报告后，在现场手动停止电梯运行，BAS 人员在操作站观察 30s 后是否收到电梯故障报警信号	BAS 人员	BAS 人员、扶梯人员

（1）在正常情况下 BAS 对电梯不监控。在紧急情况下（火灾情况），BAS 将发出电梯紧急动作信号，电梯将到达安全楼层的信号和无故障的信号组合成为"消防动作完成信号"提供给 BAS，BAS 在 30s 内未收到反馈信号将报警。

（2）电梯通过干节点的方式发送设备的状态/报警，并在紧急情况下接收来自 BAS 的命令将电梯紧急运行至安全层。

6.4.3.9 BAS与屏蔽门（PSD）专业接口测试方案

1. 前提条件

（1）PSD 可正常运行。

（2）PSD 与 BAS 的连线已接好，BAS 具备车站级监控功能，且运行正常。

2. 内容及步骤（见表 6-70）

BAS 与 PSD 调试表 表 6-70

序号	调试步骤	记录人	信息传递
1	BAS 人员将 IBP 盘上的操作允许钥匙开关置于"允许"位，通过就地控制盘（PSL）、信号模拟装置对滑动门进行控制，观察滑动门的动作情况	BAS 人员	BAS 人员、PSD 人员
2	BAS 人员按 IBP 盘上的"开门"开关，观察滑动门的动作情况和 IBP 盘上指示灯的状态	BAS 人员	BAS 人员、PSD 人员
3	BAS 人员将 IBP 盘上的操作允许钥匙开关置"禁止"位，通过就地控制盘（PSL）、信号模拟装置对滑动门进行控制，观察滑动门的动作情况	BAS 人员	BAS 人员、PSD 人员
4	BAS 人员按 IBP 盘上的"指示灯测试"按钮，IBP 盘上门状态指示灯亮	BAS 人员	BAS 人员、PSD 人员

6.4.3.10 FAS 与自动售检票 (AFC) 接口测试方案

1. 接口描述

FAS 与自动售检票系统没有直接的接口，通过 IBP 盘的接线端子实现两者的联系，如图 6-24 所示。

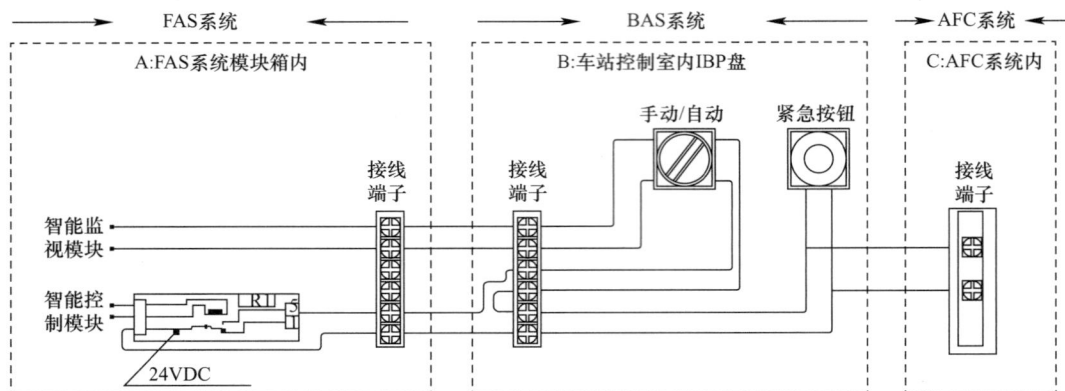

图 6-24 FAS 于 AFC 接口界面

说明：

（1）FAS 系统与 AFC 的分界点再自动售检票系统设在 IBP 盘控制箱的接线端子排上。

（2）施工单位提供并敷设 FAS 模块箱端子排与 AFC 在 IBP 盘内接线端子排之间的连接电缆。

（3）A 为 FAS 系统模块箱部分。

FAS 系统提供模块箱端子排接线图，一个手/自动点的监视模块，一个启动的控制模块，施工单位从接线端子敷线到模块箱内并接好线。

（4）B 为 IBP 盘系统部分

BAS 专业提供按钮开关，端子接线排所安装位置图。

（5）C 为 AFC 系统部分。

该部分是 AFC 系统提供线材并敷设到接线端子并接好线。提供信号指示灯的电源，DC24V。控制端子接线排所安装位置以及接线图。

2. 接口形式

FAS 与 AFC 的接口为硬线接口。

FAS 与自动售检票系统的接口分为两种：

① 自动控制：通过 FAS 系统智能控制模块，直接控制自动售检票系统接口。

② 紧急控制：通过 FAS 系统智能监视模块对 AFC 闸机释放按钮手/自动转换开关按钮位置。

对开关量输入/输出信号的基本参数：

① 输入：节点类型是独立无源干节点方式，FAS 提供 DC-5V 查询电源。

② 输出：节点类型是独立无源干节点方式，FAS 通过中间继电器进行信号隔离，继电器触点容量为 DC24V1A。

③ 电源：中间继电器电源 FAS 系统提供。

3. 接口功能

站内的人群尽快地疏散到安全的地方。

（1）在紧急状态下，无论系统状态处于自动或手动都可以通过设在 IBP 控制盘上的紧急按钮来释放 AFC 的闸机，便于乘客疏散，将站内的人群尽快地疏散到安全的地方。

（2）平时，监视 AFC 闸机手/自动转换开关（设在 IBP 控制盘上）的状态。

（3）平时，手/自动转换开关（设在 IBP 控制盘上）置于自动状态下。

（4）火灾时，FAS 系统通过智能控制模块直接控制 AFC 闸机的释放，便于乘客疏散。

4. 监控点表（见表 6-71）

监控点表 　　　　表 6-71

序号	设备	描述	FAS 监控	FAS 总线自动控制	IBP 联动盘手动紧急控制	FAS 状态	AFC 状态
1	AFC 闸机	手/自动状态	●				
		开闸机控制		●	●		

6.4.3.11　FAS 与气体灭火接口测试方案

1. 前提条件

（1）FAS 已完成系统内控制盘、车站级计算机的调试，程序联动控制的调试，系统投入运行并工作正常。

（2）气体灭火系统已完成系统内各项调试，系统投入运行并工作正常；在做气体保护区域火灾模拟以及可能导致气体保护动作的相关测试时，气体消防现场组人员应确保已断开车站所有气瓶瓶头电磁阀回路。

2. 内容及步骤（见表 6-72）

FAS 与气体灭火的测试表 　　　　表 6-72

序号	测试步骤	负责人	信息传递
1	用烟枪（香烟）模拟发生火警的烟雾，制造出一级报警信号（检查气体灭火系统控制盘的反应）	现场气体灭火系统组调试人员	结果报告车控室 FAS 调试人员
2	检查气灭控制盘及 FAS 工作站的反应	车控室 FAS 专业调试人员	结果反馈现场气体灭火系统组调试人员
3	用温枪（电吹风）模拟发生火警的高温，制造出二级报警信号。检查气体灭火系统控制盘的反应	现场气体灭火系统组调试人员	结果报告车控室 FAS 专业调试人员
4	检查气灭控制盘及 FAS 工作站的反应	车控室 FAS 调试人员	结果反馈现场气体灭火系统组调试人员
5	检查气体灭火系统现场的声、光报警是否正确，报警指示是否正确	现场气体灭火系统组调试人员	否
6	二级报警延时 30s 后，检测气体灭火系统控制盘是否输出喷气信号；到气瓶间人工动作压力开关	现场气体灭火系统组调试人员	结果报告车控室 FAS 调试人员
7	检查气灭控制盘及 FAS 工作站是否接收到气体释放信号	车控室 FAS 调试人员	结果反馈现场气体灭火系统组调试人员
8	复位，试验转换手/自动状态，检查气体灭火系统控制盘的反应	现场气体灭火系统组调试人员	结果报告车控室 FAS 调试人员
9	检查气灭控制盘及 FAS 工作站是否接收到正确的状态信号	FAS 调试人员	结果反馈现场气体灭火系统组调试人员
10	复位，制造任意一故障（如断开电池电源），检查气体灭火系统控制盘显示是否正确	现场气体灭火系统组调试人员	结果报告车控室 FAS 调试人员
11	检查气灭控制盘及 FAS 工作站是否接收到正确的故障信号	车控室 FAS 调试人员	结果反馈现场气体灭火系统组调试人员

6.4.3.12 FAS与消防水系统接口测试方案

1. 接口描述

消火栓泵、稳压泵采用在如图6-25的描述与FAS进行系统之间的连接。

（1）在自动状态下

FAS通过模块控制中间继电器提供一组独立不带电、不接地的常开触点（触点容量为DC24，不小于1A）用于控制消火栓泵的自动启动。

FAS通过三个输入模块的输入端分别接收三台消火栓泵的运行状态信号，该触点要求：消火栓泵控制箱提供给FAS三组独立不带电、不接地的常开触点。

FAS通过三个输入模块的输入端分别接收1号、2号和3号消火栓泵的故障状态信号，该触点要求：消火栓泵控制箱提供给FAS三组独立不带电、不接地的常开触点。

消火栓泵控制箱所提供的运行状态及故障状态信号的六组触点必须相互独立，不允许采用共用端子（即不允许公共正或公共负）。

FAS通过两个输入模块分别接收水池的超低和溢流水位信号。该触点要求：水位控制器提供给FAS两组独立不带电、不接地的常开触点。

（2）在手动状态下

FAS通过联动盘（或IBP）上的三组按钮控制中间继电器提供三组独立不带电、不接地的常开触点（触点容量为DC24V，不小于1A），分别控制三台消火栓泵的手动启动。

FAS通过联动盘（或IBP）上的三组按钮控制中间继电器提供三组独立不带电、不接地的常开触点（触点容量为DC24V，不小于1A），分别控制三台消火栓泵的手动停止。

FAS通过联动盘（或IBP）上的三组指示灯分别接收三组消火栓泵的运行状态信号。该触点要求：消火栓泵控制箱提供给FAS三组独立不带电、不接地的常开触点。

FAS通过联动盘（或IBP）上的三组指示灯接收三组消火栓泵的故障状态信号。该触点要求：消火栓泵控制箱提供给FAS三组独立不带电、不接地的常开触点。

FAS通过联动盘（或IBP）上的一组指示灯接收消火栓泵控制箱的就地/远程状态信号。该触点要求：消火栓泵控制箱提供给FAS一组独立不带电、不接地的常开触点。

消火栓泵控制箱所提供的手动运行状态及故障信号的所有触点必须相互独立，不允许采用共用端子（即不允许公共正或公共负）。

FAS通过联动盘（或IBP）上的两组指示灯分别接收两组稳压泵的运行状态信号。该触点要求：稳压泵控制箱提供给FAS两组独立不带电、不接地的常开触点。

FAS通过联动盘（或IBP）上的两组指示灯分别接收两组稳压泵的故障状态信号。该触点要求：稳压泵控制箱提供给FAS两组独立不带电、不接地的常开触点。

稳压泵控制箱所提供的运行状态及故障信号的所有触点必须相互独立，不允许采用共用端子（即不允许公共正或公共负）。

2. 接口界面（见图6-25）

FAS供货商负责提供FAS侧的所有设备。DC24V中间继电器由FAS提供，安装在继电器箱内。指导继电器箱、模块箱内端子的接线。

FAS与车站消火栓泵的接口分界点在消火栓泵控制箱的接线端子上，FAS施工单位负责提供线缆和铺设及接线。

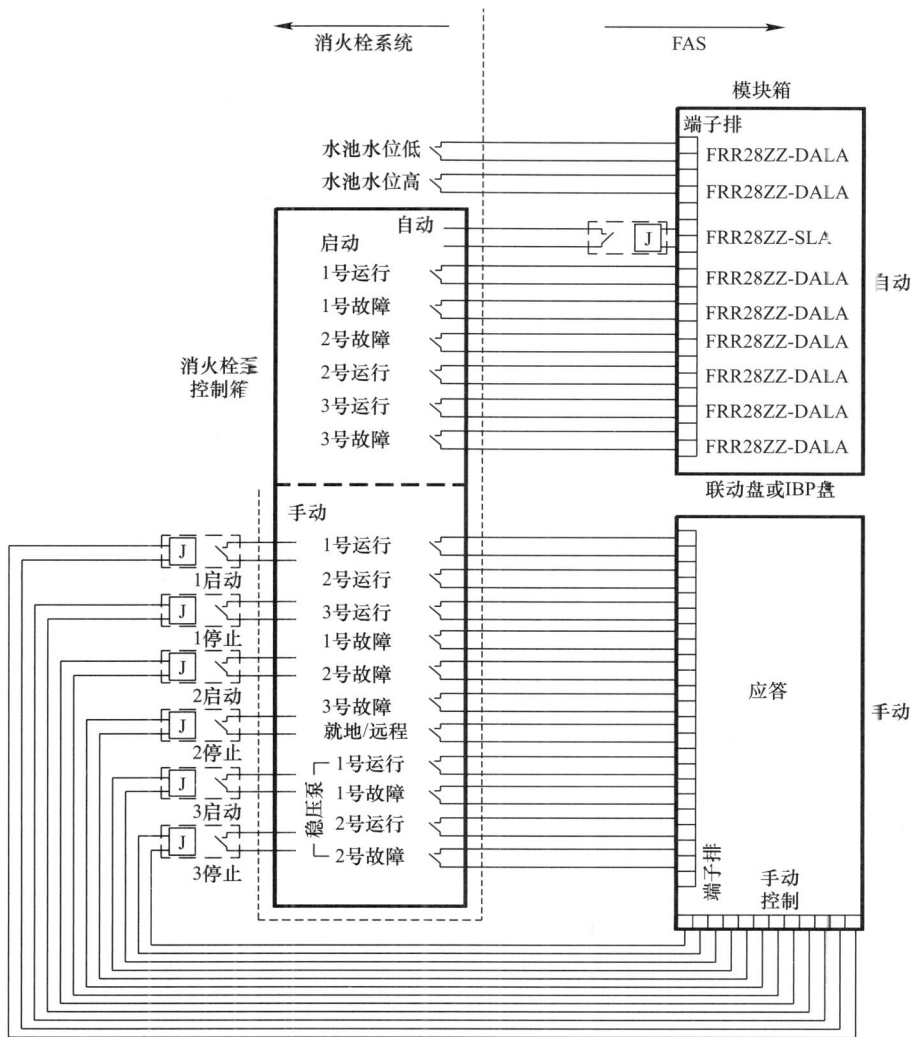

图 6-25 FAS 与车站消火栓接口分界图

无源触点数量如下:

消火栓泵控制命令由 FAS 提供:

开启　　　　4 组(手动/自动)

停止　　　　3 组(手动)

消火栓泵反馈信号由水泵供货商提供:

运行　　　　6 组(1♯泵、2♯、3♯泵各两组常开)

故障　　　　6 组(1♯泵、2♯、3♯泵各两组常开)

就地/远程　1 组(一组常开)

稳压泵反馈信号由水泵供货商提供:

运行　　　　2 组(1♯泵、2♯泵各一组常开)

故障　　　　2 组(1♯泵、2♯泵各一组常开)

水池水位反馈信号由水泵供货商提供:

超低水位　　1 组(一组常开)

溢流水位　　1 组(一组常开)

3. 监控点表（见表 6-73）

FAS 与消防水监控点表 表 6-73

接口对象	消火栓泵提供		FAS 提供		FAS 监控/监视		FAS 状态	消火栓泵状态
	DI	DO	DI	DO	监视	控制		
自动启泵	1			1		■		
手动启泵	3			3		■		
手动停泵	3			3		■		
运行信息（主机显示）		3	3		■			
故障信息（主机显示）		3	3		■			
运行信息（联动盘显示）		3	3		■			
故障信息（联动盘显示）		3	3		■			
稳压泵运行信息（联动盘显示）		2	2		■			
稳压泵故障信息（联动盘显示）		2	2		■			
水池溢流水位（主机显示）		1	1		■			
水池超低水位（主机显示）		1	1		■			

6.4.3.13 FAS 与防烟防火阀接口测试方案

1. 接口描述（见图 6-26）

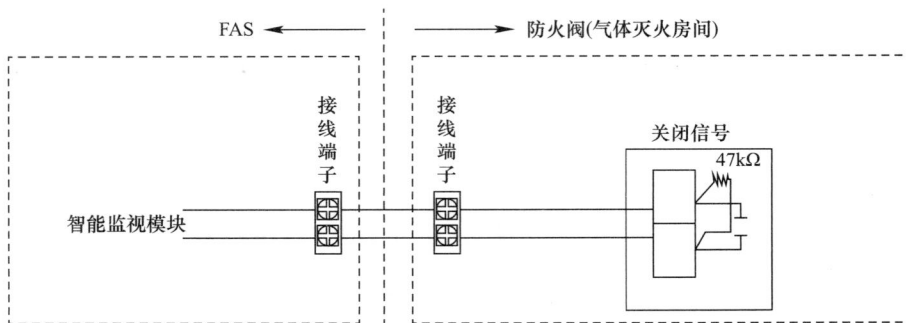

图 6-26 FAS 与防烟防火阀接口

说明：

（1）FAS 系统与各车站防火阀的分界点在防火阀执行器端子排上。

（2）施工单位负责提供车站防火阀与 FAS 系统模块箱端子排之间的连接电缆。车站防火阀负责提供执行器端子排接线图；FAS 负责提供模块箱端子排接线图。

（3）47K 检测电阻由 FAS 系统提供。

2. 接口形式

FAS 与防烟防火阀的接口为硬线接口。

3. 接口功能

（1）FAS 监视防火阀的开关状态。

（2）火灾时，由 FAS 通过模块箱内的监视模块直接收取防火阀关闭反馈信号（开关量指令）。从而完成防火阀的关闭监视流程。

（3）FAS 通过输入模块接收防火阀提供的常开无源触点监视防火阀的开关状态。

（4）防火阀提供与 FAS 输入模块相连的独立、不带电（无源）、不接地的常开触点。

6.4.3.14 FAS 与低压配电柜接口测试方案

1. 接口描述

低压配电系统在车站控制室和车辆段、OCC 控制中心大楼、主变电站、集中供冷站消防控制室以及区间变电所提供双回路的一级负荷给 FAS，共二个馈线回路。其中一路为设备供电回路，回路容量为 3.0 千瓦，不带漏电保护装置；另一路为开关插座回路，容量为 2 千瓦，带漏电保护装置。

低压配电系统在车站控制室和车辆段、OCC 控制中心大楼、主变电站、集中供冷站消防控制室以及区间变电所提供接地汇流排端子 10 个给 FAS，接地电阻小于 1 欧姆。

2. 接口位置

低压配电系统与 FAS 的接口位置在车站控制室和车辆段、OCC 控制中心大楼、主变电站、集中供冷站消防控制室以及区间变电所的双电源切换箱的馈线端子上。

3. 接口界面（见图 6-27）

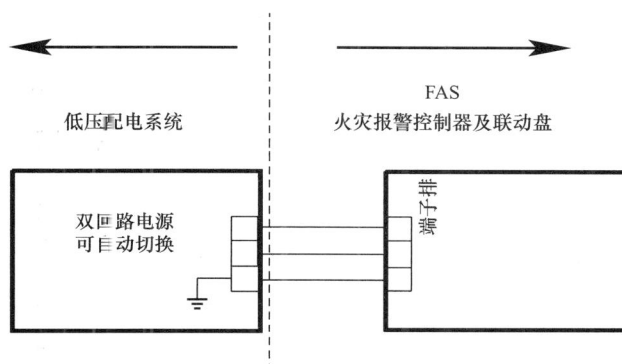

图 6-27　FAS 与低压配电接口分界图

说明：FAS 与低压配电系统的接口分界点在低压配电系统的输出端子排上，FAS 施工单位负责提供线缆和铺设及接线。

4. 内容

接收到 FAS 发出火灾强切信号后三级负荷总开关跳闸，此时对三级负荷总开关的远控无效。须在开关柜上按下消防复位按钮，三级负荷总开关才能进行手动合闸操作。完成三级负荷总开关手复之后方可恢复对三级负荷总开关的远程控制功能。

（1）1♯消防强切

出现 1♯消防强切信号时，必须手动按下消防复位按钮，其次进行本地手动合闸，远程操作被禁止。当首次本地合闸完成后，可以进行远程的分合闸操作。

（2）2♯消防强切

出现 2♯消防强切信号时，必须手动按下消防复位按钮，其次进行本地手动合闸，远程操作被禁止。当首次本地合闸完成后，可以进行远程的分合闸操作。

6.4.3.15 ACS 与低压配电系统接口测试方案

1. 前提条件

（1）门禁已完成安装、车站级门禁设备的调试，门禁管理软件调试，系统投入运行并工作正常。

（2）车站机电设备及环控设备已投入运行，工作状况良好。

2. 内容及步骤

测试所有接口是否均能连通，所连接的设备是否能正常通信；使本系统设备在工程安装后的调试阶段能顺利与传输系统对接，保证各项功能全部满足运营要求。

3. 检测内容（见表 6-74）

门禁系统与通信系统连接检测内容表　　　　　　表 6-74

序号	调试项目	调试检测内容
1	ACS 检查	① 检查 ACS 是否正常运行
		② 将 ACS 控制的所有设备都到测试状态
		③ ACS 模式选择处于自动状态、监控的设备全部处在自动状态（第一次测试）
2	通信检查	① 通信网络连接检查
		② 通过软件远程控制
3	系统整体调试	① 工作站与网络控制器的连接
		② 工作站与就地控制器的连接
		③ 工作站对门禁设备控制功能
4	门禁点信号的输入输出	① 将网络控制器连接到 OTN 的不同节点，在读卡器上刷卡、模拟门禁点动作检查服务器及客户端上是否收到相关信息
		② 将门禁服务器连接到 OTN 的不同节点，在读卡器上刷卡、模拟门禁点动作检查服务器及客户端上是否收到相关信息
		③ 将门禁客户端连接到 OTN 的不同节点，在读卡器上刷卡、模拟门禁点动作检查服务器及客户端上是否收到相关信息
5	远端控制	通过门禁服务器对系统前端门禁点进行手动操作（远程开门，改变门模式），检查系统前端门禁点是否对这些操作响应
6	以太网通信	将作为服务器和客户端电脑连接到 OTN 的不同节点，两台电脑互相 PING 对方 IP 地址，并从 A 电脑拷贝文件到 B 电脑。

6.4.3.16　ISCS 与 PSCADA 接口测试方案

一、协议测试

1. 前提条件

（1）ISCS 已完实验室系统平台搭建，平台能模拟 ISCS 系统运行并工作正常。

（2）PSCADA 系统控制器/通信管理机/PLC/模拟器工作正常。

2. 内容及步骤（见表 6-75）

ISCS—PSCADA 接口协议测试步骤表　　　　　　表 6-75

序号	测试步骤	调试人员	信息传递
1	检查 ISCS、PSCADA 均处于正常工作状态、ISCS 平台与 PSCADA 控制器/通信管理机/PLC/模拟器网络连接正常	ISCS、PSCADA 调试人员	互通信息
2	PSCADA 初始化点位信息，ISCS 进行通信采集	ISCS、PSCADA 调试人员	
3	PSCADA 模拟一个 DI 信息点变位，ISCS 读取 PSCADA 系统 DI 点信息或者报文	PSCADA 调试人员	结果报告 ISCS 调试人员
4	检查 ISCS 控制面板信息	ISCS 调试人员	结果报告 PSCADA 调试人员
5	PSCADA 模拟一个 AI 信息点变位，ISCS 读取 PSCADA 系统 AI 点信息或者报文	PSCADA 调试人员	结果报告 ISCS 调试人员

续表

序号	测试步骤	调试人员	信息传递
6	检查 ISCS 控制面板信息	ISCS 调试人员	结果报告 PSCADA 调试人员
7	PSCADA 模拟一个 MI 信息点变位，ISCS 读取 PSCADA 系统 MI 点信息或者报文	PSCADA 调试人员	结果报告 ISCS 调试人员
8	检查 ISCS 控制面板信息	ISCS 调试人员	结果报告 PSCADA 调试人员
9	ISCS 下发一个 DO 控制点	ISCS 调试人员	PSCADA 调试人员反馈结果
10	PSCADA 检查控制器/通信管理机/PLC/模拟器是否收到 ISCS 控制命令	PSCADA 调试人员	结果报告 ISCS 调试人员

二、实验室点对点测试

1. 前提条件

（1）ISCS 已完实验室系统平台搭建，平台能模拟 ISCS 系统运行并工作正常。

（2）PSCADA 系统控制器/通信管理机/PLC/模拟器工作正常。

（3）ISCS 与 PSCADA 已经完成协议测试。

2. 内容及步骤（见表 6-76）

ISCS—PSCADA 点对点测试步骤表　　表 6-76

序号	测试步骤	调试人员	信息传递
1	检查 ISCS、PSCADA 均处于正常工作状态、ISCS 平台与 PSCADA 控制器/通信管理机/PLC/模拟器网络连接正常	ISCS、PSCADA 调试人员	互通信息
2	PSCADA 初始化点位信息，ISCS 进行通信采集	ISCS、PSCADA 调试人员	
3	PSCADA 模拟一个设备 DI 信息点变位，ISCS 读取 PSCADA 系统 DI 点信息，查看 ISCS 监控面板信息	ISCS 调试人员	结果报告 PSCADA 调试人员
4	重复上述步骤，完成该站所有 DI 点		
5	PSCADA 模拟一个 AI 信息点变位，ISCS 读取 PSCADA 系统 AI 点信息，查看 ISCS 监控面板信息	ISCS 调试人员	结果报告 PSCADA 调试人员
6	重复上述步骤，完成该站所有 AI 点		
7	PSCADA 模拟一个 MI 信息点变位，ISCS 读取 PSCADA 系统 MI 点信息，查看 ISCS 监控面板信息	ISCS 调试人员	结果报告 PSCADA 调试人员
8	重复上述步骤，完成该站所有 MI 点		
9	ISCS 下发一个 DO 控制点，PSCADA 检查控制器/通信管理机/PLC/模拟器是否收到 ISCS 控制命令	ISCS 调试人员	PSCADA 调试人员反馈结果
10	重复上述步骤，完成该站所有 DO 点		

三、车站端对端测试

1. 前提条件

（1）ISCS 系统车站设备已经投入运行并工作正常。

（2）PSCADA 系统车站设备已经投入运行并工作正常。

（3）ISCS 与 PSCADA 系统通信正常。

（4）ISCS 与 PSCADA 已经完成协议、点对点测试。

（5）现场具备端对端测试条件（主要设备 PSCADA 完成单体调试）。

2. 内容及步骤（见表 6-77）

ISCS—PSCADA 端对端测试步骤表

表 6-77

序号	测试步骤	调试人员	信息传递
1	检查 ISCS、PSCADA 均处于正常工作状态、ISCS 平台与 PSCADA 网络连接正常	ISCS、PSCADA 调试人员	互通信息
2	PSCADA 初始化点位信息，ISCS 进行通信采集	ISCS、PSCADA 调试人员	
3	PSCADA 现场动作，模拟一个设备 DI 信息点变位，ISCS 读取 PSCADA 系统 DI 点信息，核对 HMI 界面信息是否正确，包括观察报警栏和事件栏信息是否正确	ISCS 调试人员	结果报告 PSCADA 调试人员
4	重复上述步骤，完成该设备所有 DI 点		
5	PSCADA 现场动作，模拟一个 AI 信息点变位，ISCS 读取 PSCADA 系统 AI 点信息，核对 HMI 界面信息是否正确	ISCS 调试人员	结果报告 PSCADA 调试人员
6	重复上述步骤，完成该设备所有 AI 点		
7	PSCADA 现场动作，模拟一个 MI 信息点变位，ISCS 读取 PSCADA 系统 MI 点信息，核对 HMI 界面信息是否正确	ISCS 调试人员	结果报告 PSCADA 调试人员
8	重复上述步骤，完成该设备所有 MI 点		
9	ISCS 下发一个 DO 控制点，观察 PSCADA 返回信息是否正确	ISCS 调试人员	PSCADA 调试人员反馈结果
10	重复上述步骤，完成该设备所有 DO 点		
11	重复 3—10 步，直到完成整个车站所有设备		

四、点对点记录表功能测试

1. 前提条件

（1）ISCS 系统车站设备已经投入运行并工作正常。

（2）PSCADA 系统车站设备已经投入运行并工作正常。

（3）ISCS 与 PSCADA 系统通信正常。

（4）ISCS 与 PSCADA 已经完成协议、点对点、端对端测试。

（5）综合监控环网搭建完成。

（6）现场电力设备均投入使用。

2. 内容及步骤（见表 6-78）

ISCS—PSCADA 功能测试步骤表

表 6-78

序号	测试步骤	调试人员	信息传递
1	检查 ISCS、PSCADA 均处于正常工作状态、ISCS 平台与 PSCADA 网络连接正常	ISCS、PSCADA 调试人员	互通信息
2	ISCS 单控一个车站的断路器	ISCS 调试人员	结果报告 PSCADA 调试人员
3	PSCADA 接收 ISCS 控制命令，并转发到底层设备，现场设备动作	PSCADA 调试人员	结果报告 ISCS 调试人员
4	ISCS 检查 PSCADA 反馈的断路器状态信息	ISCS 调试人员	
5	PSCADA 现场模拟一个故障报警点	PSCADA 调试人员	
6	ISCS 报警器有闪烁报警，音响有声音报警	ISCS 调试人员	结果报告 PSCADA 调试人员
7	ISCS 分别打开报警管理器和事件管理器查看报警和事件，是否正确	ISCS 调试人员	结果报告 PSCADA 调试人员
8	ISCS 对报警进行确认，观察该报警事件的变化	ISCS 调试人员	结果报告 PSCADA 调试人员

序号	测试步骤	调试人员	信息传递
9	现场设备正常运行的情况下，ISCS打开监控面板，观察正常情况下，电流电压的显示，和现场进行核对	ISCS调试人员	结果报告PSCADA调试人员
10	打开ISCS操作报警管理器，对所有报警事件进行条件筛选，查看是否按照操作员所选择的条件进行了筛选显示	ISCS调试人员	结果报告PSCADA调试人员
11	ISCS打开报表管理器，生成一个电度量的报表，观察报表功能是否正确执行	ISCS调试人员	结果报告PSCADA调试人员
12	ISCS打开程控卡片管理器，点击下发一个程控卡片	ISCS调试人员	PSCADA调试人员反馈结果
13	PSCADA接收ISCS控制命令，并转发到底层设备，现场设备动作	PSCADA调试人员	结果报告ISCS调试人员
14	ISCS检查PSCADA反馈的状态信息，是否和卡片内容一致	ISCS调试人员	

6.4.3.17 ISCS与BAS接口测试方案

一、协议测试

1. 前提条件

（1）ISCS已完实验室系统平台搭建，平台能模拟ISCS系统运行并工作正常。

（2）BAS系统PLC/模拟器工作正常。

2. 内容及步骤（见表6-79）

ISCS—BAS协议测试步骤表　　　　　　　　　　　　　　　　表6-79

序号	测试步骤	调试人员	信息传递
1	检查ISCS、BAS均处于正常工作状态、ISCS平台与BAS系统PLC/模拟器网络连接正常	ISCS、BAS调试人员	互通信息
2	BAS初始化点位信息，ISCS对BAS进行正常轮询	ISCS调试人员	
3	BAS模拟一个DI信息点变化	BAS调试人员	结果报告ISCS调试人员
4	正常的轮询周期后，ISCS观察是否能够读取BAS系统DI点变化的报文	ISCS调试人员	结果报告BAS调试人员
5	BAS模拟一个AI信息点数值变化	BAS调试人员	结果报告ISCS调试人员
6	正常的轮询周期后，ISCS观察是否能够读取BAS系统AI点变化的报文	ISCS调试人员	结果报告BAS调试人员
7	BAS模拟一个MI信息点数值变化	BAS调试人员	结果报告ISCS调试人员
8	正常的轮询周期后，ISCS观察是否能够读取BAS系统MI点变化的报文	ISCS调试人员	结果报告BAS调试人员
9	ISCS下发一个DO控制点，观察BAS的PLC是否收到ISCS下发的命令	ISCS调试人员	BAS调试人员反馈结果
10	ISCS下发一个对时命令，观察BAS的PLC是否收到ISCS下发的命令，并正确处理	ISCS调试人员	BAS调试人员反馈结果

二、实验室点对点测试

1. 前提条件

（1）ISCS已完实验室系统平台搭建，平台能模拟ISCS系统运行并工作正常。

（2）BAS系统PLC/模拟器工作正常。

（3）ISCS与BAS已经完成协议测试。

2. 内容及步骤（见表6-80）

ISCS—BAS 点对点测试步骤表   表 6-80

序号	测试步骤	调试人员	信息传递
1	检查 ISCS、BAS 均处于正常工作状态、ISCS 平台与 BAS 系统 PLC/模拟器网络连接正常	ISCS、BAS 调试人员	互通信息
2	BAS 初始化点位信息，ISCS 对 BAS 进行正常轮询	ISCS 调试人员	
3	BAS 模拟一个 DI 信息点变化	BAS 调试人员	结果报告 ISCS 调试人员
4	正常的轮询周期后，ISCS 观察是否能够在监控面板上显示信息变化	ISCS 调试人员	结果报告 BAS 调试人员
5	重复上述步骤，完成该站所有 DI 点		
6	BAS 模拟一个 AI 数值	ISCS 调试人员	结果报告 BAS 调试人员
7	正常的轮询周期后，ISCS 观察是否能够在监控面板上显示数值	ISCS 调试人员	结果报告 BAS 调试人员
8	重复上述步骤，完成该站所有 AI 点		
9	BAS 模拟一个 MI 数值	ISCS 调试人员	结果报告 BAS 调试人员
10	正常的轮询周期后，ISCS 观察是否能够在监控面板上显示数值	ISCS 调试人员	结果报告 BAS 调试人员
11	重复上述步骤，完成该站所有 MI 点		
12	ISCS 下发一个 DO 控制点	ISCS 调试人员	BAS 调试人员反馈结果
13	BAS 观察 PLC 是否收到综合监控下发的 DO 控制点		
14	重复上述步骤，完成该站所有 DO 点		

三、车站端对端测试

1. 前提条件

（1）ISCS 系统车站设备已经投入运行并工作正常。

（2）BAS 系统车站设备已经投入运行并工作正常。

（3）ISCS 与 BAS 系统通信正常。

（4）ISCS 与 BAS 已经完成协议、点对点测试。

（5）现在 BAS 主要设备已经安装并单体调试完成。

2. 内容及步骤（见表6-81）

ISCS—BAS 端对端测试步骤表   表 6-81

序号	测试步骤	调试人员	信息传递
1	检查 ISCS、BAS 均处于正常工作状态、ISCS 平台与 BAS 网络连接正常	ISCS、BAS 调试人员	互通信息
2	BAS 初始化点位信息，ISCS 对 BAS 进行正常轮询	ISCS 调试人员	
3	打开监控面板，能正常显示该设备的所有信息	ISCS 调试人员	
4	BAS 现场动作该设备，模拟一个设备 DI 信息点变化	ISCS 调试人员	结果报告 BAS 调试人员
5	轮询周期后，ISCS 能正常接收 BAS 系统 DI 点信息变化，能够正确显示在监控面板上。核对信息是否正确	ISCS 调试人员	结果报告 BAS 调试人员
6	检查事件栏，信息是否正确，检查报警栏显示（如需要）	ISCS 调试人员	结果报告 BAS 调试人员
7	重复上述步骤，完成该设备所有 DI 点		
8	保持该设备正常运行状态下，检查 ISCS 监控面板上电压、电流、频率等数值是否和 BAS 检修工作站显示一致	ISCS 调试人员	结果报告 BAS 调试人员
9	重复上述步骤，完成该设备所有 AI 点		

序号	测试步骤	调试人员	信息传递
10	如果该设备具有远方控制点，ISCS下发一个DO控制命令	ISCS调试人员	BAS调试人员反馈结果
11	观察现场设备动作情况	BAS调试人员	
12	现场设备动作到位后，观察ISCS监控面板是否正常接收到现场反馈的信息	ISCS调试人员	BAS调试人员反馈结果
13	重复上述步骤，完成该设备所有DO点		
14	重复3—13步，直到完成整个车站所有设备		

四、功能测试

1. 前提条件

（1）ISCS系统车站设备已经投入运行并工作正常。

（2）BAS系统车站设备已经投入运行并工作正常。

（3）ISCS与BAS系统通信正常。

（4）ISCS与BAS已经完成协议、点对点、端对端测试。

2. 内容及步骤（见表6-82）

ISCS—BAS功能测试步骤表　　　　　　　　　　　　　表6-82

序号	测试步骤	调试人员	信息传递
1	检查ISCS、BAS均处于正常工作状态、ISCS平台与BAS网络连接正常	ISCS、BAS调试人员	互通信息
2	点开HMI观察正常情况下，车站BAS的设备运行状态是否和现场一致	ISCS调试人员	结果报告BAS调试人员
3	ISCS单控一个车站的风机的开关，观察BAS反馈的信息是否正确	ISCS调试人员	BAS调试人员反馈结果
4	BAS现场模拟一个风机故障报警点，ISCS观察是否能够在HMI的报警栏报警	ISCS调试人员	结果报告BAS调试人员
5	ISCS分别打开报警管理器和事件管理器查看刚才操作的报警和事件	ISCS调试人员	结果报告BAS调试人员
6	ISCS对刚才的报警进行确认，观察该报警事件的变化	ISCS调试人员	结果报告BAS调试人员
7	ISCS打开监控面板，观察正常情况下，风机电流、电压、频率的显示，和现场进行核对	ISCS调试人员	结果报告BAS调试人员
8	ISCS操作报警管理器，对所有报警事件进行筛选，看是否按照选择的条件进行筛选	ISCS调试人员	结果报告BAS调试人员
9	ISCS打开报表管理器，生成一个故障次数的报表，观察报表功能是否正确执行	ISCS调试人员	结果报告BAS调试人员
10	ISCS打开模式管理器，切换一个空调模式，观察模式对照表，看设备的状态变化是否和预期变化一致	ISCS调试人员	BAS调试人员反馈结果
11	ISCS修改并下发一个新的测试时间表，观察BAS是否反馈收到	ISCS调试人员	BAS调试人员反馈结果
12	BAS切换BAS/远控按钮，ISCS观察BAS控制位置的变化	ISCS调试人员	结果报告BAS调试人员

6.4.3.18　ISCS与FAS接口测试方案

一、协议测试

1. 前提条件

（1）ISCS已完实验室系统平台搭建，平台能模拟ISCS系统运行并工作正常。

（2）FAS系统主机/模拟器工作正常。

2. 内容及步骤（见表6-83）

ISCS—FAS 协议测试步骤   表 6-83

序号	测试步骤	调试人员	信息传递
1	检查 ISCS、FAS 均处于正常工作状态、ISCS 平台与 FAS 系统主机/模拟器网络连接正常	ISCS、FAS 调试人员	互通信息
2	FAS 初始化点位信息，ISCS 对 FAS 进行正常轮询	ISCS 调试人员	
3	FAS 模拟一个 DI 信息点变化	FAS 调试人员	结果报告 ISCS 调试人员
4	正常的轮询周期后，ISCS 观察是否能够读取 FAS 系统 DI 点变化的报文	ISCS 调试人员	结果报告 FAS 调试人员
5	ISCS 下发一个对时命令，观察 FAS 的 PLC 是否收到 ISCS 下发的命令，并正确处理	ISCS 调试人员	FAS 调试人员反馈结果

二、实验室点对点测试

1. 前提条件

（1）ISCS 已完实验室系统平台搭建，平台能模拟 ISCS 系统运行并工作正常。

（2）FAS 系统 PLC/模拟器工作正常。

（3）ISCS 与 FAS 已经完成协议测试。

2. 内容及步骤（见表6-84）

ISCS—FAS 点对点测试步骤表   表 6-84

序号	测试步骤	调试人员	信息传递
1	检查 ISCS、FAS 均处于正常工作状态、ISCS 平台与 FAS 系统 PLC/模拟器网络连接正常	ISCS、FAS 调试人员	互通信息
2	FAS 初始化点位信息，ISCS 进行通信采集	ISCS、FAS 调试人员	
3	FAS 模拟一个设备 DI 信息点变位，ISCS 读取 FAS 系统 DI 点信息	ISCS 调试人员	结果报告 FAS 调试人员
4	重复上述步骤，完成该站所有 DI 点		

三、车站端对端测试

1. 前提条件

（1）ISCS 系统车站设备已经投入运行并工作正常。

（2）FAS 系统车站设备已经投入运行并工作正常。

（3）ISCS 与 FAS 系统通信正常。

（4）ISCS 与 FAS 已经完成协议、点对点测试。

2. 内容及步骤（见表6-85）

ISCS—FAS 端对端测试步骤表   表 6-85

序号	测试步骤	调试人员	信息传递
1	检查 ISCS、FAS 均处于正常工作状态、ISCS 平台与 FAS 网络连接正常	ISCS、FAS 调试人员	互通信息
2	FAS 初始化点位信息，ISCS 进行通信采集	ISCS、FAS 调试人员	
3	FAS 现场动作，模拟一个设备 DI 信息点变位，ISCS 读取 FAS 系统 DI 点信息，核对 HMI 界面信息是否正确，包括观察报警栏和事件栏信息是否正确	ISCS 调试人员	结果报告 FAS 调试人员
4	重复上述步骤，完成该设备所有 DI 点		
5	FAS 现场模拟一个该设备的火灾报警动作，ISCS 是否有火灾弹图	ISCS 调试人员	结果报告 FAS 调试人员
6	重复3—5步，直到完成整个车站所有设备		

四、功能测试

1. 前提条件

（1）ISCS 系统车站设备已经投入运行并工作正常。

（2）FAS 系统车站设备已经投入运行并工作正常。

（3）ISCS 与 FAS 系统通信正常。

（4）ISCS 与 FAS 已经完成协议、点对点、端对端测试。

2. 内容及步骤（见表 6-86）

ISCS—FAS 功能测试步骤表 表 6-86

序号	测试步骤	调试人员	信息传递
1	检查 ISCS、FAS 均处于正常工作状态、ISCS 平台与 FAS 网络连接正常	ISCS、FAS 调试人员	互通信息
2	FAS 初始化点位信息，ISCS 进行通信采集	ISCS、FAS 调试人员	
3	FAS 现场动作，模拟一个设备 DI 信息点变位，ISCS 读取 FAS 系统 DI 点信息，核对 HMI 界面信息是否正确，包括观察报警栏和事件栏信息是否正确	ISCS 调试人员	结果报告 FAS 调试人员
4	FAS 现场模拟一个该设备的火灾报警动作，ISCS 是否有火灾弹图	ISCS 调试人员	结果报告 FAS 调试人员
5	ISCS 分别打开报警管理器和事件管理器查看刚才操作的报警和事件	ISCS 调试人员	结果报告 FAS 调试人员
6	ISCS 对刚才的报警进行确认，观察该报警事件的变化	ISCS 调试人员	结果报告 FAS 调试人员

6.4.3.19 ISCS 与 SIG 接口测试方案

一、协议测试

1. 前提条件

（1）ISCS 已完实验室系统平台搭建，平台能模拟 ISCS 系统运行并工作正常。

（2）SIG 系统模拟器工作正常。

2. 内容及步骤（见表 6-87）

ISCS—SIG 协议测试步骤表 表 6-87

序号	测试步骤	调试人员	信息传递
1	检查 ISCS、SIG 均处于正常工作状态、ISCS 平台与 SIG 系统模拟器网络连接正常	ISCS、SIG 调试人员	互通信息
2	SIG 初始化点位信息，ISCS 进行通信采集	ISCS、SIG 调试人员	
3	打开 ISCS 监控面板，查看列车运行状态，与 SIG 核对是否正确	ISCS、SIG 调试人员	结果报告 SIG 调试人员
4	SIG 模拟一个阻塞，ISCS 观察是否能够读取 SIG 系统的报文	ISCS、SIG 调试人员	结果报告 SIG 调试人员
5	SIG 模拟一个时刻表，ISCS 观察是否能够读取 SIG 系统的报文	ISCS、SIG 调试人员	结果报告 SIG 调试人员
6	ISCS 下发电力牵引信息，观察 SIG 是否收到 ISCS 发送的报文	ISCS 调试人员	SIG 调试人员反馈结果

二、实验室点对点测试

1. 前提条件

（1）ISCS 已完实验室系统平台搭建，平台能模拟 ISCS 系统运行并工作正常。

（2）SIG 系统模拟器工作正常。

（3）ISCS 与 SIG 已经完成协议测试。

2. 内容及步骤（见表6-88）

ISCS—SIG 点对点测试步骤表 表 6-88

序号	测试步骤	调试人员	信息传递
1	检查 ISCS、SIG 均处于正常工作状态、ISCS 平台与 SIG 系统模拟器网络连接正常	ISCS、SIG 调试人员	互通信息
2	SIG 初始化点位信息，ISCS 进行通信采集	ISCS、SIG 调试人员	
3	打开 ISCS 监控面板，查看列车运行状态，与 SIG 核对是否正确	ISCS、SIG 调试人员	结果报告 SIG 调试人员
4	重复 3 步，直到完成整个车站所有设备		
5	SIG 模拟一个阻塞，ISCS 观察是否能够读取 SIG 系统的报文	ISCS、SIG 调试人员	结果报告 SIG 调试人员
6	重复 5 步，直到完成整个车站所有设备		

三、车站端对端测试

同 SIG 点对点测试。

四、功能测试

1. 前提条件

（1）ISCS 系统车站设备已经投入运行并工作正常。

（2）SIG 系统车站设备已经投入运行并工作正常。

（3）ISCS 与 SIG 系统通信正常。

（4）ISCS 与 SIG 已经完成协议、点对点、端对端测试。

2. 内容及步骤（见表6-89）

ISCS—SIG 功能测试步骤表 表 6-89

序号	测试步骤	调试人员	信息传递
1	检查 ISCS、SIG 均处于正常工作状态、ISCS 平台与 SIG 系统模拟器网络连接正常	ISCS、SIG 调试人员	互通信息
2	打开设备监控面板，查看列车实时运行信息，核对信息是否正确	ISCS、SIG 调试人员	结果报告 SIG 调试人员
3	SIG 模拟发送一个时刻表，在工作站人机界面正确显示列车时刻表	ISCS、SIG 调试人员	结果报告 SIG 调试人员
4	ISCS 发送电力牵引信息，观察 SIG 是否收到 ISCS 转发的电力牵引信息	ISCS 调试人员	SIG 调试人员反馈结果
5	获取阻塞状态信息，在 ISCS 工作站人机界面显示对应列车阻塞图符	ISCS 调试人员	SIG 调试人员反馈结果
6	ISCS 转发列车到站信息，观察 PIDS 终端设备是否收到	PIDS 调试人员	结果报告 ISCS、SIG 调试人员

6.4.3.20 ISCS 与 PSD 接口测试方案

一、协议测试

1. 前提条件

（1）ISCS 已完实验室系统平台搭建，平台能模拟 ISCS 系统运行并工作正常。

（2）PSD 系统 PLC/模拟器工作正常。

2. 内容及步骤（见表6-90）

ISCS—PSD协议测试步骤表

表 6-90

序号	测试步骤	调试人员	信息传递
1	检查 ISCS、PSD 均处于正常工作状态、ISCS 平台与 PSD 系统 PLC/模拟器网络连接正常	ISCS、PSD 调试人员	互通信息
2	PSD 初始化点位信息，ISCS 对 PSD 进行正常轮询	ISCS 调试人员	
3	PSD 模拟一个 DI 信息点变化	PSD 调试人员	结果报告 ISCS 调试人员
4	正常的轮询周期后，ISCS 观察是否能够读取 PSD 系统 DI 点变化的报文	ISCS 调试人员	结果报告 PSD 调试人员
5	ISCS 下发一个对时命令，观察 PSD 的 PLC 是否收到 ISCS 下发的命令，并正确处理	ISCS 调试人员	PSD 调试人员反馈结果

二、实验室点对点测试

1. 前提条件

（1）ISCS 已完实验室系统平台搭建，平台能模拟 ISCS 系统运行并工作正常。

（2）PSD 系统模拟器工作正常。

（3）ISCS 与 PSD 已经完成协议测试。

2. 内容及步骤（见表6-91）

ISCS—PSD点对点测试步骤表

表 6-91

序号	测试步骤	调试人员	信息传递
1	检查 ISCS、PSD 均处于正常工作状态、ISCS 平台与 PSD 系统 PLC/模拟器网络连接正常	ISCS、PSD 调试人员	互通信息
2	PSD 初始化点位信息，ISCS 对 PSD 进行正常轮询	ISCS 调试人员	
3	PSD 模拟一个 DI 信息点变化	PSD 调试人员	结果报告 ISCS 调试人员
4	正常的轮询周期后，ISCS 观察是否能够在监控面板上显示信息变化	ISCS 调试人员	结果报告 PSD 调试人员
5	重复上述步骤，完成该站所有 DI 点		

三、车站端对端测试

1. 前提条件

（1）ISCS 系统车站设备已经投入运行并工作正常。

（2）PSD 系统车站设备已经投入运行并工作正常。

（3）ISCS 与 PSD 系统通信正常。

（4）ISCS 与 PSD 已经完成协议、点对点测试。

2. 内容及步骤（见表6-92）

ISCS—PSD端对端测试步骤表

表 6-92

序号	测试步骤	调试人员	信息传递
1	检查 ISCS、PSD 均处于正常工作状态、ISCS 平台与 PSD 网络连接正常	ISCS、PSD 调试人员	互通信息
2	PSD 初始化点位信息，ISCS 对 PSD 进行正常轮询	ISCS 调试人员	
3	打开监控面板，能正常显示该设备的所有信息	ISCS 调试人员	
4	PSD 现场动作该设备，模拟一个设备 DI 信息点变化	ISCS 调试人员	结果报告 PSD 调试人员
5	轮询周期后，ISCS 能正常接收 PSD 系统 DI 点信息变化，能够正确显示在监控面板上。核对信息是否正确	ISCS 调试人员	结果报告 PSD 调试人员
6	检查事件栏，信息是否正确，检查报警栏显示（如需要）	ISCS 调试人员	结果报告 PSD 调试人员
7	重复上述步骤，完成该设备所有 DI 点		

147

四、功能测试

1. 前提条件

(1) ISCS 系统车站设备已经投入运行并工作正常。

(2) PSD 系统车站设备已经投入运行并工作正常。

(3) ISCS 与 PSD 系统通信正常。

(4) ISCS 与 PSD 已经完成协议、点对点、端对端测试。

2. 内容及步骤（见表 6-93）

ISCS—PSD 功能测试步骤表 表 6-93

序号	测试步骤	调试人员	信息传递
1	检查 ISCS、PSD 均处于正常工作状态、ISCS 平台与 PSD 网络连接正常	ISCS、PSD 调试人员	互通信息
2	点开 HMI 观察正常情况下，车站 PSD 的设备运行状态是否和现场一致	ISCS 调试人员	结果报告 PSD 调试人员
3	PSD 现场模拟一个屏蔽门故障报警点，ISCS 观察是否能够在 HMI 的报警栏报警	ISCS 调试人员	结果报告 PSD 调试人员
4	ISCS 分别打开报警管理器和事件管理器查看刚才操作的报警和事件	ISCS 调试人员	结果报告 PSD 调试人员
5	ISCS 对刚才的报警进行确认，观察该报警事件的变化	ISCS 调试人员	结果报告 PSD 调试人员
6	ISCS 打开监控面板，观察正常情况下，PSD 数据点的显示，和现场进行核对	ISCS 调试人员	结果报告 PSD 调试人员
7	ISCS 操作报警管理器，对所有报警事件进行筛选，看是否按照选择的条件进行筛选	ISCS 调试人员	结果报告 PSD 调试人员

6.4.3.21 ISCS 与 FG 接口测试方案

一、协议测试

1. 前提条件

(1) ISCS 已完实验室系统平台搭建，平台能模拟 ISCS 系统运行并工作正常。

(2) FG 系统 PLC/模拟器工作正常。

2. 内容及步骤（见表 6-94）

ISCS—FG 协议测试步骤表 表 6-94

序号	测试步骤	调试人员	信息传递
1	检查 ISCS、FG 均处于正常工作状态、ISCS 平台与 FG 系统 PLC/模拟器网络连接正常	ISCS、FG 调试人员	互通信息
2	FG 初始化点位信息，ISCS 对 FG 进行正常轮询	ISCS 调试人员	
3	FG 模拟一个 DI 信息点变化	FG 调试人员	结果报告 ISCS 调试人员
4	正常的轮询周期后，ISCS 观察是否能够读取 FG 系统 DI 点变化的报文	ISCS 调试人员	结果报告 FG 调试人员
5	ISCS 下发一个对时命令，观察 FG 的 PLC 是否收到 ISCS 下发的命令，并正确处理	ISCS 调试人员	FG 调试人员反馈结果

二、实验室点对点测试

1. 前提条件

(1) ISCS 已完实验室系统平台搭建，平台能模拟 ISCS 系统运行并工作正常。

(2) FG 系统 PLC/模拟器工作正常。

(3) ISCS 与 FG 已经完成协议测试。

2. 内容及步骤（见表6-95）

ISCS—FG 点对点测试步骤表　　　　　　　　　　　　　表 6-95

序号	测试步骤	调试人员	信息传递
1	检查 ISCS、FG 均处于正常工作状态、ISCS 平台与 FG 系统 PLC/模拟器网络连接正常	ISCS、FG 调试人员	互通信息
2	FG 初始化点位信息，ISCS 对 FG 进行正常轮询	ISCS 调试人员	
3	FG 模拟一个 DI 信息点变化	FG 调试人员	结果报告 ISCS 调试人员
4	正常的轮询周期后，ISCS 观察是否能够在监控面板上显示信息变化	ISCS 调试人员	结果报告 FG 调试人员
5	重复上述步骤，完成该站所有 DI 点		

三、车站端对端测试

1. 前提条件

（1）ISCS 系统车站设备已经投入运行并工作正常。

（2）FG 系统车站设备已经投入运行并工作正常。

（3）ISCS 与 FG 系统通信正常。

（4）ISCS 与 FG 已经完成协议、点对点测试。

2. 内容及步骤（见表6-96）

ISCS—FG 端对端测试步骤表　　　　　　　　　　　　　表 6-96

序号	测试步骤	调试人员	信息传递
1	检查 ISCS、FG 均处于正常工作状态、ISCS 平台与 FG 网络连接正常	ISCS、FG 调试人员	互通信息
2	FG 初始化点位信息，ISCS 对 FG 进行正常轮询	ISCS 调试人员	
3	打开监控面板，能正常显示该设备的所有信息	ISCS 调试人员	
4	FG 现场动作该设备，模拟一个设备 DI 信息点变化	ISCS 调试人员	结果报告 FG 调试人员
5	轮询周期后，ISCS 能正常接收 FG 系统 DI 点信息变化，能够正确显示在监控面板上。核对信息是否正确	ISCS 调试人员	结果报告 FG 调试人员
6	检查事件栏，信息是否正确，检查报警栏显示（如需要）	ISCS 调试人员	结果报告 FG 调试人员
7	重复上述步骤，完成该设备所有 DI 点		

四、功能测试

1. 前提条件

（1）ISCS 系统车站设备已经投入运行并工作正常。

（2）FG 系统车站设备已经投入运行并工作正常。

（3）ISCS 与 FG 系统通信正常。

（4）ISCS 与 FG 已经完成协议、点对点、端对端测试。

2. 内容及步骤（见表6-97）

ISCS—FG 功能测试步骤表　　　　　　　　　　　　　表 6-97

序号	测试步骤	调试人员	信息传递
1	检查 ISCS、FG 均处于正常工作状态、ISCS 平台与 FG 网络连接正常	ISCS、FG 调试人员	互通信息
2	点开 HMI 观察正常情况下，车站 FG 的设备运行状态是否和现场一致	ISCS 调试人员	结果报告 FG 调试人员
3	FG 现场模拟一个防淹门故障报警点，ISCS 观察是否能够在 HMI 的报警栏报警	ISCS 调试人员	结果报告 FG 调试人员

序号	测试步骤	调试人员	信息传递
4	ISCS 分别打开报警管理器和事件管理器查看刚才操作的报警和事件	ISCS 调试人员	结果报告 FG 调试人员
5	ISCS 对刚才的报警进行确认，观察该报警事件的变化	ISCS 调试人员	结果报告 FG 调试人员
6	ISCS 打开监控面板，观察正常情况下，FG 数据点的显示，和现场进行核对	ISCS 调试人员	结果报告 FG 调试人员
7	ISCS 操作报警管理器，对所有报警事件进行筛选，看是否按照选择的条件进行筛选	ISCS 调试人员	结果报告 FG 调试人员

6.4.3.22　ISCS 与 AFC 接口测试方案

一、协议测试

1. 前提条件

（1）ISCS 已完实验室系统平台搭建，平台能模拟 ISCS 系统运行并工作正常。

（2）AFC 系统 PLC/模拟器工作正常。

2. 内容及步骤（见表 6-98）

ISCS—AFC 协议测试步骤表　　　　　　　　　　表 6-98

序号	测试步骤	调试人员	信息传递
1	检查 ISCS、AFC 均处于正常工作状态、ISCS 平台与 AFC 系统 PLC/模拟器网络连接正常	ISCS、AFC 调试人员	互通信息
2	AFC 初始化点位信息，ISCS 对 AFC 进行正常轮询	ISCS 调试人员	
3	AFC 模拟一个 DI 信息点变化	AFC 调试人员	结果报告 ISCS 调试人员
4	正常的轮询周期后，ISCS 观察是否能够读取 AFC 系统 DI 点变化的报文	ISCS 调试人员	结果报告 AFC 调试人员
5	AFC 模拟一个 AI 信息点数值变化	AFC 调试人员	结果报告 ISCS 调试人员
6	正常的轮询周期后，ISCS 观察是否能够读取 AFC 系统 AI 点变化的报文	ISCS 调试人员	结果报告 AFC 调试人员

二、实验室点对点测试

1. 前提条件

（1）ISCS 已完实验室系统平台搭建，平台能模拟 ISCS 系统运行并工作正常。

（2）AFC 系统 PLC/模拟器工作正常。

（3）ISCS 与 AFC 已经完成协议测试。

2. 内容及步骤（见表 6-99）

ISCS—AFC 点对点测试步骤表　　　　　　　　　　表 6-99

序号	测试步骤	调试人员	信息传递
1	检查 ISCS、AFC 均处于正常工作状态、ISCS 平台与 AFC 系统 PLC/模拟器网络连接正常	ISCS、AFC 调试人员	互通信息
2	AFC 初始化点位信息，ISCS 对 AFC 进行正常轮询	ISCS 调试人员	
3	AFC 模拟一个 DI 信息点变化	AFC 调试人员	结果报告 ISCS 调试人员
4	正常的轮询周期后，ISCS 观察是否能够在监控面板上显示信息变化	ISCS 调试人员	结果报告 AFC 调试人员
5	重复上述步骤，完成该站所有 DI 点		

续表

序号	测试步骤	调试人员	信息传递
6	AFC 模拟一个 AI 数值	ISCS 调试人员	结果报告 AFC 调试人员
7	正常的轮询周期后，ISCS 观察是否能够在监控面板上显示数值	ISCS 调试人员	结果报告 AFC 调试人员
8	重复上述步骤，完成该站所有 AI 点		

三、车站端对端测试

1. 前提条件

（1）ISCS 系统车站设备已经投入运行并工作正常。

（2）AFC 系统车站设备已经投入运行并工作正常。

（3）ISCS 与 AFC 系统通信正常。

（4）ISCS 与 AFC 已经完成协议、点对点测试。

2. 内容及步骤（见表 6-100）

ISCS—AFC 端对端测试步骤表　　　　　　表 6-100

序号	测试步骤	调试人员	信息传递
1	检查 ISCS、BAS 均处于正常工作状态、ISCS 平台与 BAS 网络连接正常	ISCS、BAS 调试人员	互通信息
2	BAS 初始化点位信息，ISCS 对 BAS 进行正常轮询	ISCS 调试人员	
3	打开监控面板，能正常显示该设备的所有信息	ISCS 调试人员	
4	BAS 现场动作该设备，模拟一个设备 DI 信息点变化	ISCS 调试人员	结果报告 BAS 调试人员
5	轮询周期后，ISCS 能正常接收 BAS 系统 DI 点信息变化，能够正确显示在监控面板上，核对信息是否正确	ISCS 调试人员	结果报告 BAS 调试人员
6	检查事件栏，信息是否正确，检查报警栏显示（如需要）	ISCS 调试人员	结果报告 BAS 调试人员
7	重复上述步骤，完成该设备所有 DI 点		
8	保持改设备正常运行状态下，检查 ISCS 监控面板上电压、电流、频率等数值是否和 BAS 检修工作站显示一致	ISCS 调试人员	结果报告 BAS 调试人员
9	重复上述步骤，完成该设备所有 AI 点		

四、功能测试

1. 前提条件

（1）ISCS 系统车站设备已经投入运行并工作正常。

（2）AFC 系统车站设备已经投入运行并工作正常。

（3）ISCS 与 AFC 系统通信正常。

（4）ISCS 与 AFC 已经完成协议、点对点、端对端测试。

2. 内容及步骤（见表 6-101）

ISCS—AFC 功能测试步骤表　　　　　　表 6-101

序号	测试步骤	调试人员	信息传递
1	检查 ISCS、AFC 均处于正常工作状态、ISCS 平台与 AFC 网络连接正常	ISCS、AFC 调试人员	互通信息
2	AFC 初始化点位信息，ISCS 进行通信采集	ISCS、AFC 调试人员	
3	AFC 现场动作，模拟一个设备 DI 信息点变位，ISCS 读取 AFC 系统 DI 点信息，核对 HMI 界面信息是否正确，包括观察报警栏和事件栏信息是否正确	ISCS 调试人员	结果报告 AFC 调试人员

序号	测试步骤	调试人员	信息传递
4	ISCS 分别打开报警管理器和事件管理器查看刚才操作的报警和事件	ISCS 调试人员	结果报告 AFC 调试人员
5	ISCS 对刚才的报警进行确认，观察该报警事件的变化	ISCS 调试人员	结果报告 AFC 调试人员
6	点开 HMI 界面，观察 AFC 车站客流量，与 AFC 核对客流量是否一致	ISCS 调试人员	结果报告 AFC 调试人员

6.4.3.23　ISCS 与 ACS 接口测试方案

一、协议测试

1. 前提条件

（1）ISCS 已完实验室系统平台搭建，平台能模拟 ISCS 系统运行并工作正常。

（2）ACS 系统服务器工作正常。

2. 内容及步骤（见表 6-102）

ISCS—ACS 协议测试步骤表　　　　　表 6-102

序号	测试步骤	调试人员	信息传递
1	检查 ISCS、ACS 均处于正常工作状态、ISCS 平台与 ACS 系统服务器网络连接正常	ISCS、ACS 调试人员	互通信息
2	ACS 初始化点位信息，ISCS 对 ACS 进行正常轮询	ISCS 调试人员	
3	ACS 模拟一个 DI 信息点变化	ACS 调试人员	结果报告 ISCS 调试人员
4	正常的轮询周期后，ISCS 观察是否能够读取 ACS 系统 DI 点变化的报文	ISCS 调试人员	结果报告 ACS 调试人员

二、实验室点对点测试

1. 前提条件

（1）ISCS 已完实验室系统平台搭建，平台能模拟 ISCS 系统运行并工作正常。

（2）ACS 系统服务器工作正常。

（3）ISCS 与 ACS 已经完成协议测试。

2. 内容及步骤（见表 6-103）

ISCS—ACS 点对点测试步骤表　　　　　表 6-103

序号	测试步骤	调试人员	信息传递
1	检查 ISCS、ACS 均处于正常工作状态、ISCS 平台与 ACS 系统服务器网络连接正常	ISCS、ACS 调试人员	互通信息
2	ACS 初始化点位信息，ISCS 进行通信采集	ISCS、ACS 调试人员	
3	ACS 模拟一个设备 DI 信息点变位，ISCS 读取 ACS 系统 DI 点信息	ISCS 调试人员	结果报告 ACS 调试人员
4	重复上述步骤，完成该站所有 DI 点		

三、车站端对端测试

1. 前提条件

（1）ISCS 系统车站设备已经投入运行并工作正常。

（2）ACS 系统车站设备已经投入运行并工作正常。

（3）ISCS 与 ACS 系统通信正常。

（4）ISCS 与 ACS 已经完成协议、点对点测试。

2. 内容及步骤（见表 6-104）

ISCS—ACS 端对端测试步骤表 　　　　　　　　　　　表 6-104

序号	测试步骤	调试人员	信息传递
1	检查 ISCS、ACS 均处于正常工作状态、ISCS 平台与 ACS 网络连接正常	ISCS、ACS 调试人员	互通信息
2	ACS 初始化点位信息，ISCS 对 ACS 进行正常轮询	ISCS 调试人员	
3	打开监控面板，能正常显示该设备的所有信息	ISCS 调试人员	
4	ACS 现场动作该设备，模拟一个设备 DI 信息点变化	ISCS 调试人员	结果报告 ACS 调试人员
5	轮询周期后，ISCS 能正常接收 ACS 的 DI 点信息变化，能够正确显示在监控面板上。核对信息是否正确	ISCS 调试人员	结果报告 ACS 调试人员
6	检查事件栏，信息是否正确，检查报警栏显示（如需要）	ISCS 调试人员	结果报告 ACS 调试人员
7	重复上述步骤，完成该设备所有 DI 点		

四、功能测试

1. 前提条件

（1）ISCS 系统车站设备已经投入运行并工作正常。

（2）ACS 系统车站设备已经投入运行并工作正常。

（3）ISCS 与 ACS 系统通信正常。

（4）ISCS 与 ACS 已经完成协议、点对点、端对端测试。

2. 内容及步骤（见表 6-105）

ISCS—ACS 功能测试步骤表 　　　　　　　　　　　表 6-105

序号	测试步骤	调试人员	信息传递
1	检查 ISCS、ACS 均处于正常工作状态、ISCS 平台与 ACS 网络连接正常	ISCS、ACS 调试人员	互通信息
2	点开 HMI 观察正常情况下，车站 ACS 的设备运行状态是否和现场一致	ISCS 调试人员	结果报告 ACS 调试人员
3	ISCS 单控一个车站的风机的开/关，观察 ACS 反馈的信息是否正确	ISCS 调试人员	ACS 调试人员反馈结果
4	ACS 现场模拟一个风机故障报警点，ISCS 观察是否能够在 HMI 的报警栏报警	ISCS 调试人员	结果报告 ACS 调试人员
5	ISCS 分别打开报警管理器和事件管理器查看刚才操作的报警和事件	ISCS 调试人员	结果报告 ACS 调试人员
6	ISCS 对刚才的报警进行确认，观察该报警事件的变化	ISCS 调试人员	结果报告 ACS 调试人员
7	AFC 现场刷卡信息，等待一段时间，ISCS 同步刷卡信息后，观察 AFC 现场的刷卡情况	ISCS 调试人员	结果报告 ACS 调试人员

6.4.3.24　ISCS 与 PA 接口测试方案

一、协议测试

1. 前提条件

（1）ISCS 已完实验室系统平台搭建，平台能模拟 ISCS 系统运行并工作正常。

（2）PA 系统控制器/模拟器工作正常。

2. 内容及步骤（见表 6-106）

ISCS—PA 协议测试步骤表

表 6-106

序号	测试步骤	调试人员	信息传递
1	检查 ISCS、PA 均处于正常工作状态、ISCS 平台与 PA 系统控制器/模拟器网络连接正常	ISCS、PA 调试人员	互通信息
2	PA 初始化点位信息，ISCS 进行通信采集	ISCS、PA 调试人员	
3	PA 模拟一个 DI 设备信息点变位，ISCS 观察是否能够读取 PA 系统 DI 点变化的报文	ISCS、PA 调试人员	结果报告 PA 调试人员
4	ISCS 下发一个控制命令，观察 PA 的主机是否收到 ISCS 下发的命令	ISCS 调试人员	PA 调试人员反馈结果

二、实验室点对点测试

1. 前提条件

（1）ISCS 已完实验室系统平台搭建，平台能模拟 ISCS 系统运行并工作正常。

（2）PA 系统控制器/模拟器工作正常。

（3）ISCS 与 PA 已经完成协议测试。

2. 内容及步骤（见表 6-107）

ISCS—PA 点对点测试步骤表

表 6-107

序号	测试步骤	调试人员	信息传递
1	检查 ISCS、PA 均处于正常工作状态、ISCS 平台与 PA 系统 PLC/模拟器网络连接正常	ISCS、PA 调试人员	互通信息
2	PA 初始化点位信息，ISCS 对 PA 进行正常轮询	ISCS 调试人员	
3	PA 模拟一个 DI 信息点变化	PA 调试人员	结果报告 ISCS 调试人员
4	正常的轮询周期后，ISCS 观察是否能够在监控面板上显示信息变化	ISCS 调试人员	结果报告 PA 调试人员
5	重复上述步骤，完成该站所有 DI 点		

三、车站端对端测试

1. 前提条件

（1）ISCS 系统车站设备已经投入运行并工作正常。

（2）PA 系统车站设备已经投入运行并工作正常。

（3）ISCS 与 PA 系统通信正常。

（4）ISCS 与 PA 已经完成协议、点对点测试。

2. 内容及步骤（见表 6-108）

ISCS—PA 端对端测试步骤表

表 6-108

序号	测试步骤	调试人员	信息传递
1	检查 ISCS、PA 均处于正常工作状态、ISCS 平台与 PA 网络连接正常	ISCS、PA 调试人员	互通信息
2	PA 初始化点位信息，ISCS 进行通信采集	ISCS、PA 调试人员	
3	PA 现场动作，模拟一个设备 DI 信息点变位，ISCS 读取 PA 系统 DI 点信息，核对 HMI 界面信息是否正确，包括观察报警栏和事件栏信息是否正确	ISCS 调试人员	结果报告 PA 调试人员
4	重复上述步骤，完成该设备所有 DI 点		
5	ISCS 下发一个音频广播命令，PA 收到命令后播放对应的广播，核对现场播放的广播内容是否正确	ISCS 调试人员	结果报告 PA 调试人员
6	重复上述步骤，完成所有广播测试		

四、功能测试

1. 前提条件

（1）ISCS 系统车站设备已经投入运行并工作正常。

（2）PA 系统车站设备已经投入运行并工作正常。

（3）ISCS 与 PA 系统通信正常。

（4）ISCS 与 PA 已经完成协议、点对点、端对端测试。

2. 内容及步骤（见表 6-109）

ISCS—PA 功能测试步骤表　　　　　　　　　　　　　　　　　　　　表 6-109

序号	测试步骤	调试人员	信息传递
1	检查 ISCS、PA 均处于正常工作状态、ISCS 平台与 PA 网络连接正常	ISCS、PA 调试人员	互通信息
2	点开 HMI 观察正常情况下，车站 PA 的设备运行状态是否和现场一致	ISCS 调试人员	结果报告 PA 调试人员
3	PA 现场模拟一个设备报警点，ISCS 观察是否能够在 HMI 的报警栏报警	ISCS 调试人员	结果报告 PA 调试人员
4	ISCS 分别打开报警管理器和事件管理器查看刚才操作的报警和事件	ISCS 调试人员	结果报告 PA 调试人员
5	ISCS 对刚才的报警进行确认，观察该报警事件的变化	ISCS 调试人员	结果报告 PA 调试人员
6	ISCS 下发一个播放预录制音频的广播控制命令，PA 收到命令后播放对应的广播，核对现场播放的广播内容是否正确	ISCS 调试人员	结果报告 PA 调试人员
7	ISCS 向广播 FTP 一个预录制的音频文件，PA 接收到文件后用来更新音频库文件	ISCS 调试人员	PA 调试人员反馈结果
8	下发一组广播序列，核对广播播放的内容是否正确	ISCS 调试人员	PA 调试人员反馈结果
9	ISCS 下发一个循环广播命令，核对广播播放的内容是否正确	ISCS 调试人员	PA 调试人员反馈结果

6.4.3.25　ISCS 与 CCTV 接口测试方案

一、协议测试

1. 前提条件

（1）ISCS 已完实验室系统平台搭建，平台能模拟 ISCS 系统运行并工作正常。

（2）CCTV 系统控制器/模拟器工作正常。

2. 内容及步骤（见表 6-110）

ISCS—CCTV 协议测试步骤表　　　　　　　　　　　　　　　　　　表 6-110

序号	测试步骤	调试人员	信息传递
1	检查 ISCS、CCTV 均处于正常工作状态、ISCS 平台与 CCTV 系统 PLC/模拟器网络连接正常	ISCS、CCTV 调试人员	互通信息
2	CCTV 初始化点位信息，ISCS 对 CCTV 进行正常轮询	ISCS 调试人员	
3	CCTV 模拟一个 DI 信息点变化	CCTV 调试人员	结果报告 ISCS 调试人员
4	正常的轮询周期后，ISCS 观察是否能够读取 CCTV 系统 DI 点变化的报文	ISCS 调试人员	结果报告 CCTV 调试人员
5	ISCS 下发一个 DO 控制点，观察 CCTV 的服务器是否收到 ISCS 下发的命令	ISCS 调试人员	CCTV 调试人员反馈结果

二、车站端对端测试

1. 前提条件

（1）ISCS 系统车站设备已经投入运行并工作正常。

（2）CCTV 系统车站设备已经投入运行并工作正常。

（3）ISCS 与 CCTV 系统通信正常。

（4）ISCS 与 CCTV 已经完成协议测试。

2. 内容及步骤（见表 6-111）

ISCS—CCTV 端对端测试步骤表 　　　　　　　　　　　　　　　　　　　表 6-111

序号	测试步骤	调试人员	信息传递
1	检查 ISCS、CCTV 均处于正常工作状态、ISCS 平台与 CCTV 网络连接正常	ISCS、CCTV 调试人员	互通信息
2	CCTV 初始化点位信息，ISCS 对 CCTV 进行正常轮询	ISCS 调试人员	
3	打开监控面板，能正常显示该设备的所有信息	ISCS 调试人员	
4	CCTV 现场动作该设备，模拟一个设备 DI 信息点变化	ISCS 调试人员	结果报告 CCTV 调试人员
5	轮询周期后，ISCS 能正常接收 CCTV 系统 DI 点信息变化，能够正确显示在监控面板上。核对信息是否正确	ISCS 调试人员	结果报告 CCTV 调试人员

三、功能测试

1. 前提条件

（1）ISCS 系统车站设备已经投入运行并工作正常。

（2）CCTV 系统车站设备已经投入运行并工作正常。

（3）ISCS 与 CCTV 系统通信正常。

（4）ISCS 与 CCTV 已经完成协议、端对端测试。

2. 内容及步骤（见表 6-112）

ISCS—CCTV 功能测试步骤表 　　　　　　　　　　　　　　　　　　　表 6-112

序号	测试步骤	调试人员	信息传递
1	检查 ISCS、CCTV 均处于正常工作状态、ISCS 平台与 CCTV 网络连接正常	ISCS、CCTV 调试人员	互通信息
2	ISCS 通过 SDK 下发一个控制命令，观察调用的视频是否正确	ISCS 调试人员	结果报告 CCTV 调试人员
3	ISCS 通过 SDK 下发一个 4 分屏显示，观察 CCTV 的服务器反馈是否正确	ISCS 调试人员	结果报告 CCTV 调试人员
4	ISCS 通过 SDK 下发一个单屏显示，观察 CCTV 的服务器反馈是否正确	ISCS 调试人员	结果报告 CCTV 调试人员
5	ISCS 通过 SDK 下发一个自动循环播放命令，观察 CCTV 的服务器反馈是否正确	ISCS 调试人员	结果报告 CCTV 调试人员
6	人工编辑一个播放序列，并下发，观察 CCTV 的服务器反馈是否正确	ISCS 调试人员	结果报告 CCTV 调试人员
7	CCTV 现场模拟一个设备故障报警点，ISCS 观察是否能够在 HMI 的报警栏报警		
8	ISCS 分别打开报警管理器和事件管理器查看刚才操作的报警和事件	ISCS 调试人员	结果报告 CCTV 调试人员
9	ISCS 对刚才的报警进行确认，观察该报警事件的变化	ISCS 调试人员	结果报告 CCTV 调试人员

6.4.3.26　ISCS 与乘客导向信息系统（PIDS）接口测试方案

一、协议测试

1. 前提条件

（1）ISCS 已完实验室系统平台搭建，平台能模拟 ISCS 系统运行并工作正常。

（2）PIDS 系统控制器/模拟器工作正常。

2. 内容及步骤（见表 6-113）

ISCS—PIDS 协议测试步骤表

表 6-113

序号	测试步骤	调试人员	信息传递
1	检查 ISCS、PIDS 均处于正常工作状态、ISCS 平台与 PIDS 系统控制器/模拟器网络连接正常	ISCS、PIDS 调试人员	互通信息
2	ISCS 模拟下发一个文本信息，PIDS 观察能否收到报文	ISCS、PIDS 调试人员	结果报告 PIDS 调试人员
3	ISCS 转发 SIG 的列车运行信息，PIDS 能够收到信息报文（如条件满足）	ISCS、PIDS 调试人员	结果报告 PIDS 调试人员

二、车站端对端测试

1. 前提条件

（1）ISCS 系统车站设备已经投入运行并工作正常。

（2）PIDS 系统车站设备已经投入运行并工作正常。

（3）ISCS 与 PIDS 系统通信正常。

（4）ISCS 与 PIDS 已经完成协议测试。

2. 内容及步骤（见表 6-114）

ISCS—PIDS 端对端测试步骤表

表 6-114

序号	测试步骤	调试人员	信息传递
1	检查 ISCS、PIDS 均处于正常工作状态、ISCS 平台与 PIDS 网络连接正常	ISCS、PIDS 调试人员	互通信息
2	ISCS 下发一个文本信息，PIDS 观察能否收到信息并显示在 PIDS 设备	ISCS、PIDS 调试人员	结果报告 PIDS 调试人员
3	ISCS 转发 SIG 的列车运行信息，PIDS 能够收到信息	ISCS、PIDS 调试人员	结果报告 PIDS 调试人员

三、功能测试

1. 前提条件

（1）ISCS 系统车站设备已经投入运行并工作正常。

（2）PIDS 系统车站设备已经投入运行并工作正常。

（3）ISCS 与 PIDS 系统通信正常。

（4）ISCS 与 PIDS 已经完成协议、端对端测试。

2. 内容及步骤（见表 6-115）

ISCS—PIDS 功能测试步骤表

表 6-115

序号	测试步骤	调试人员	信息传递
1	检查 ISCS、PIDS 均处于正常工作状态、ISCS 平台与 PIDS 网络连接正常	ISCS、PIDS 调试人员	互通信息
2	ISCS 下发一个普通文本信息，PIDS 观察能否收到信息并显示在选定的 PIDS 设备	ISCS、PIDS 调试人员	结果报告 PIDS 调试人员
3	ISCS 下发一个紧急文本信息，PIDS 观察能否收到信息并显示在选定的 PIDS 设备	ISCS、PIDS 调试人员	结果报告 PIDS 调试人员
4	ISCS 转发 SIG 的列车运行信息，PIDS 能够收到信息，并显示在 PIDS 终端上	ISCS、PIDS 调试人员	结果报告 PIDS 调试人员

6.4.3.27 ISCS 与 TEL/ALARM 接口测试方案

一、协议测试

1. 前提条件

（1）ISCS 已完实验室系统平台搭建，平台能模拟 ISCS 系统运行并工作正常。

（2）TEL/ALARM 系统控制器/模拟器工作正常。

2. 内容及步骤（见表 6-116）

ISCS—TEL/ALARM 协议测试步骤表　　　　　表 6-116

序号	测试步骤	调试人员	信息传递
1	检查 ISCS、TEL/ALARM 均处于正常工作状态、ISCS 平台与 TEL/ALARM 系统控制器/模拟器网络连接正常	ISCS、TEL/ALARM 调试人员	互通信息
2	TEL/ALARM 给 ISCS 模拟一个报警事件 DI 点，ISCS 检查是否收到报文	ISCS、TEL/ALARM 调试人员	结果报告 TEL/ALARM 调试人员

二、功能测试

1. 前提条件

（1）ISCS 系统车站设备已经投入运行并工作正常。

（2）TEL/ALARM 系统车站设备已经投入运行并工作正常。

（3）ISCS 与 TEL/ALARM 系统通信正常。

（4）ISCS 与 TEL/ALARM 已经完成协议测试。

2. 内容及步骤（见表 6-117）

ISCS—TEL/ALARM 功能测试步骤表　　　　　表 6-117

序号	测试步骤	调试人员	信息传递
1	检查 ISCS、TEL/ALARM 均处于正常工作状态、ISCS 平台与 TEL/ALARM 网络连接正常	ISCS、TEL/ALARM 调试人员	互通信息
2	TEL/ALARM 发送一个报警事件，ISCS 观察报警栏和事件栏信息是否正确	ISCS、TEL/ALARM 调试人员	结果报告 TEL/ALARM 调试人员

6.4.3.28 ISCS 与无线通信系统 RCS（CL）接口测试方案

一、协议测试

1. 前提条件

（1）ISCS 已完实验室系统平台搭建，平台能模拟 ISCS 系统运行并工作正常。

（2）RCS、CL 系统控制器/模拟器工作正常。

2. 内容及步骤（见表 6-118）

ISCS—RCS 协议测试步骤表　　　　　表 6-118

序号	测试步骤	调试人员	信息传递
1	检查 ISCS、RCS、CL 均处于正常工作状态、ISCS 平台与 RCS、CL 系统控制器/模拟器网络连接正常	ISCS、CL 调试人员	互通信息
2	CL 初始化点位信息，ISCS 对 RCS 进行正常轮询	ISCS 调试人员	
3	CL 模拟一个 DI 信息点变化	CL 调试人员	结果报告 ISCS 调试人员
4	RCS 能正常接收 CL 的信息，正常的轮询周期后，ISCS 能采集到 RCS 转发的信息，观察是否能够读取 CL 系统 DI 点变化的报文	ISCS 调试人员	结果报告 CL 调试人员

二、功能测试

1. 前提条件

（1）ISCS 系统车站设备已经投入运行并工作正常。

（2）CL 系统车站设备已经投入运行并工作正常。

（4）ISCS 与 CL 系统通信正常。

（5）ISCS 与 CL 已经完成协议测试。

2. 内容及步骤（见表6-119）

ISCS—CL 功能测试步骤表   表 6-119

序号	测试步骤	调试人员	信息传递
1	检查 ISCS、RCS、CL 均处于正常工作状态、ISCS 平台与 RCS 网络连接正常	ISCS、CL 调试人员	互通信息
2	CL 模拟发送一个报警事件，ISCS 观察报警栏和事件栏信息是否正确	ISCS、CL 调试人员	结果报告 RCS、CL 调试人员

6.4.3.29 ISCS 与 CLK 接口测试方案

1. 协议测试前提条件

（1）ISCS 已完实验室系统平台搭建，平台能模拟 ISCS 系统运行并工作正常。

（2）CLK 系统控制器/模拟器工作正常。

2. 协议测试内容及步骤（见表6-120）

ISCS—CLK 协议测试步骤表   表 6-120

序号	测试步骤	调试人员	信息传递
1	检查 ISCS、CLK 均处于正常工作状态、ISCS 平台与 CLK 系统控制器/模拟器网络连接正常	ISCS、CLK 调试人员	互通信息
2	CLK 给 ISCS 模拟一个时间对时信号，ISCS 检查是否收到报文	ISCS、CLK 调试人员	结果报告 CLK 调试人员

6.4.3.30 ISCS 与 UPS 接口测试方案

一、协议测试

1. 前提条件

（1）ISCS 已完实验室系统平台搭建，平台能模拟 ISCS 系统运行并工作正常。

（2）UPS 系统控制器/模拟器工作正常。

2. 内容及步骤（见表6-121）

ISCS—UPS 协议测试步骤表   表 6-121

序号	测试步骤	调试人员	信息传递
1	检查 ISCS、UPS 均处于正常工作状态、ISCS 平台与 UPS 系统 PLC/模拟器网络连接正常	ISCS、UPS 调试人员	互通信息
2	UPS 初始化点位信息，ISCS 对 UPS 进行正常轮询	ISCS 调试人员	
3	UPS 模拟一个 DI 信息点变化	UPS 调试人员	结果报告 ISCS 调试人员
4	正常的轮询周期后，ISCS 观察是否能够读取 UPS 系统 DI 点变化的报文	ISCS 调试人员	结果报告 UPS 调试人员

二、实验室点对点测试

1. 前提条件

（1）ISCS 已完实验室系统平台搭建，平台能模拟 ISCS 系统运行并工作正常。

（2）UPS 系统模拟器工作正常。

（3）ISCS 与 UPS 已经完成协议测试。

2. 内容及步骤（见表 6-122）

ISCS—UPS 点对点测试步骤表　　　　　　　　　　　　表 6-122

序号	测试步骤	调试人员	信息传递
1	检查 ISCS、UPS 均处于正常工作状态、ISCS 平台与 UPS 系统 PLC/模拟器网络连接正常	ISCS、UPS 调试人员	互通信息
2	UPS 初始化点位信息，ISCS 对 UPS 进行正常轮询	ISCS 调试人员	
3	UPS 模拟一个 DI 信息点变化	UPS 调试人员	结果报告 ISCS 调试人员
4	正常的轮询周期后，ISCS 观察是否能够在监控面板上显示信息变化	ISCS 调试人员	结果报告 UPS 调试人员
5	重复上述步骤，完成该站所有 DI 点		

三、车站端对端测试

1. 前提条件

（1）ISCS 系统车站设备已经投入运行并工作正常。

（2）UPS 系统车站设备已经投入运行并工作正常。

（3）ISCS 与 UPS 系统通信正常。

（4）ISCS 与 UPS 已经完成协议、点对点测试。

（5）现在 UPS 主要设备已经安装并单体调试完成。

2. 内容及步骤（见表 6-123）

ISCS—UPS 端对端测试步骤表　　　　　　　　　　　　表 6-123

序号	测试步骤	调试人员	信息传递
1	检查 ISCS、UPS 均处于正常工作状态、ISCS 平台与 UPS 网络连接正常	ISCS、UPS 调试人员	互通信息
2	UPS 初始化点位信息，ISCS 对 UPS 进行正常轮询	ISCS 调试人员	
3	打开监控面板，能正常显示该设备的所有信息	ISCS 调试人员	
4	UPS 现场动作该设备，模拟一个设备 DI 信息点变化	ISCS 调试人员	结果报告 UPS 调试人员
5	轮询周期后，ISCS 能正常接收 UPS 系统 DI 点信息变化，能够正确显示在监控面板上。核对信息是否正确	ISCS 调试人员	结果报告 UPS 调试人员
6	检查事件栏，信息是否正确，检查报警栏显示（如需要）	ISCS 调试人员	结果报告 UPS 调试人员
7	重复上述步骤，完成该设备所有 DI 点		

四、功能测试

1. 前提条件

（1）ISCS 系统车站设备已经投入运行并工作正常。

（2）UPS 系统车站设备已经投入运行并工作正常。

（3）ISCS 与 UPS 系统通信正常。

（4）ISCS 与 UPS 已经完成协议测试。

2. 内容及步骤（见表 6-124）

ISCS—UPS 功能测试步骤表

表 6-124

序号	测试步骤	调试人员	信息传递
1	检查 ISCS、UPS 均处于正常工作状态、ISCS 平台与 UPS 网络连接正常	ISCS、UPS 调试人员	互通信息
2	点开 HMI 观察正常情况下，车站 UPS 的设备运行状态是否和现场一致	ISCS 调试人员	结果报告 UPS 调试人员
3	UPS 现场模拟一个设备故障报警点，ISCS 观察是否能够在 HMI 的报警栏报警	ISCS 调试人员	结果报告 UPS 调试人员
4	ISCS 分别打开报警管理器和事件管理器查看刚才操作的报警和事件	ISCS 调试人员	结果报告 UPS 调试人员

6.4.3.31　ISCS 与电能管理系统（EMS）接口测试方案

一、协议测试

1. 前提条件

（1）ISCS 已完实验室系统平台搭建，平台能模拟 ISCS 系统运行并工作正常。

（2）EMS 系统 PLC/模拟器工作正常。

2. 内容及步骤（见表 6-125）

ISCS—EMS 协议测试步骤表

表 6-125

序号	测试步骤	调试人员	信息传递
1	检查 ISCS、EMS 均处于正常工作状态、ISCS 平台与 EMS 系统 PLC/模拟器网络连接正常	ISCS、EMS 调试人员	互通信息
2	EMS 初始化点位信息，ISCS 进行通信采集	ISCS、EMS 调试人员	
3	EMS 模拟一个 DI 信息点变位，ISCS 观察是否能够读取 EMS 系统 DI 点变化的报文	ISCS、EMS 调试人员	结果报告 EMS 调试人员
4	EMS 模拟一个 AI 信息点变位，ISCS 观察是否能够读取 EMS 系统 AI 点变化的报文	ISCS 调试人员	结果报告 EMS 调试人员
5	EMS 模拟一个 MI 信息点变位，ISCS 观察是否能够读取 EMS 系统 MI 点变化的报文	ISCS 调试人员	结果报告 EMS 调试人员
6	ISCS 下发一个 MO 控制点，观察 EMS 的 PLC 是否收到 ISCS 下发的命令	ISCS 调试人员	EMS 调试人员反馈结果
7	ISCS 下发一个对时命令，观察 EMS 的 PLC 是否收到 ISCS 下发的命令	ISCS 调试人员	EMS 调试人员反馈结果

二、实验室点对点测试

1. 前提条件

（1）ISCS 已完实验室系统平台搭建，平台能模拟 ISCS 系统运行并工作正常。

（2）EMS 系统 PLC/模拟器工作正常。

（3）ISCS 与 EMS 已经完成协议测试。

2. 内容及步骤（见表 6-126）

ISCS—EMS 点对点测试步骤表 表 6-126

序号	测试步骤	调试人员	信息传递
1	检查 ISCS、EMS 均处于正常工作状态、ISCS 平台与 EMS 系统 PLC/模拟器网络连接正常	ISCS、EMS 调试人员	互通信息
2	EMS 初始化点位信息，ISCS 进行通信采集	ISCS、EMS 调试人员	
3	EMS 模拟一个设备 DI 信息点变位，ISCS 读取 EMS 系统 DI 点信息	ISCS 调试人员	结果报告 EMS 调试人员
4	重复上述步骤，完成该站所有 DI 点		
5	EMS 模拟一个 AI 信息点变位，ISCS 读取 EMS 系统 AI 点信息	ISCS 调试人员	结果报告 EMS 调试人员
6	重复上述步骤，完成该站所有 AI 点		
7	EMS 模拟一个 MI 信息点变位，ISCS 读取 EMS 系统 MI 点信息	ISCS 调试人员	结果报告 EMS 调试人员
8	重复上述步骤，完成该站所有 MI 点		
9	ISCS 下发一个 MO 控制点	ISCS 调试人员	EMS 调试人员反馈结果
10	重复上述步骤，完成该站所有 MO 点		

三、车站端对端测试

1. 前提条件

（1）ISCS 系统车站设备已经投入运行并工作正常。

（2）EMS 系统车站设备已经投入运行并工作正常。

（3）ISCS 与 EMS 系统通信正常。

（4）ISCS 与 EMS 已经完成协议、点对点测试。

2. 内容及步骤（见表 6-127）

ISCS—EMS 端对端测试步骤表 表 6-127

序号	测试步骤	调试人员	信息传递
1	检查 ISCS、EMS 均处于正常工作状态、ISCS 平台与 EMS 网络连接正常	ISCS、EMS 调试人员	互通信息
2	EMS 初始化点位信息，ISCS 进行通信采集	ISCS、EMS 调试人员	
3	EMS 现场动作，模拟一个设备 DI 信息点变位，ISCS 读取 EMS 系统 DI 点信息，核对 HMI 界面信息是否正确，包括观察报警栏和事件栏信息是否正确	ISCS 调试人员	结果报告 EMS 调试人员
4	重复上述步骤，完成该设备所有 DI 点		
5	EMS 现场动作，模拟一个 AI 信息点变位，ISCS 读取 EMS 系统 AI 点信息，核对 HMI 界面信息是否正确	ISCS 调试人员	结果报告 EMS 调试人员
6	重复上述步骤，完成该设备所有 AI 点		
7	EMS 现场动作，模拟一个 MI 信息点变位，ISCS 读取 EMS 系统 MI 点信息，核对 HMI 界面信息是否正确	ISCS 调试人员	结果报告 EMS 调试人员
8	重复上述步骤，完成该设备所有 MI 点		
9	ISCS 下发一个 MO 控制点，观察 EMS 返回信息是否正确	ISCS 调试人员	EMS 调试人员反馈结果
10	重复上述步骤，完成该设备所有 MO 点		
11	重复 3-10 步，直到完成整个车站所有设备		

四、功能测试

1. 前提条件

（1）ISCS 系统车站设备已经投入运行并工作正常。

（2）EMS 系统车站设备已经投入运行并工作正常。

（3）ISCS 与 EMS 系统通信正常。

（4）ISCS 与 EMS 已经完成协议、点对点、端对端测试。

2. 内容及步骤（见表6-128）

ISCS—EMS 功能测试步骤表 表 6-128

序号	测试步骤	调试人员	信息传递
1	检查 ISCS、EMS 均处于正常工作状态、ISCS 平台与 EMS 网络连接正常	ISCS、EMS 调试人员	互通信息
2	点开 HMI 观察正常情况下，车站 EMS 的设备运行状态是否和现场一致	ISCS 调试人员	结果报告 EMS 调试人员
3	ISCS 点开一个设备的监控面板，读取 DI、AI、MI、DO 点信息和 EMS 现场的数据核对	ISCS 调试人员	结果报告 EMS 调试人员
4	ISCS 在 EMS 电度 MO 设置面板上，输入一个电度量，观察 EMS 的反馈数据	ISCS 调试人员	结果报告 EMS 调试人员

6.4.3.32 ISCS 与 AF 接口测试方案

一、协议测试

1. 前提条件

（1）ISCS 已完实验室系统平台搭建，平台能模拟 ISCS 系统运行并工作正常。

（2）AF-CCTV 系统控制器/模拟器工作正常。

2. 内容及步骤（见表6-129）

ISCS—AF-CCTV 协议测试步骤表 表 6-129

序号	测试步骤	调试人员	信息传递
1	检查 ISCS、AF-CCTV 均处于正常工作状态、ISCS 平台与 AF-CCTV 系统服务器网络连接正常	ISCS、AF-CCTV 调试人员	互通信息
2	ISCS 下发一个控制命令，观察 AF-CCTV 的服务器是否收到 ISCS 下发的命令报文	ISCS 调试人员	AF-CCTV 调试人员反馈结果

二、功能测试

1. 前提条件

（1）ISCS 系统车站设备已经投入运行并工作正常。

（2）AF-CCTV 系统车站设备已经投入运行并工作正常。

（3）ISCS 与 AF-CCTV 系统通信正常。

（4）ISCS 与 AF-CCTV 已经完成协议、端对端测试。

2. 内容及步骤（见表6-130）

ISCS—AF-CCTV 功能测试步骤表 表 6-130

序号	测试步骤	调试人员	信息传递
1	检查 ISCS、AF-CCTV 均处于正常工作状态、ISCS 平台与 AF-CCTV 网络连接正常	ISCS、AF-CCTV 调试人员	互通信息
2	ISCS 通过 SDK 下发一个控制命令，观察调用的视频是否正确	ISCS 调试人员	结果报告 AF-CCTV 调试人员

序号	测试步骤	调试人员	信息传递
3	ISCS 通过 SDK 下发一个 4 分屏显示，观察 AF-CCTV 的服务器反馈是否正确	ISCS 调试人员	结果报告 AF-CCTV 调试人员
4	ISCS 通过 SDK 下发一个单屏显示，观察 AF-CCTV 的服务器反馈是否正确	ISCS 调试人员	结果报告 AF-CCTV 调试人员
5	ISCS 通过 SDK 下发一个自动循环播放命令，观察 AF-CCTV 的服务器反馈是否正确	ISCS 调试人员	结果报告 AF-CCTV 调试人员
6	人工编辑一个播放序列，并下发，观察 AF-CCTV 的服务器反馈是否正确	ISCS 调试人员	结果报告 AF-CCTV 调试人员

6.4.3.33 ISCS 与车辆段 FAS（DFAS）接口测试方案

一、协议测试

1. 前提条件

（1）ISCS 已完实验室系统平台搭建，平台能模拟 ISCS 系统运行并工作正常。

（2）DFAS 系统主机/模拟器工作正常。

2. 内容及步骤（见表 6-131）

ISCS—DFAS 协议测试步骤表　　　　　　　　　　　　　表 6-131

序号	测试步骤	调试人员	信息传递
1	检查 ISCS、DFAS 均处于正常工作状态、ISCS 平台与 DFAS 系统主机/模拟器网络连接正常	ISCS、DFAS 调试人员	互通信息
2	DFAS 初始化点位信息，ISCS 对 DFAS 进行正常轮询	ISCS 调试人员	
3	DFAS 模拟一个 DI 信息点变化	DFAS 调试人员	结果报告 ISCS 调试人员
4	正常的轮询周期后，ISCS 观察是否能够读取 DFAS 系统 DI 点变化的报文	ISCS 调试人员	结果报告 DFAS 调试人员
5	ISCS 下发一个对时命令，观察 DFAS 的 PLC 是否收到 ISCS 下发的命令，并正确处理	ISCS 调试人员	DFAS 调试人员反馈结果

二、实验室点对点测试

1. 前提条件

（1）ISCS 已完实验室系统平台搭建，平台能模拟 ISCS 系统运行并工作正常。

（2）DFAS 系统 PLC/模拟器工作正常。

（3）ISCS 与 DFAS 已经完成协议测试。

2. 内容及步骤（见表 6-132）

ISCS—DFAS 点对点测试步骤表　　　　　　　　　　　　表 6-132

序号	测试步骤	调试人员	信息传递
1	检查 ISCS、DFAS 均处于正常工作状态、ISCS 平台与 DFAS 系统 PLC/模拟器网络连接正常	ISCS、DFAS 调试人员	互通信息
2	DFAS 初始化点位信息，ISCS 进行通信采集	ISCS、DFAS 调试人员	
3	DFAS 模拟一个设备 DI 信息点变位，ISCS 读取 DFAS 系统 DI 点信息	ISCS 调试人员	结果报告 DFAS 调试人员
4	重复上述步骤，完成该站所有 DI 点		

三、车站端对端测试

1. 前提条件

（1）ISCS 系统车站设备已经投入运行并工作正常。

（2）DFAS系统车站设备已经投入运行并工作正常。

（3）ISCS与DFAS系统通信正常。

（4）ISCS与DFAS已经完成协议、点对点测试。

2. 内容及步骤（见表6-133）

ISCS—DFAS端对端测试步骤表　　　　　　　　　　　　　　表6-133

序号	测试步骤	调试人员	信息传递
1	检查ISCS、DFAS均处于正常工作状态、ISCS平台与DFAS网络连接正常	ISCS、DFAS调试人员	互通信息
2	DFAS初始化点位信息，ISCS进行通信采集	ISCS、DFAS调试人员	
3	DFAS现场动作，模拟一个设备DI信息点变位，ISCS读取DFAS系统DI点信息，核对HMI界面信息是否正确，包括观察报警栏和事件栏信息是否正确	ISCS调试人员	结果报告DFAS调试人员
4	重复上述步骤，完成该设备所有DI点		
5	DFAS现场模拟一个该设备的火灾报警动作，ISCS是否有火灾弹图	ISCS调试人员	结果报告DFAS调试人员
6	重复3—5步，直到完成整个车站所有设备		

四、功能测试

1. 前提条件

（1）ISCS系统车站设备已经投入运行并工作正常。

（2）DFAS系统车站设备已经投入运行并工作正常。

（3）ISCS与DFAS系统通信正常。

（4）ISCS与DFAS已经完成协议、点对点、端对端测试。

2. 内容及步骤（见表6-134）

ISCS—DFAS功能测试步骤表　　　　　　　　　　　　　　表6-134

序号	测试步骤	调试人员	信息传递
1	检查ISCS、DFAS均处于正常工作状态、ISCS平台与DFAS网络连接正常	ISCS、DFAS调试人员	互通信息
2	DFAS初始化点位信息，ISCS进行通信采集	ISCS、DFAS调试人员	
3	DFAS现场动作，模拟一个设备DI信息点变位，ISCS读取DFAS系统DI点信息，核对HMI界面信息是否正确，包括观察报警栏和事件栏信息是否正确	ISCS调试人员	结果报告DFAS调试人员
4	DFAS现场模拟一个该设备的火灾报警动作，ISCS是否有火灾弹图	ISCS调试人员	结果报告DFAS调试人员
5	ISCS分别打开报警管理器和事件管理器查看刚才操作的报警和事件	ISCS调试人员	结果报告DFAS调试人员
6	ISCS对刚才的报警进行确认，观察该报警事件的变化	ISCS调试人员	结果报告DFAS调试人员

6.4.3.34　ISCS与车辆段BAS（DBAS）接口测试方案

一、协议测试

1. 前提条件

（1）ISCS已完实验室系统平台搭建，平台能模拟ISCS系统运行并工作正常。

（2）DBAS系统PLC/模拟器工作正常。

2. 内容及步骤（见表 6-135）

ISCS—DBAS 协议测试步骤表

表 6-135

序号	测试步骤	调试人员	信息传递
1	检查 ISCS、DBAS 均处于正常工作状态、ISCS 平台与 DBAS 系统 PLC/模拟器网络连接正常	ISCS、DBAS 调试人员	互通信息
2	DBAS 初始化点位信息，ISCS 对 DBAS 进行正常轮询	ISCS 调试人员	
3	DBAS 模拟一个 DI 信息点变化	DBAS 调试人员	结果报告 ISCS 调试人员
4	正常的轮询周期后，ISCS 观察是否能够读取 DBAS 系统 DI 点变化的报文	ISCS 调试人员	结果报告 DBAS 调试人员
5	DBAS 模拟一个 AI 信息点数值变化	DBAS 调试人员	结果报告 ISCS 调试人员
6	正常的轮询周期后，ISCS 观察是否能够读取 DBAS 系统 AI 点变化的报文	ISCS 调试人员	结果报告 DBAS 调试人员
7	DBAS 模拟一个 MI 信息点数值变化	DBAS 调试人员	结果报告 ISCS 调试人员
8	正常的轮询周期后，ISCS 观察是否能够读取 DBAS 系统 MI 点变化的报文	ISCS 调试人员	结果报告 DBAS 调试人员
9	ISCS 下发一个 DO 控制点，观察 DBAS 的 PLC 是否收到 ISCS 下发的命令	ISCS 调试人员	DBAS 调试人员反馈结果
10	ISCS 下发一个对时命令，观察 DBAS 的 PLC 是否收到 ISCS 下发的命令，并正确处理	ISCS 调试人员	DBAS 调试人员反馈结果

二、实验室点对点测试

1. 前提条件

（1）ISCS 已完实验室系统平台搭建，平台能模拟 ISCS 系统运行并工作正常。

（2）DBAS 系统 PLC/模拟器工作正常。

（3）ISCS 与 DBAS 已经完成协议测试。

2. 内容及步骤（见表 6-136）

ISCS—DBAS 点对点测试步骤表

表 6-136

序号	测试步骤	调试人员	信息传递
1	检查 ISCS、DBAS 均处于正常工作状态、ISCS 平台与 DBAS 系统 PLC/模拟器网络连接正常	ISCS、DBAS 调试人员	互通信息
2	DBAS 初始化点位信息，ISCS 对 DBAS 进行正常轮询	ISCS 调试人员	
3	DBAS 模拟一个 DI 信息点变化	DBAS 调试人员	结果报告 ISCS 调试人员
4	正常的轮询周期后，ISCS 观察是否能够在监控面板上显示信息变化	ISCS 调试人员	结果报告 DBAS 调试人员
5	重复上述步骤，完成该站所有 DI 点		
6	DBAS 模拟一个 AI 数值	ISCS 调试人员	结果报告 DBAS 调试人员
7	正常的轮询周期后，ISCS 观察是否能够在监控面板上显示数值	ISCS 调试人员	结果报告 DBAS 调试人员
8	重复上述步骤，完成该站所有 AI 点		
9	DBAS 模拟一个 MI 数值	ISCS 调试人员	结果报告 DBAS 调试人员
10	正常的轮询周期后，ISCS 观察是否能够在监控面板上显示数值	ISCS 调试人员	结果报告 DBAS 调试人员
11	重复上述步骤，完成该站所有 MI 点		
12	ISCS 下发一个 DO 控制点	ISCS 调试人员	DBAS 调试人员反馈结果
13	DBAS 观察 PLC 是否收到综合监控下发的 DO 控制点		
14	重复上述步骤，完成该站所有 DO 点		

三、车站端对端测试

1. 前提条件

（1）ISCS 系统车站设备已经投入运行并工作正常。

（2）DBAS 系统车站设备已经投入运行并工作正常。

（3）ISCS 与 DBAS 系统通信正常。

（4）ISCS 与 DBAS 已经完成协议、点对点测试。

（5）现在 DBAS 主要设备已经安装并单体调试完成。

2. 内容及步骤（见表 6-137）

ISCS—DBAS 端对端测试步骤表　　　　表 6-137

序号	测试步骤	调试人员	信息传递
1	检查 ISCS、DBAS 均处于正常工作状态、ISCS 平台与 DBAS 网络连接正常	ISCS、DBAS 调试人员	互通信息
2	DBAS 初始化点位信息，ISCS 对 DBAS 进行正常轮询	ISCS 调试人员	
3	打开监控面板，能正常显示该设备的所有信息	ISCS 调试人员	
4	DBAS 现场动作该设备，模拟一个设备 DI 信息点变化	ISCS 调试人员	结果报告 DBAS 调试人员
5	轮询周期后，ISCS 能正常接收 DEAS 系统 DI 点信息变化，能够正确显示在监控面板上。核对信息是否正确	ISCS 调试人员	结果报告 DBAS 调试人员
6	检查事件栏，信息是否正确，检查报警栏显示（如需要）	ISCS 调试人员	结果报告 DBAS 调试人员
7	重复上述步骤，完成该设备所有 DI 点		
8	保持该设备正常运行状态下，检查 ISCS 监控面板上电压、电流、频率等数值是否和 DEAS 检修工作站显示一致	ISCS 调试人员	结果报告 DBAS 调试人员
9	重复上述步骤，完成该设备所有 AI 点		
10	如果该设备具有远方控制点，ISCS 下发一个 DO 控制命令	ISCS 调试人员	DBAS 调试人员反馈结果
11	观察现场设备动作情况	DBAS 调试人员	
12	现场设备动作到位后，观察 ISCS 监控面板是否正常接收到现场反馈的信息	ISCS 调试人员	DBAS 调试人员反馈结果
13	重复上述步骤，完成该设备所有 DO 点		
14	重复 3—13 步，直到完成整个车站所有设备		

四、功能测试

1. 前提条件

（1）ISCS 系统车站设备已经投入运行并工作正常。

（2）DBAS 系统车站设备已经投入运行并工作正常。

（3）ISCS 与 DBAS 系统通信正常。

（4）ISCS 与 DBAS 已经完成协议、点对点、端对端测试。

2. 内容及步骤（见表 6-138）

ISCS—DBAS 功能测试步骤表　　　　表 6-138

序号	测试步骤	调试人员	信息传递
1	检查 ISCS、DBAS 均处于正常工作状态、ISCS 平台与 DBAS 网络连接正常	ISCS、DBAS 调试人员	互通信息
2	点开 HMI 观察正常情况下，车站 DBAS 的设备运行状态是否和现场一致	ISCS 调试人员	结果报告 DBAS 调试人员

序号	测试步骤	调试人员	信息传递
3	ISCS 单控一个车站的风机的开/关，观察 DBAS 反馈的信息是否正确	ISCS 调试人员	DBAS 调试人员反馈结果
4	DBAS 现场模拟一个风机故障报警点，ISCS 观察是否能够在 HMI 的报警栏报警	ISCS 调试人员	结果报告 DBAS 调试人员
5	ISCS 分别打开报警管理器和事件管理器查看刚才操作的报警和事件	ISCS 调试人员	结果报告 DBAS 调试人员
6	ISCS 对刚才的报警进行确认，观察该报警事件的变化	ISCS 调试人员	结果报告 DBAS 调试人员
7	ISCS 打开监控面板，观察正常情况下，风机电流、电压、频率的显示，和现场进行核对	ISCS 调试人员	结果报告 DBAS 调试人员
8	ISCS 操作报警管理器，对所有报警事件进行筛选，看是否按照选择的条件进行筛选	ISCS 调试人员	结果报告 DBAS 调试人员
9	ISCS 打开报表管理器，生成一个故障次数的报表，观察报表功能是否正确执行	ISCS 调试人员	结果报告 DBAS 调试人员
10	ISCS 打开模式管理器，切换一个空调模式，观察模式对照表，看设备的状态变化是否和预期变化一致	ISCS 调试人员	DBAS 调试人员反馈结果
11	ISCS 修改并下发一个新的测试时间表，观察 DBAS 是否反馈收到	ISCS 调试人员	DBAS 调试人员反馈结果
12	DBAS 切换 DBAS/远控按钮，ISCS 观察 DBAS 控制位置的变化	ISCS 调试人员	结果报告 DBAS 调试人员

6.4.3.35　ISCS 与五防（WF）接口测试方案

1. 前提条件

（1）ISCS 系统车站设备已经投入运行并工作正常。

（2）PSCADA 系统车站设备已经投入运行并工作正常。

（3）ISCS 与 PSCADA、WF 系统通信正常。

（4）ISCS 与 PSCADA 已经完成协议、点对点、端对端测试。

（5）综合监控环网搭建完成。

（6）现场电力设备均投入使用。

2. 内容及步骤（见表 6-139）

ISCS—WF 功能测试步骤表　　　　表 6-139

序号	测试步骤	调试人员	信息传递
1	检查 ISCS、PSCADA、WF 均处于正常工作状态、ISCS 平台与 WF 网络连接正常	ISCS、PSCADA 调试人员	互通信息
2	ISCS 单控一个车站的断路器，首先向 WF 发送检验请求	ISCS 调试人员	结果报告 PSCADA 调试人员
3	ISCS 检查校验请求结果是否通过	PSCADA 调试人员	结果报告 ISCS 调试人员

6.4.3.36　自动灭火与防烟防火阀接口测试方案

1. 前提条件

（1）自动灭火系统已完成自动灭火控制盘单机调试及主机调试，系统能够投入运行并工作正常，与防火阀接线已连接。

（2）防烟防火阀安装完毕后已按要求接线，动作可靠。

2. 内容及步骤

自动灭火系统模拟喷气状态，控制盘送出 DC24V、0.5A 的电源给相对应保护区的防火阀，测试系统联动功能是否到达设计目的，测试步骤、人员组织及信息传递详见表 6-140 和表 6-141。

气体自动灭火—防烟防火阀联动功能测试步骤表　　　　　　　　表 6-140

序号	测试步骤	调试人员	信息传递
1	检查自动灭火系统、现场环控设备已全置于测试位，发布开始测试命令	现场总指挥	自动灭火系统、防烟防火阀现场组
2	自动灭火系统现场控制盘按紧急启动模拟喷气	自动灭火调试人员	结果反馈防烟防火阀调试人员
3	检查自动灭火控制盘防烟防火阀输出端子是否有 DC24V 输出	自动灭火调试人员	结果反馈防烟防火阀调试人员
4	检查防烟防火阀是否全部动作　并报告自动灭火负责人	防火阀调试人员	自动灭火调试人员
5	自动灭火及防烟防火阀都进行复位	自动灭火、防烟防火阀调试人员	结果报告现场总指挥

防烟防火阀—自动灭火联动功能测试步骤表　　　　　　　　表 6-141

调试项目		备注
自动灭火检查（此时必须断开电磁阀）	检查自动灭火系统是否正常运行	
	自动灭火系统打到自动状态	
防火阀检查	检查防火阀是否处于开启状态	
	检查防火阀是否按要求接线	
自动灭火自动或手动状态		
自动灭火控制盘启动，模拟喷气状态		
检查控制盘防火阀输出端子有 24V 电压		
相应保护区防火阀全部动作		
复位	自动灭火系统复位	
	防火阀复位	

6.4.4　接口调试问题处理

车站设备系统内外部接口繁多，难免会存在接口问题，为减少或避免接口试验过程中接口问题的发生，应在试验前作好充分的准备工作，尤其应明确接口界面和职责的划分，为统一接口各方对接口划分的理解，建议在接口测试前各方应确定、签署接口协议书，对接口试验成功与否、责任追溯应以合同及统一版本的接口协议书为准。

（1）接口问题的主要处理原则。

① 各子系统供货商必须保证在标准的接口环境下，自己本身系统的网络功能全部实现。在对接试验过程中，服从设备监造商管理，如接口试验出现问题，应首先查找自身问题，严禁不负责任地指责对方或扯皮推诿，只有经反复查找测试后保证自身设备的接口确实无问题时，方可向设备监造商提出接口确认测试。接口试验由供货商自行承担参加试验的设备运输和费用。

② 设备监造商负责接口试验计划的制定，组织实施，出现问题及时向业主报告，负责填报试验报告。当试验出现问题或发生争执时，负责组织查找问题的原因，调解争执，确认产生问题的一方，并监督其迅速解决问题。接口试验期间，设备监造商将驻厂监督、指挥。

（2）当设备监造商组织的测试仍不能明确问题的一方时，确定哪一方进行修改的可能发生不同意见。一旦发生这样的情况，按如下原则处理。

① 业主和设备监造商对接口问题产生的原因取得一致意见时，问题被确认的一方做修改。

② 一方能拿出令人信服的或者公认确凿的证据，表明该设备完全符合技术标准（如同一块单板在与其他子系统对接时性能良好，与之对接的系统工作完全正常），则另一系统修改。

③ 系统设备技术含量低、设备结构简单的一方修改（设备监造商、业主、设计共同裁定）。

④ 合同额小的一方修改。

⑤ 测试表明双方同时偏差较大时，双方都向同一方向修改（设备监造商、业主、设计共同裁定）。

6.4.5 接口问题的分析方法

以下对几个主要的车站设备系统，在接口试验过程中出现的接口问题作出分析，并提出解决办法建议。

（1）通风空调系统与低压配电系统

① 接口分界和责任

风冷式冷水机组、组合式空调器由低压配电系统负责将电缆铺设到设备旁，并接线。

大型风机、小型风机、柜式空调器、风机盘管的接口在设备的接线端子，由低压配电系统负责电缆铺设和接线。

风量调节阀的接口在风阀电动执行器的接线端子，由低压配电系统负责动力及控制电缆铺设和接线。

通风空调系统提出所属设备的控制要求和联动要求，低压配电系统实施通风空调系统所属设备供电回路的一次系统（主回路）和二次系统（控制系统）。

② 在联调过程中处理接口问题的办法（见表6-142）

通风空调系统与低压配电系统联调过程中处理接口问题表　　　表6-142

接口问题	原因	处理办法	责任方
设备反转	相序接反	调整相序	低压配电
电缆与设备接口发热	连接口松动	紧固接口	低压配电
	电缆与设备的容量不符	更换电缆	低压配电
	或备接口与设备的容量不符	设备供货商对接口重新制作	通风空调系统
设备无法运转（有电）	设备转动部分机械故障	设备供货商更换设备	通风空调系统
开停顺序控制不符或不能实现	配电系统的二次回路错误	检查二次回路接线	低压配电
设备运转后未能达到营运要求	设备选型不符设备技术参数未达到要求	重新核算设备供货商更换设备	通风空调系统

（2）通风空调系统与火灾自动报警系统

① 接口分界和责任

通风空调系统提供防火排烟阀开启、关闭状态反馈信号端子，配合火灾自动报警系统调试，火灾自动报警系统负责其信号端子的接线。

② 在联调过程中处理接口问题的办法（见表 6-143）

通风空调系统与火灾自动报警系统联调过程中处理接口问题表　　　表 6-143

接口问题	原因	处理办法	责任方
信号显示不正确	控制线连接出错	核查接线	火灾自动报警系统
	防火排烟阀接点不动	检查、更换	通风空调系统

（3）通风空调系统环境与设备监控系统联调接口问题的处理办法

① 接口分界和责任

环境与设备监控系统提供风管温湿度传感器、供回水管温度传感器、供回水管压力传感器、供回水管末端压差传感器、流量计等及电动二通阀，完成上述仪器仪表校验及调试，并完成站级控制调试。

通风空调系统负责风管温湿度传感器、供回水管温度传感器、压力传感器、末端压差传感器、流量计等及电动二通阀（DN25 及以下由车站承包商提供）的安装，完成通风空调各工况调试，配合环境与设备监控系统实现站级控制调试。

在 BAS 控制器对隧道风机按车站监控对象一览表进行正转、反转监控，实现功能试验正确，正转、反转、车控/环控、环控/现场的状态信号和故障信号显示正确。

在 BAS 控制器对双速风机按车站监控对象一览表进行高速、低速监控，确保功能试验正确，高速、低速、车控/环控、环控/现场的状态信号和故障信号显示正确。

在 BAS 控制器对风阀按车站监控对象一览表进行开、关监控，确保功能试验正确，开关、车控/环控、环控/现场的状态信号和故障信号显示正确。

在 BAS 控制器对组合空调机按车站监控对象一览表进行开启、停止监控，确保功能试验正确，开关、车控/环控、环控/现场的状态信号和过滤网堵塞、故障信号显示正确。

在 BAS 控制器对新风机、回排风机、送风机、排烟机、射流风机、轨道风机按车站监控对象一览表进行开启、停止监控，确保功能试验正确，开关、车控/环控、环控/现场的状态信号和故障信号显示正确。

在 BAS 控制器对电动蝶阀按车站监控对象一览表进行开启、关闭监控，确保功能试验正确，开关、车控/环控的状态信号和故障信号显示正确。

在 BAS 控制器对小水系统冷冻水泵按车站监控对象一览表进行监视，确保功能试验，水泵的启停、手动/自动的状态信号和故障信号显示正确。

在 BAS 控制器对电动二通阀按车站监控对象一览表进行调节功能试验，确保电动二通阀调节功能正确，电动二通阀开度指示和电气限位装置正确。

② 处理接口问题的办法（见表 6-144）

通风空调系统与环境与设备监控系统联调过程中处理接口问题表　　　表 6-144

接口问题	原因	处理办法	责任方
监控功能试验不正确	控制线连接出错	核查接线	BAS
信号显示不正确	软件集成出错	改正	BAS

（4）低压配电系统与火灾自动报警、站台门、门禁、自动扶梯、给排水及自动灭火等系统

① 接口分界和责任

联调前，低压配电系统完成以上各系统的电源箱（双电源切换箱）的安装、接线、检查、

调试，接口为电源箱（电源切换箱）出线开关下端，电源箱（电源切换箱）经检测合格后再由各系统进行电气接线；并根据各系统的用电要求进行供电，交给各专业使用。

低压配电专业负责安装接地端子箱，在各专业进行接地连接前安装完毕并进行测试验收，确认合格后交给各专业使用。

② 处理接口问题的办法（见表 6-145）

低压配电系统与火灾自动报警系统等联调过程中处理接口问题表 表 6-145

接口问题	原因	处理办法	责任方
设备反转	相序接反	调整相序	低压配电
电缆与设备接口发热	连接口松动	紧固接口	低压配电
	电缆与设备的容量不符	更换电缆	
设备无法运转（有电）	设备转动部分机械故障	设备供货商更换设备	其他系统
开停顺序控制不符或不能实现	配电系统的二次回路错误	检查二次回路的接线	其他系统
设备运转后未能达到运营要求	设备选型不符设备技术参数未达到要求	重新核算设备供货商更换设备	其他系统

（5）低压配电系统与环境与设备监控系统

① 接口分界和责任

低压配电系统负责环境与设备监控系统至环控电控室控制柜、照明配电室、事故照明电源装置、给排水设备等控制箱之间的电缆铺设及电缆连接，接口分别在环控室控制柜和环境与设备监控系统控制箱的接线端子上，安装完成后联合进行回路检查和监控功能的调试。

低压配电系统负责提供设备环境与设备监控系统的电源，接口在环控电控室、车站控制室的供电电源箱的出线开关，在环境与设备监控系统进行电源连接时低压配电专业需安装电源箱并调试好电源，确认系统正常且无强电窜入控制信号线，根据设备环境与设备监控系统的进度要求进行供电。

低压配电系统负责在环控电控室和车站控制室的接地箱的端子排的电缆连接及电缆铺设，完成安装和测试合格后，供环境与设备监控系统接地用，接口在接地端子箱的端子处。

对于水泵、电动阀门、风机、风阀、防火阀等设备的监视和控制，接口在环境与设备监控系统控制箱的接线端子，在各设备控制箱（柜）和环境与设备监控系统控制箱（柜）完成安装后，低压配电系统进行电缆铺设，根据设计的要求进行现场控制、调试和环境与设备监控系统模拟试验，确认回路、功能正确后接入环境与设备监控系统回路，配合环境与设备监控系统调试。

对站台、站厅一般照明、节电照明、设备管理区（设备管理房）照明、通道照明按车站监控对象一览表进行投切监控，确保功能试验正确，开关的状态显示正确。

对广告照明、三类负荷按车站监控对象一览表进行投切监控，确保功能试验正确，开关的状态显示正确。

在事故照明装置的端子上，提供事故照明装置与环境与设备监控系统的接口，进行模拟试验和测试，确认无误后供环境与设备监控系统进行连接，并配合环境与设备监控系统进行设备的联调。对蓄电池进行监控，确保功能试验、放电状态、充电状态、交流电压正常、直流电压正常、故障信号显示正确。

② 在联调过程中处理接口问题的办法（见表 6-146）

低压配电系统与 BAS 联调过程中处理接口问题表 表 6-146

接口问题	原因	处理办法	责任方
电缆与设备接口发热	连接口松动	紧固接口	低压配电 BAS
	连接口松动	紧固接口	
监控模式不正确，信号显示不正确	控制线连接出错	核查接线	低压配电
	软件集成出错	改正	BAS/低压配电

续表

接口问题	原因	处理办法	责任方
软通信口通信故障率高	软件集成出错、通信线路不匹配、通信介质电缆不合格	核对通信协议、修改通信线路匹配电阻、更换通信电缆	不符合通信协议的一方修改程序、提供匹配电阻的一方修改电阻、电缆供货商

（6）给排水系统与环境与设备监控系统

① 接口分界和责任

给排水及消防系统与环境与设备监控系统的接口为设备控制箱的接线端子。给排水系统安装控制箱后，环境与设备监控系统完成配线。

对给排水系统的污水泵、废水泵、区间水泵按车站监控对象一览表进行监控功能试验，A 泵启停、B 泵启停、自动/手动状态信号和 A 泵故障、B 泵故障、水位高、水位低故障信号显示正确。

对给排水系统的电动蝶阀按车站监控对象一览表进行蝶阀开启、关闭监控，确保功能试验正确，蝶阀开、关、车控/环控状态和故障信号显示正确。

② 处理接口问题的办法（见表 6-147）

给排水系统与环境与设备监控系统联调过程中处理接口问题表　　表 6-147

接口问题	原因	处理办法	责任方
信号显示不正确	控制线连接出错	核查接线	环境与设备监控系统
	接点接触不良	检查、更换	给排水系统
	软件集成出错	改正	环境与设备监控系统

（7）自动灭火系统与火灾自动报警系统

① 接口分界和责任

自动灭火系统与火灾自动报警系统的接口为消火栓泵、喷淋泵控制箱的接线端子排和喷淋系统的水流开关、检修信号阀、湿式报警阀的接线盒内以及气体灭火系统控制盘端子排上。自动灭火系统安装后，火灾自动报警系统完成配线。自动灭火系统每个防护区向车站 FAS 系统发送火灾预报警信号、火灾确认信号、系统故障信号、气体释放信号、自动/手动状态信号。

② 处理接口问题的办法（见表 6-148）

自动灭火系统与环境与设备监控系统联调过程中处理接口问题表　　表 6-148

接口问题	原因	处理办法	责任方
控制联动不正确 信号显示不正确	控制线连接出错	核查接线	FAS
	接点接触不良	检查、更换	自动灭火系统
	软件集成出错	改正	FAS

（8）自动扶梯系统与环境与设备监控接口

① 接口分界和责任

模拟火灾状态，对自动扶梯进行停靠安全层控制，并能显示自动扶梯停靠安全层并开门放人后的信息。对扶梯按车站监控对象一览表进行监视功能试验，扶梯上行、扶梯下行状态信号和左扶手带故障、右扶手带故障、一般故障信号显示正确。环境与设备监控系统安装完毕，具备站级系统调试条件后，通过监造项目工程师和业主，知会自动扶梯承包商，配合自动扶梯承包商进行监控功能调试。环境与设备监控系统负责自动扶梯控制箱的端子排至环境与设备监控系统控制器间电缆铺设及连接，接口为自动扶梯控制箱的端子排，保证接线正确且无强电窜入控制信号线，之后才能进行模拟调试。

② 处理接口问题的办法（见表6-149）

自动扶梯与环境与设备监控系统联调过程中处理接口问题表   表 6-149

接口问题	原因	处理办法	责任方
控制联动不符、 信号显示不正确	信号线连接出错	核查接线	BAS
	接点接触不良	检查、更换	自动扶梯系统
	软件集成出错	改正	BAS

（9）火灾自动报警系统与环境与设备监控系统

① 接口分界和责任

接口位置：在车站控制室的火灾报警控制盘的通信接口上。

接口要求：火灾时，火灾报警控制盘根据预先设定的程序向环境与设备监控系统发出火灾模式指令，由环境与设备监控系统按照相应的火灾模式启动风机、风阀等消防联动设备进行救灾，并将其接收确认的信号反馈给FAS。线缆由环境与设备监控专业安装。

② 处理接口问题的办法（见表6-150）

火灾自动报警系统与环境与设备监控系统联调过程中处理接口问题表   表 6-150

接口问题	原因	处理办法	责任方
通信不上	通信线连接出错	核查接线	BAS、FAS
通信故障率高	软件集成出错、通信线路不匹配、通信介质电缆不合格	核对通信协议、修改通信线路匹配电阻、更换通信电缆	不符合通信协议的一方修改程序、提供匹配电阻的一方修改电阻、电缆供货商
模式编码不能发送、接收	软件集成出错、编码格式不符合协议规定、通信卡故障	核对通信协议、修改通信软件、更换通信卡	不符合通信协议的一方修改程序、提供通信卡供货商更换通信卡

（10）火灾自动报警系统与综合监控系统

① 接口分界和责任

与综合监控系统的接口位置在综合监控FEP接口上，由综合监控系统提供二对RJ45的以太网通信接口给FAS，实现FAS在车站与综合监控集成，车站火灾报警控制盘到综合监控FEP之间的连接电缆由火灾自动报警系统供货商提供铺设。

② 处理接口问题的办法（见表6-151）

火灾自动报警系统与综合监控系统联调过程中处理接口问题表   表 6-151

接口问题	原因	处理办法	责任方
通信不上	通信线连接出错	核查接线	ISCS、FAS
通信故障率高	软件集成出错、通信线路不匹配、通信介质电缆不合格	核对通信协议、更换通信电缆	不符合通信协议的一方修改程序、提供通信电缆供货商负责更换通信电缆
模式编码不能发送、接收	软件集成出错、编码格式不符合协议规定、通信卡故障	核对通信协议、修改通信软件、更换通信卡	不符合通信协议的一方修改程序、提供通信卡供货商更换通信卡
冗余切换功能不能实现	软件集成出错、通信卡故障	核对通信协议、修改通信软件、更换通信卡	不符合通信协议的一方修改程序、提供通信卡供货商更换通信卡

（11）屏蔽门系统与综合监控系统（ISCS）

① 接口分界和责任

对屏蔽门进行回路模拟和监控功能试验，确保运行状态和故障信号显示正确。ISCS安装完毕，具备站级系统调试条件后，通过监造项目工程师和业主，知会承包商，配合ISCS设备供货商与屏蔽门系统承包商进行监控功能调试。

屏蔽门系统承包商负责在屏蔽门设备室的中央接口盘提供通信电缆的接线端子ISCS负责此

端子至 ISCS 的电缆铺设及连接。接线前要求屏蔽门系统设备安装接线完成。

② 处理接口问题的办法（见表 6-152）

屏蔽门系统与综合监控系统联调过程中处理接口问题表 表 6-152

接口问题	原因	处理办法	责任方
回路模拟和监控功能试验不正确，信号显示不正确	控制线连接出错	核查接线	ISCS、屏蔽门系统
	连接口接触不良	检查、更换	ISCS、屏蔽门系统
	软件集成出错	改正	ISCS、屏蔽门系统

（12）环境与设备监控系统与综合监控系统（ISCS）

① 接口分界和责任

ISCS 和 BAS 系统之间有二种接口：以太网软接口、IBP 盘硬接点接口。

BAS 提供从 BAS 控制器到 ISCS 设备房 FEP 连接器的带电缆标识的 2 根 RJ45 以太网线。通信介质采用屏蔽双绞线。采用 ModbusTCP/IP 协议传输数据，传输速率：10Mbps。

ISCS 将通过写 BAS 的 PLC 寄存器，向 BAS 提供时钟同步信号。

ISCS 的前置处理机上提供 2 路 RJ45 标准网络接口，符合 IEEE 802.3 标准。

通信接口支持通用的、开放的、软件解码的协议。

当现场发生任何变化时，接口上的数据应实时更新。

接口的通信通常采用查询或事件触发方式进行。

② 以太网接口分界

在车站的综合监控设备室综合监控系统的前端处理机或交换机接线端子上。BAS 冗余 PLC 控制器通过 2 路 100M 以太网，分别与车站级 ISCS 的 FEP 相连。通信电缆由 BAS 负责。

在控制中心的大楼车辆段综合监控设备室综合监控系统的前端处理机或交换机接线端子上。通信电缆由 BAS 负责。

接口形式：通信线；接口内容：数据交换、通信协议、监控功能、维修功能；传输介质：光纤或工业总线。

③ BAS 责任

负责环控电控室 BAS 控制柜至综合监控系统的前端处理机通信接口的以太网通信线设计。

负责布置在 IBP 盘面的防灾紧急按钮和指示灯的数量、控制功能设计（紧急按钮、指示灯由综合监控系统提供）。

设计 IBP 盘内的 RI/O 及接线端子（接线端子由综合监控系统提供）。

提出传输信息量、传输速率。

提出中央级、车站级综合监控系统、全线总维修工作站功能要求。

提出控制中心大屏幕显示位置和内容的要求。

提出 BAS 时钟同步要求。

④ ISCS 责任：满足 BAS 提出的要求

双方协商解决接口方案的主要内容有（但不限于）：传输信息量、传输通道、传输速率匹配、控制模式、数据（监控信息、维修信息）格式、通信规约协议匹配、控制指令、控制模式的传输和信息校核。详细的接口方式及内容在下阶段由综合监控系统的供货商和 BAS 的供货商办商解决。

⑤ 与综合监控 IBP 盘接口划分

接口位置：在车控室 IBP 盘二次端子排。

综合监控预留 IBP 盘上 BAS 接收模式控制信号的 RI/O 及其端子排的安装位置。由 BAS 供货商提供 IBP 盘上 BAS 的 RI/O。

接口形式：硬线；接口内容：安装位置和尺寸、端子要求、应急按钮、信号灯数量和功能；传输介质：单芯铜芯线。

在车站控制室的 IBP 盘上，BAS 与 ISCS 之间采用的是硬接线的接口方式；用于完成综合监控系统在灾害情况下，对 BAS 的模式控制。

综合监控系统的按钮输出作为 BAS 的 RI/O 的数字量输入信号，用于触发灾害运行模式的输出。综合监控系统的指示灯接收 BAS 的 RI/O 的数字量输出信号进行模式运行状态显示。

IBP 盘的灯与按钮均接入综合监控所管辖的端子排上，从 ISCS 端子到 BAS 的 RI/O 模块端子的连接配线，以及 RI/O、DC24V 电源的配装等都将在 IBP 盘制造厂统一完成。由 BAS 负责连接线并提供配装样机；AC220V 电源由 ISCS 提供。

注：BAS 供货商将提供并安装 BAS RI/O，ISCS 供货商将在 IBP 盘内预留足够的安装空间。

⑥ 处理接口问题的办法（见表 6-153）

BAS 与 ISCS 联调过程中处理接口问题表　　　　　　　　　表 6-153

接口问题	原因	处理办法	责任方
通信不上	通信线连接出错	核查接线	ISCS、FAS
通信故障率高	软件集成出错、通信线路不匹配、通信介质电缆不合格	核对通信协议、更换通信电缆	不符合通信协议的一方修改程序、提供通信电缆供货商负责更换通信电缆
通信编码不能发送、接收	软件集成出错、编码格式不符合协议规定、通信卡故障	核对通信协议、修改通信软件、更换通信卡	不符合通信协议的一方修改程序、提供通信卡供货商更换通信卡
冗余切换功能不能实现	软件集成出错、通信卡故障	核对通信协议、修改通信软件、更换通信卡	不符合通信协议的一方修改程序、提供通信卡供货商更换通信卡

（13）屏蔽门系统与信号专业

① 接口分界和责任

在屏蔽门设备室的中央接口盘的通信电缆的接线端子，线缆由信号专业安装。

② 在联调过程中处理接口问题的办法（见表 6-154）

屏蔽门系统与信号专业联调过程中处理接口问题表　　　　　　表 6-154

接口问题	原因	处理办法	责任方
传输速度不符，控制精度不够	控制线连接出错或质量差	核查接线	信号专业、屏蔽门系统
	连接口接触不良	检查、更换	信号专业、屏蔽门系统
	软件集成出错	改正	信号专业、屏蔽门系统

（14）环境与设备监控系统与通信系统

① 接口分界和责任

环境与设备监控系统安装工程完毕，具备中央级系统调试条件后，通过监造项目工程师和业主，知会通信系统承包商，配合本系统设备供货商与通信系统承包商进行通信测试。通信系统承包商在通信设备室的配线架或以太网接口卡上提供一个通信接口供设备环境与设备监控系统进行电缆连接。

② 处理接口问题的办法（见表 6-155）

BAS 与通信系统联调过程中处理接口问题表　　　　　　　　表 6-155

接口问题	原因	处理办法	责任方
传输通道不符	光纤连接出错	核查接线	环境与设备监控系统
	连接口接触不良	检查、更换	环境与设备监控系统
	软件集成出错	改正	通信专业

6.5 机电设备系统联调

在完成环境与设备监控系统与各子系统的对接后，便可进行车站机电设备系统的功能调试。
机电设备系统的功能调试主要是指按照地铁运营
要求事先设计的各种运营模式与控制工艺要求。
如：正常运营模式、防灾事故运营模式、时间表
模式、顺序控制要求、设备联动互锁要求、环境
参数过程控制要求等。

设备监造商将组织机电设备监控系统供应商、
各机电设备公益供应商，会同业主单位一道对调试
大纲中要求的各项机电设备系统功能，进行逐项调
试，并对调试过程中出现的问题与解决办法进行记
录，填写调试记录报告，作为车站机电设备系统功
能验收的依据，图 6-28 为消防联动策划。

图 6-28　消防联动策划

6.5.1 BAS 模式联调

因模式调试涉及的专业和设备比较多，每个模式需要动作的设备也很多，设备分布比较广。
在模式切换时，设备动作又比较频繁，设备容易出现故障。因此更需要施工单位和设备供货商
提供有力的支持，并做好安全防护工作。图 6-29 为 BAS 模式功能调试监测。对于由于某些设备
的故障导致个别模式不能成功执行的话，可以先做记录后跳过这个模式。待全部测试完成后再
返回来解决问题。BAS 模式调试内容及人员安排如表 6-156 所示。

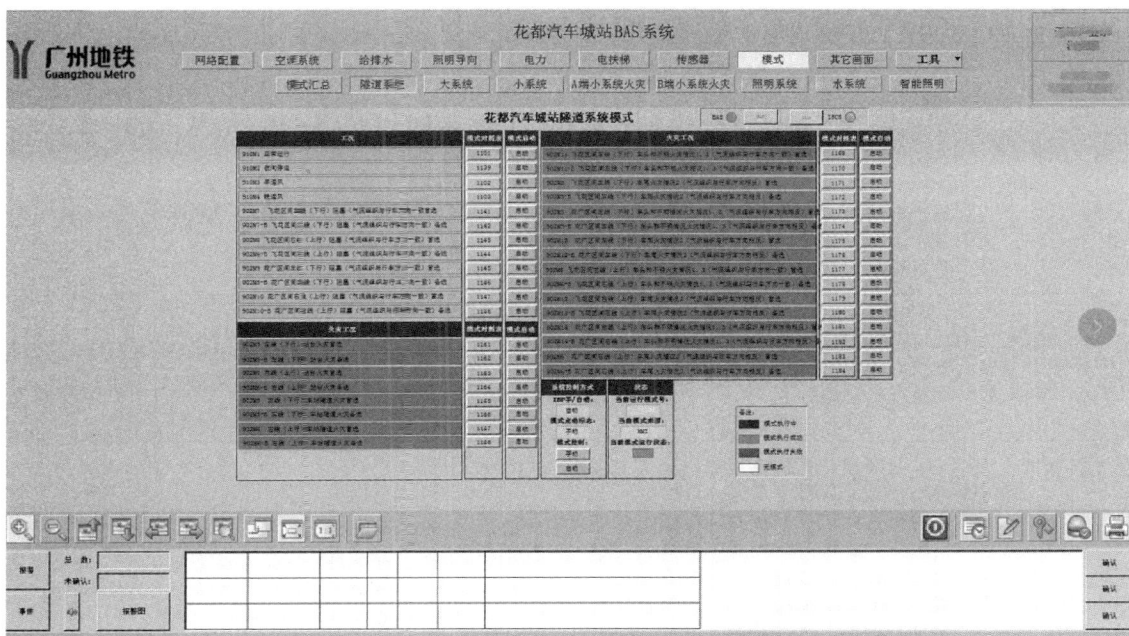

图 6-29　BAS 模式功能调试监测

BAS 模式调试内容及人员安排表　　　　表 6-156

序号	调试步骤	测试内容	人员安排	所需的工具及资料	注意事项
1	照明导向系统调试	所有照明导向回路转到车控位，由 BAS 上位下载模式	BAS 厂家 1 人，施工单位 3 人，低压供货商 2 人	万用表，手提电脑，房间钥匙，对讲机，下位程序，上位画面，照明导向模式表，测试表格	需要施工单位低压及 BAS 专业配合，低压配电供货商配合
2		通过上位模式画面的设备状态与照明导向模式表与进行核对			
3	小系统调试	所有小系统风机风阀转到车控位，风机的就地控制箱转到环控，由 BAS 上位、FAS 接口和 IBP 盘下发模式	BAS 厂家 1～2 人，施工单位 4 人，各供货商分别 1 人	万用表，手提电脑，房间钥匙，对讲机，下位程序，上位画面，环控工艺，测试表格	需要施工单位 BAS、低压及环控专业配合，智能低压、风机、风阀、FAS 供货商配合
		通过上位模式画面的设备状态与环控模式表与进行核对			
4	大系统调试	所有大系统风机风阀转到车控位，风机的就地控制箱转到环控，由 BAS 上位、FAS 接口和 IBP 盘下发模式	BAS 厂家 1～2 人，施工单位 4 人，各供货商分别 1 人	万用表，手提电脑，房间钥匙，对讲机，下位程序，上位画面，环控工艺，测试表格	需要施工单位 BAS、低压及环控专业配合，智能低压、风机、风阀供货商配合
		通过上位模式画面的设备状态与环控模式表与进行核对			
5	隧道系统调试	所有隧道系统风机风阀转到车控位，风机的就地控制箱转到环控，由 BAS 上位和 IBP 盘下发模式	BAS 厂家 1～2 人，施工单位 4 人，各供货商分别 1 人	万用表，手提电脑，房间钥匙，对讲机，下位程序，上位画面，环控工艺，测试表格	需要施工单位 BAS、低压及环控专业配合，智能低压、风机、风阀供货商配合
		通过上位模式画面的设备状态与环控模式表与进行核对			
6	水系统调试	所有水系统设备转到车控位，水泵就地控制箱转到环控或主机控，由 BAS 上位下载模式	BAS 厂家 1～2 人，施工单位 4 人，各供货商分别 1 人	万用表，手提电脑，房间钥匙，对讲机，下位程序，上位画面，环控工艺，测试表格	需要施工单位 BAS、低压及环控专业配合，智能低压、水泵、冷机供货商配合
		通过上位模式画面的设备状态与环控模式表与进行核对			
7	各系统火灾模式联动测试	测试某一系统执行火灾模式时其他系统是否联动执行相应模式	BAS 厂家 1～2 人，施工单位 4 人，各供货商分别 1 人	万用表，手提电脑，房间钥匙，对讲机，下位程序，上位画面，环控工艺，测试表格	需要施工单位所有专业配合，所有供货商配合
8	各系统自动模式、PID 测试	按工艺要求在下位模拟环境参数，通过上位画面观察模式切换和执行情况。二通阀 PID 则需要开启冷机，通过分析温度变化的曲线对 P、I 值进行调整。水系统则根据环口协议的要求进行测试	BAS 厂家 1～2 人，施工单位 4 人，各供货商分别 1 人	万用表，手提电脑，房间钥匙，对讲机，下位程序，上位画面，环控工艺，测试表格	需要施工单位所有专业配合，所有供货商配合

6.5.2 BAS 与 FAS、门禁、AFC、自动灭火、低压、综合监控系统以及电扶梯等系统的综合调试

6.5.2.1 前提条件

（1）FAS 已经完成系统内空制盘，车站级的调试，程序联动控制的调试，系统投入运行并正常工作。

（2）BAS 已经完成所有站级的电动调试，程序控制的调试，车站级的调试，系统能够投入运行并工作正常。

（3）自动灭火系统已完成系统内各项调试，系统投入运行并工作正常；在做气体保护区域火灾模拟以及可能导致气体保护动作的相关测试时，自动灭火专业人员应确保已断开车站所有电磁阀回路。

（4）车站机电设备及环控设备已投入运行，工作状况良好。

（5）确保与 BAS 有接口但不属于本次调试范围的其他专业的正常运行；如有必要，可对类似专业先断开接口，然后进行综合联调，以避免对该类专业的非正常影响。

6.5.2.2 放烟人员组织（表6-157）

放烟人员组织表

表 6-157

序号	参加单位	专业
1	施工单位	低压专业、通风空调专业、气体灭火专业、智能专业
2	供货商调试人员	BAS、FAS、低压、风阀、大风机、气体灭火、屏蔽门
3	设计单位	各专业设计
4	监理单位	组织施工单位调试人员
5	设备监造商	组织厂家调试人员
6	业主单位	总体协调

6.5.2.3 放烟准备工作

（1）准备放烟测试器具：炬饼、对讲机、风速仪、DV、DC、照度计。

（2）施工单位提前半天通知 119 和当地社区地铁车站要放烟测试。

（3）施工单位低压专业检查现场低压设备状态，检查低压环控柜一次电源回路是否全部投入、二次回路开关是否打到 BAS 控制状态；检查就地控制箱和照明控制箱、EPS 装置是否都打到自动状态。

（4）通风空调专业检查现场设备状况，检查各密闭门是否关闭、风道内有无杂物。

（5）自动灭火专业将气体灭火设备全部打到手动状态。

（6）BAS、FAS 厂家检查火灾报警主机、BAS 工作站各设备是否正常，所有设备是否处于自动状态。

6.5.2.4 内容及步骤

BAS 与 FAS、自动灭火、环控、IMCC 的联动测试如表 6-158 所示，放烟试验如图 6-30 所示。

179

BAS 与 FAS、自动灭火、环控、IMCC 的联动测试表　　　　表 6-158

序号	测试步骤	调试人员	信息传递
1	用烟枪模拟发生火警的烟雾,制造出一级报警信号(检查自动灭火系统控制盘的反应)	气体灭火调试人员	结果报告车控室 FAS 调试人员
2	检查自动控制盘及 FAS 工作站的反应	车控室 FAS 调试人员	结果反馈现场自动灭火系统调试人员
3	用温枪(电吹风)模拟发生火警的高温,制造出二级报警信号。检查气体灭火系统控制盘的反应	现场气体灭火系统调试人员	结果报告车控室 FAS 调试人员
4	检查自动控制盘及 FAS 工作站的反应	车控室 FAS 调试人员	结果反馈现场自动灭火系统负责人、报告 BAS 调试人员
5	检查相关环控设备是否正确启动,启动顺序是否正确	BAS、环控电控室组、现场环控设备检查组调试人员	各组检查结果统一报现场总指挥
6	检查自动灭火系统现场的声、光报警是否正确,报警指示是否正确	现场气体灭火系统调试人员	现场自动灭火系统调试人员
7	检测自动灭火系统保护区现场受控设备(防火阀、送/排风机)联动信号是否到位	现场气体灭火系统调试人员	结果报告 FAS 调试人员
8	检查受控设备的状态在自动控制盘及 FAS 工作站上显示是否正确	车控室 FAS 专业调试人员	结果反馈现场自动灭火系统调试人员
9	二级报警延时 30 秒后,检测气体灭火系统控制盘是否输出喷气信号;到气瓶间人工动作压力开关	现场气体灭火系统调试人员	结果报告车控室 FAS 调试人员
10	检查自动控制盘及 FAS 工作站是否接收到气体释放信号	车控室 FAS 专业调试人员	结果反馈现场自动灭火系统调试人员
11	复位,试验转换手/自动状态,检查气体灭火系统控制盘的反应	现场气体灭火系统调试人员	结果报告车控室 FAS 调试人员
12	检查自动控制盘及 FAS 工作站是否接收到正确的状态信号	FAS 调试人员	结果反馈现场自动灭火系统调试人员
13	复位,制造任意一故障(如断开电池电源),检查自动灭火系统控制盘显示是否正确	现场气体灭火系统调试人员	结果报告车控室 FAS 调试人员
14	检查自动控制盘及 FAS 工作站是否接收到正确的故障信号	车控室 FAS 专业调试人员	结果反馈现场自动灭火系统调试人员
15	重复以上各步,直至完成所有自动灭火系统保护区的测试	—	—

图 6-30　放烟试验

6.5.2.5　放烟结束

(1)烟雾排尽,FAS 人员复位火警主机,BAS 人员复位 BAS,自动灭火复位系统。

(2)各专业记录下测试发现的问题,进行整改。

注:车站移交运营后,放烟须提前请点,并由各专业运营人员配合方可。

6.5.3 ISCS 与 BAS、FAS、AFC、低压配电、杂散电流、变电所综合自动化、防淹门、信号、屏蔽门等系统的综合联调

6.5.3.1 机电联调

1. 联调前提条件

(1) 机电系统设备已投入运行，与下层设备通信连通，所有监控功能均具备，各机电系统运行状况良好，无故障。

(2) 车站级、中央级综合监控系统与机电系统完成设备端对端联调，各系统运行状况良好。

(3) 综合监控系统设备已经具备车站级和中央级对机电系统的联调功能，工作状况良好。

(4) 综合监控系统与机电系统的通信通道满足其数据的传输要求。

(5) 要求各设备厂家及施工单位人员在联调前检查本专业设备运行正常，配合调试人员需培训到位。

(6) 综合监控系统全线（含 OCC）骨干网已经调通，通信状态良好，无断点，无丢包现象。

2. BAS 模式联调

(1) 组织各单位召开联调前准备会和联调方案审查会，主要参与方有：各专业业主、运营单位、设计单位、施工单位、监理、设备监造商、供货商（含综合监控系统厂家、机电设备厂家）。

(2) 供货商及施工单位对软硬件进行检查。针对检查结果进行相关整改。

(3) 模式联调内容包括：照明导向系统、小系统、大系统、隧道系统、水系统、火灾系统。

3. 消防演练

(1) 角色

消防联动（除出无盖车辆段和停车场）由 FAS、BAS、ISCS 等多个专业协同完成。FAS 主要负责火灾探测并确认报警，BAS 联动非烟设施，综合监控系统联动相关系统。综合监控系统将站内 BAS、FAS 的底层数据收集并上传至 OCC 调度中心，通过综合监控系统可直接下达火灾报警相关控制命令。在整个消防演练的过程中，综合监控充当"大脑"的角色。消防联动系角色图如图 6-31 所示。

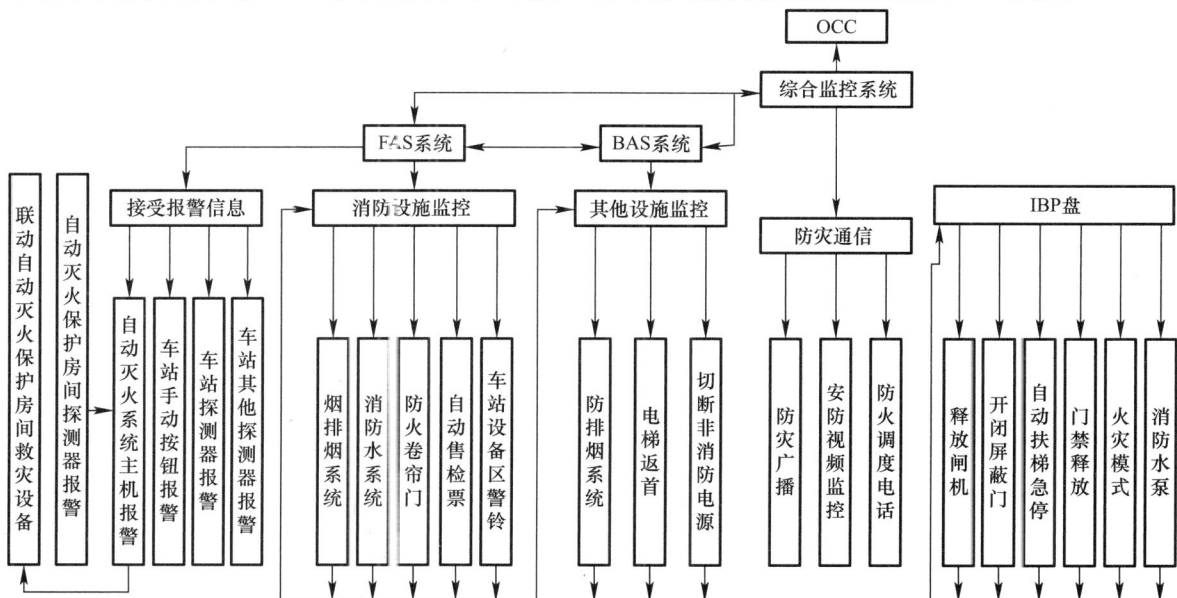

图 6-31　消防联动系统角色图

（2）联动内容（见表 6-159）

消防联动内容表

表 6-159

序号	联动模式	优先级	联动的事件名称	触发条件	触发条件	联动系统	联动内容	工作站名称（如果有）	操作权限（如果有）	联动的预期结果
1	车站	高	站台层火灾	FAS向MCS发出站台火灾报警	站台层火灾	FAS CCTV PA MCS	当车站 MCS 收到 FAS 系统的预定义火灾报警，一个半自动联动功能将启动： • 显示站台火灾位置图。 • 启动一个固定序列命令到车站 CCTV 系统。 • 启动一个预定义的 PA 面板，通过时间表循环播放预定义广播（全站）	车站操作员工作站	值班站长	通知操作员火灾报警地点，让 OCC 及车站操作员监视站台情况。如有需要疏散站台乘客去站厅的安全地点。 ① 弹出系统图里显示报警位置 ② CCTV 显示（工作站） ③ PA 广播
2	车站	高	站厅层公共区火灾	FAS向MCS发出站厅火灾报警	站厅层公共区火灾	FAS CCTV PA MCS	当车站 MCS 收到 FAS 系统的预定义火灾报警，一个半自动联动功能将启动： • 显示站厅火灾位置图。 • 启动一个固定序列命令到车站 CCTV 系统。 • 启动一个预定义的 PA 面板，通过时间表循环播放预定义广播（全站）	车站操作员工作站	值班站长	通知操作员火灾报警地点，让 OCC 及车站操作员监视站厅情况。如有需要疏散站厅乘客去站外的安全地点。 ① 弹出系统图里显示报警位置 ② CCTV 显示（工作站） ③ PA 广播
3	车站	高	车站设备房火灾	FAS向MCS发出设备房火灾报警	车站设备房火灾	FAS PA MCS	当车站 MCS 收到 FAS 系统的预定义火灾报警，一个半自动联动功能将启动： • 显示车站设备房火灾位置图。 • 启动一个预定义的 PA 面板，通过时间表循环播放预定义广播（办公室）	车站操作员工作站	值班站长	通知乘客车站和列车恢复运营服务 ① CCTV 显示（工作站） ② PA 广播
4	车站	手动	车站火灾后恢复运营	在 MMI 手动启动	车站火灾后恢复运营，操作员手动触发	PA CCTV MCS	当车站值班操作员确定火灾后恢复运营，操作员按下在手动启动屏幕上的"恢复车站运营"按钮执行如下功能： • 启动一个固定序列命令到车站 CCTV 系统。（全站） • 启动一个预定义的 PA 面板，通过时间表循环播放预定义广播	车站操作员工作站	值班站长	通知乘客车站和列车恢复运营服务 ① CCTV 显示（工作站） ② PA 广播

（3）综合后备盘的作用

在 ISCS、BAS 及 FAS 三个系统联动功能失效时，可使车站综合后备盘（IBP）人工启停相应模式和设备。

① 释放车站 AFC 闸机。

② 开闭 PSD 屏蔽门。

③ 释放 ACS 门禁系统。

④ 启停火灾模式。

⑤ 启停消防水泵。

6.5.3.2　信号联调

1. 联调前提条件和准备

（1）已完成"三权"移交。

（2）各专业已完成施工，热滑完成，具备行车条件，隧道限界检查、巡道已完成。

（3）通信无线系统对讲功能可正常使用。

（4）接触轨正式送电。

（5）信号系统已完成设备安装、单体调试、联锁一致性检查，基本完成联锁调试，操作员在控制中心、车控室、设备房 HMI 上可设置进路，可按照协议规定的各种数据信息均能在综合监控系统上正确接收和反馈。

（6）调试列车准备完毕。

（7）综合监控系统已完成设备安装、单体调试、接口功能检查，基本完成软件接口功能调试，操作员在控制中心可按照协议规定的各种数据信息均能对 SIG 系统设备发送和接收正确数据信息，软件运行稳定。

2. 注意事项

（1）调试期间严格遵守《行车施工管理规定》和《调试、试验安全规程》的相关内容，严格遵循关于接触轨区域相关作业安全管理规章要求。

（2）调试时，行车原则上必须按信号行车。根据调试任务，若需越过封锁区域内的红灯或越过停车标、退行、无进路保护的反向行车、超速等。

（3）如有两列车同时上线进行单独测试的情况（非追踪测试），必须严格控制两列车的调试区域，通常情况下安排上、下行各 1 列车，若有特殊调试任务需求，需 2 列车进入同一条线时，必须确保 2 列车之间留出 3 个以上区间的间距。

（4）调试行车原则上根据车辆、线路状况进行速度限制。如果条件允许，非 ATO 调试期间列车速度控制在 80km/h 以下，ATO 调试期间，车速以 ATO 推荐速度为准。如果特殊情况需要提高列车速度、更改调试内容，必须提前在作业任务书上明确并通知 OCC。列车 ATC 切除模式运行速度控制在 60km/h 以下。

（5）多列车调试未授权，严禁进行多列车的追踪测试。

（6）在 ATP 功能测试期间，司机应加强瞭望。

（7）开始调试时间是指调试列车准时到达指定停放位置后，由联调负责人接管指挥权开始，行调听从联调负责人指挥，完成联调工作；调试完毕后由行调组织调试列车至指定停放位置后进行销点。

（8）在调试期间，参与调试的人员均有义务进行安全互控，整个调试过程的对讲联系需采用标准用语。

（9）运营单位在信号动车调试期间安排人员驻站进行调试配合工作，若调试任务中需要拆除钩锁器，供货商提前 2 天通知运营单位，于当天调试开始前，拆除钩锁器，检查联锁一致性条件满足时才能开展正常的调试工作。

3. 联调内容

（1）综合监控系统，利用信号时刻表演练，对照 SIG 行车图与综合监控 SIG 行车图，验证 HMI 组态的正确性。

验证综合监控 SIG 组态上轨道号连续、里程对应，图页中折返线、道岔、存车线、联络线的位置与信号行车图一致。

验证列车在综合监控 SIG 组态上连续运行，不会出现跳跃或同时多个轨道号上有车的情况。

验证同一时刻列车在 SIG 行车图中的轨道号与综合监控 SIG 组态上的轨道号一致。

验证现场所有列车数量、位置，综合监控 SIG 组态与 SIG 显示一致，并且列车服务号一致。

验证牵引供电区段与 PSCADA 供电区间一致，供电分区连续且有区分标志。

验证列车到站时间显示是否正确，屏蔽门开关门显示是否正确。

（2）验证模式与轨道号对照关系，确定阻塞模式启动点（考虑风亭以及其他交接点）。断开 BAS 与下端设备通信，通过模拟机测试综合监控联动启动阻塞模式、列车火灾模式，验证每个阻塞模式下，BAS 能够正确接收相应模式号。

（3）利用电调全线停送电操作，完成轨道供电分区带电逻辑测试。

（4）利用 SIG 时刻表演练，完成列车到站时间、列车计划时刻表、列车实际时刻表验证。

（5）申请调试车，以低速逐一验证轨道号，并根据选定的模式启动点，要求停车测试列车阻塞模式、列车火灾模式执行是否成功。

（6）验证列车到站广播、乘客信息显示、AFC 客流信息的正确性。

6.5.3.3 电力大联调

1. 联调前提条件

（1）供电系统设备已投入运行，与下层设备通信连通，所有监控功能均具备，各供电系统运行状况良好，无故障。

（2）车站级、中央级综合监控系统与供电系统（含低压）完成全线设备端对端调试，各系统运行状况良好。

（3）综合监控系统设备已经具备车站级和中央级对 PSCADA 系统的联调功能，工作状况良好。

（4）综合监控系统与 PSCADA 系统的通信通道满足其数据的传输要求。

（5）要求各设备厂家及施工单位人员在联调前检查本专业设备运行正常，配合调试人员需培训到位。

（6）综合监控系统全线（含 OCC）骨干网已经调通，通信状态良好，无断点，无丢包现象。

2. 联调方案审查

组织各单位召开联调前准备会和联调方案审查会，主要参与方有：各专业业主、运营单位、设计单位、施工单位、监理、项目管理、供货商（含综合监控系统厂家、供电变电所综合自动化系统厂家、各等级开关柜厂家）。

在具体联调方案中需明确联调范围、联调内容（程控及并控卡片内容）、联调步骤。

3. 联调前准备工作

（1）硬件检查

① 综合监控系统对 OCC 及车站硬件设备进行检查。

② 供电系统对变电所硬件设备进行检查。

（2）软件检查

综合监控系统对 OCC 及车站软件进行检查。其中程控卡片需进行 100% 全面检查（除越区外）。其中涉及现场开关动作的作业应提报计划，提前申请作业令。

4. 联调前问题整改

组织召开软硬件检查情况评估会议。要求供货商对综合监控系统、供电系统的软件检查情况进行汇报，要求施工单位和监理对供电设备状态检查情况进行汇报。会议对供电联调准备工作进行评估，对于检查过程中发现的问题安排整改，并明确整改期限。

其中涉及现场开关动作的作业应提报计划，提前申请作业令。

5. 人员分组、调试工具及后勤保障

（1）人力分组

① 综合联调指挥组

该组的主要职责是：在控制中心对联调期间任何作业进行集中指挥。

② 安全检查保障组

该组的主要职责是：联调前进行区间封锁工作，检查各开关柜设备运行在安全状态下。

③ 调试配合、见证人员及协调组

该组的主要职责是：测试并见证综合监控系统与供电系统中央级大联调工作。

（2）调试工具

调试工具包括：手持台、对讲机、调度电话、网络通话工具。

由于供电联调时，通号专业设备未全部投用，部分站点信号微弱。应安排调试配合组现场确认调试工具的可用性，并通过多种方式克服通信问题。

（3）后勤保障

供电联调期间，应配备足够的工程用车、设备房门钥匙等后勤保障。

6. 注意事项

（1）分区联调时涉及 1500V 接触轨设备，施工单位应好车站内站台两端的防护工作。

（2）在联调前三天由监理发工联单至各车站低压监理，并通知各车站在调试前关闭大功率设备（如风机、空调机组等），防止停送电时大电流冲击设备损坏。

（3）测试过程中，如发现有危及安全的现象时，参与测试的任何人员都可在第一时间采取措施，暂停联调，并向现场总指挥报告。

（4）因系统等原因造成测试不能正常进行时，由相关部门责成厂家和承包商限期内完成整改。

（5）相关部门在测试时所发生的故障整改完以后，进行确认，检查确实符合测试条件后，再进行测试。如图 6-32 为电力大联调。

图 6-32　电力大联调

6.5.3.4　发生争执时的处理原则

在车站机电设备系统联调过程中，各子系统之间的对接可能发生一些无法确认的问题，当对接双方因意见不一致出现争执时，将按如下的处理原则进行处理：

（1）由设备监造商主持，业主、子系统供应商、环境与设备监控系统供应商参加，必要时可由设备监造商出面雇请专家参与，共同讨论对接过程中应处理的问题，形成处理意见，提交设备监造商和业主裁决。当发生费用时，由出现问题的一方支付。

（2）业主和设备监造商对所发生的争执问题，其处理意见一致时，问题被确认的一方做修改。

（3）一方能拿出令人信服的或者公认确凿的证据，表明该设备完全符合技术标准（如同一块单板在与其他子系统对接时性能良好，与之对接的系统工作完全正常），则另一系统修改。

（4）系统设备技术含量低，设备结构简单的一方修改（设备监造商、业主、设计划共同裁决）。

（5）测试表明双方同时偏差较大时，双方都向同一方向修改（设备监造商、业主、设计共同裁定）。

6.6 阶段成果

（1）安装督导文件清单
（2）单机调试策划书
（3）接口调试策划书
（4）调试问题及责任确认清单表

第 7 章　设备验收及设备保修

7.1　功能验收

7.1.1　功能验收依据

（1）机电设备采购合同文件。

（2）机电设备施工安装承包合同文件。

（3）机电设备施工设计图纸文件。

（4）有效的会议文件、设计文件、相关的行业检测标准及国家规范。企业检测标准低于合同的，按照合同要求执行。

7.1.2　系统功能验收流程

由设备监造商组织，业主单位、运营单位、供货商、施工单位、监理单位依据合同要求和规范进行功能验收。

各专业及相关接口验收联合进行，根据接口专业的安装、调试时间，可分两个阶段进行功能验收：三权移交前、试运营前。

接口（专业）功能在每个车站验收时间一般在一天内（在具备条件时可考虑提前组织）。

7.1.3　参与单位

（1）业主单位

（2）运营单位

（3）设计单位

（4）监理单位

（5）施工单位

（6）供货商

（7）接口系统供货商

（8）设备监造商

7.1.4 各专业功能验收组织管理

7.1.4.1 通风空调专业

一、验收规范定义

1. 本专业达到的验收条件

（1）重要设备包括：大系统空调机组、小系统空调机组（服务关键设备房）、隧道风机、车站风机（排烟风机）、变制冷剂流量分体空调机组、电动风阀（防烟防火阀）。完成功能验收详见功能验收表 7-1。

（2）一般设备包括：小系统空调机组（非服务关键设备房）、车站风机（普通风机）、冷水机组、冷却塔、水泵、电动风阀（电动风量调节阀）。完成功能验收详见功能验收表。

2. 对本专业验收问题进行等级定义

（1）A 类：影响公共安全的问题，防排烟功能实现、有多联机的关键设备房不能达到设计温度。

（2）B 类：影响舒适度的问题，风管风量、冷却塔噪声。

（3）C 类：影响运营维修维护的问题。

验收过程中如有 A 类问题，判定功能验收不通过；如有 B 类问题且超过 30%，应判定功能验收不通过。如低于 30%，应判定功能验收通过，但存在的问题必须在开通运营前完成整改。如有 C 类问题，应判定功能验收通过，尽可能在开通运营前完成整改；如不能完成，须在开通运营后请点完成整改。

二、验收组织方式

1. 本专业验收的组织形式

通风空调专业功能验收后可达到验收条件，系统测试记录完整情况下要采用抽测。

由设备监造商组织，业主单位、运营单位、供货商、施工单位、监理单位依据合同要求和规范进行功能验收。

根据工期的实际情况，功能验收时间原则不应超过一天/站。

提供完整的单机调试报告、单系统调试报告情况下，与运营在验收时，考虑到验收的实际可操作性，进行一些百分比抽测来进行。

2. 主要验收原则

（1）通风空调专业模式简介

通风空调主要包括大系统、小系统、隧道通风系统、水系统。其中大、小系统分为全新风模式、小新风模式、火灾排烟模式；隧道通风系统包括正常通风模式、火灾排烟模式。

（2）通风空调模式抽测参照《通风与空调工程施工质量验收规范》（GB 50243—2016）

① 系统总风量调试结果与设计风量的偏差不应大于 10%。

② 空调冷热水、冷却水总流量测试结果与设计流量偏差不应大于 10%。

（3）通风空调模式抽测规范

① 根据现场单体设备数量防火阀抽检比例为全站 10%、组合风阀抽检比例为全站 100%、风机盘管抽检比例为全站 10%、组合机组和柜机的抽检比例抽检比例为全站 100%、车站风机抽检比例为全站 10%。

② 大系统（包括变制冷剂流量分体空调机组）分别在全新风、小新风、火灾模式下抽测整个系统的 10%风口风量（但不少于 5 个风口）。抽测风量总和与设计风量偏差不大于 10%，则视

为完成该模式功能验证，如出现不合格项则整改后重新抽检。

③ 小系统（包括变制冷剂流量分体空调机组）分别在全新风、小新风、火灾模式下抽测站内全部小系统 10% 的系统（但不小于 1 个系统）的全部风口风量。抽测风量总和与设计风量偏差不大于 10%，则视为完成该模式功能验证，如出现不合格项则整改后重新抽检。

④ 隧道通风系统分别在正常通风模式及火灾模式下测量站内隧道通风系统的排风道内的截面风量及左右线隧道内的截面风速，测量风量总和与设计风量偏差不大于 10%，则视为完成该模式功能验证，如出现不合格项则整改后重新抽检或提供第三方检测报告。

⑤ 水系统测试冷水机组与冷却塔、空调水泵联动模式；测试冷冻水总流量。冷水机组能够联动控制冷却塔、空调水泵，冷冻水总流量与设计流量偏差不大于 10%，则视为完成该模式功能验证，如出现不合格项则整改后重新抽检。

如表 7-1 所示为通风空调系统功能验收验证规范表。

通风空调系统功能验收验证规范表 表 7-1

序号	系统	模式	抽测方法	备注	模式功能验证规范
1	大系统	全新风模式 小新风模式 火灾模式	抽测整个系统的 10% 风口风量	但不少于 5 个风口	抽测风量总和与设计风量偏差不大于 10%
2	小系统	全新风模式 小新风模式 火灾模式	抽测站内全部小系统 10% 的系统的全部风口风量	但不小于 1 个系统	抽测风量总和与设计风量偏差不大于 10%
3	隧道通风系统	正常模式 火灾模式	测量站内隧道通风系统的排风道内的截面风量及左右线隧道断面风速	—	测量风量总和与设计风量偏差不大于 10%
4	水系统	正常模式	测试冷水机组与冷却塔、空调水泵联动模式；测试冷冻水总流量	—	冷水机组能够联动控制冷却塔、空调水泵，冷冻水总流量与设计流量偏差不大于 10%

（4）如第三方检测单位检测的项目与功能验收项目重复的，优先采用第三方检测报告作为验收合格的依据，不再另行组织现场测试。

7.1.4.2 低压配电与照明

一、验收规范定义

1. 本专业达到验收条件

低压配电箱、低压配电柜、事故照明电源系统、智能电机柜、光伏发电系统（不含光伏组件）、集中 UPS 系统、照明及疏散指示灯完成各项单机及系统的功能调试。

2. 对本专业验收问题进行等级定义

A 级，安全项目。影响使用运营安全。

B 级，重要项目。对运营有影响，但不对安全构成影响。

C 级，一般项目。不影响功能使用或第三方设备引起的问题等。

二、验收组织方式

1. 本专业验收的组织形式

由设备监造商组织，业主单位、运营单位、供货商、施工单位、监理单位依据合同要求和规范进行功能验收。

功能验收时间原则不应超过一天。

2. 主要验收原则

双电源切换箱按照 100% 进行检查，其余配电箱按照总数 5% 进行抽检，即照明总箱、三级负荷小动力箱、广告配电箱、就地控制箱和维修箱类型各抽一个进行检查。

事故照明装置每站按 100% 进行功能检查。

低压智能配电柜每站抽一个变电所进行功能检查。

低压智能电机柜每站抽一个环控电控室进行功能检查。

集中 UPS 系统每站按 100% 进行功能检查。

照明及疏散指示灯按照总站数量 5% 进行抽检。

每站公共区楼扶梯处平均照度检查。

光伏发电系统每站按 100% 进行功能检查。

接口功能等测试可在系统测试记录完整的情况下进行抽查，按照 5% 进行抽检，全部合格视为通过功能验收。

如第三方检测单位检测的项目与功能验收项目重复的，优先采用第三方检测报告作为验收合格的依据，不再另行组织现场测试。

设备安装结束后，功能验收前，由建设总部牵头对设备进行逐一检查，检查过程将邀请运营总部参与。

7.1.4.3　给排水及消防

一、验收规范定义

1. 本专业达到的验收条件

（1）潜污泵、消防气压给水设备、真空排污系统、密闭式污水提升装置功能全部实现。

（2）生活给水系统、消防给水系统、排水系统完成安装并实现功能。

（3）所有储水池、集水井、压力井及检查井清理干净。

（4）提供完整的调试及检测报告。

2. 对本专业验收问题进行等级定义

（1）A 类，安全项目。影响使用运营安全。该项目功能未实现将无法使用或误导操作人员做出错误判断。

（2）B 类，重要项目。对运营有影响，但不对安全构成影响。

（3）C 类，一般项目。不影响功能使用或第三方设备引起的问题等。

二、验收组织方式

1. 本专业验收的组织形式

由设备监造商组织，业主单位、运营单位、供货商、施工单位、监理单位依据合同要求和规范进行功能验收。

根据实际情况，功能验收时间原则不应超过一天/站。

2. 主要验收原则

（1）潜污泵为区间废水泵房 100% 检查。

（2）站内潜污泵中主废水泵房 100% 检查，其余潜污泵抽查 2 组。

（3）站内排污设备 100% 检查。

（4）消防水泵 100% 检查。

（5）抽查给水及消防关键阀门。

（6）功能和验收前需提供有压管道试压记录，验收过程中如存在 A 类问题，判定功能验收不通过；如有 B 类问题且超过 30％，应判定功能验收不通过，如低于 30％，应判定功能验收通过，但存在的问题必须在开通前完成整改；如有 C 类问题，应判定功能验收通过；C 类问题开通运营前须整改完成 90％。

给排水专业功能验收通过后，如 BAS、FAS 等上级专业联调时，牵涉终排水专业的问题需相关单位配合完成整改。在分项工程时期，运营安排人员进行全面检查，确保设备正常运行。

如第三方检测单位检测的项目与功能验收项目重复的，优先采用第三方检测报告作为验收合格的依据，不再另行组织现场测试。

7.1.4.4　自动灭火系统

一、验收规范定义

1. 达到的验收条件

自动灭火系统管网部分完成功能验收；

自动灭火系统控制部分完成功能验收；

自动灭火系统（管网＋控制部分）完成功能验收。

2. 对本系统移交和验收问题进行等级定义

表格中测试功能标注"★"为重要项目，其余为一般项目。重要项目内容分为 A、B、C 类，一般项目统一归为 B 类。

（1）A 类问题的定义：系统内的任意控制器和火灾探测器无法发出报警信号，无法实现要求的联动功能。

（2）B 类问题的定义：一般项目所产生的问题。

（3）C 类问题的定义：不影响联动功能的实现的问题。

二、验收组织方式

1. 验收的组织形式

由设备监造商组织，业主单位、运营单位、供货商、施工单位、监理单位依据合同要求和规范进行功能验收。

根据实际情况，功能验收时间原则不应超过一天/站。

2. 主要验收原则

自动灭火系统由运营人员在施工阶段进行启动管道气密性试验、模拟启动试验及模拟喷气试验等功能验收时参与见证监督，在提供输送管道吹扫试压记录、启动管路气密性试验记录、控制部分的调试报告（含记录）及气体喷放试验报告后。按每一个组合分配系统抽取一个保护区进行模拟启动试验并合格，试验采用的储存容器数应为选定的防护区域或保护对象设计用量所需容器总数的 5％，且不宜少于 1 个。第一次测试如不合格，整改后进行第二次功能复测，对整改问题进行测试，再抽取一个气体保护区进行测试。如复测后仍不合格，则需要对所有气体灭火设备进行测试。当设备数量较少时，必须保证每类设备至少测试一套（台）。

验收过程中如存在 A 类问题，判定功能验收不通过；如有 B 类问题且超过 30％，应判定功能验收不通过，如低于 30％，应判定功能验收通过，但存在的问题必须在开通前完成整改；如有 C 类问题，应判定功能验收通过，C 类问题开通运营前须整改完成 90％。

如第三方检测单位检测的项目与功能验收项目重复的，优先采用第三方检测报告作为验收合格的依据。

7.1.4.5　环境与设备监控系统

一、验收规范定义

1. 达到的验收条件

已经完成了验收前的各项调试工作，功能满足合同要求。具体包括单体试验、接口调试和系统联调，重要设备均按照系统测试大纲进行了相关的调试。

2. 对本系统验收问题进行等级定义

（1）A类：影响公共安全的问题，火灾模式执行、区间水泵。

（2）B类：影响舒适度的问题。

（3）C类：影响运营维修维护的问题。

二、验收组织方式

1. 验收的组织形式

由设备监造商组织，业主单位、运营单位、供货商、施工单位、监理单位依据合同要求和规范进行功能验收。

环境与设备监控系统功能验收内容与综合监控系统相关功能验收内容联合进行。

根据实际情况，功能验收时间原则不应超过一天/站。

2. 主要验收原则

BAS系统在调试中需保存有完整调试记录（运营须全程参与调试），与运营进行验收工作时，可以按照抽测等方式验收。

3. 功能验收测试原则

（1）BAS系统功能按照重要项目的60％进行抽测。

（2）非重要项目按照5％进行抽测。

（3）测试步骤中为了描述清楚，选取某个典型设备的某个典型点进行描述，实际测试中可以选择任意设备的任意点进行测试。

（4）如第三方检测单位检测的项目与功能验收项目重复的，优先采用第三方检测报告作为验收合格的依据，不再另行组织现场测试。

以上抽检项目全部合格视为合格，如出现不合格项则整改后重新抽检。如第二次抽检后测试不通过，则需要对该类设备进行重新测试。

验收过程中如有A类问题，判定功能验收不通过；如有B类问题且超过30％，应判定功能验收不通过，如低于30％，应判定功能验收通过，但存在的问题必须在开通运营前完成整改。如有C类问题，应判定功能验收通过，尽可能在开通运营前完成整改，如不能完成，须在开通运营后请点完成整改。

7.1.4.6　火灾自动报警系统

一、验收规范定义

1. 达到的验收条件

火灾自动报警系统单系统功能实现正确报警，消防电话通信清晰，与气体灭火设备实现正确通信报警，火灾状态下能够正确联动环境与设备监控系统、综合监控系统、AFC闸机。

2. 本系统验收问题进行等级定义

重要项目内容分为A、B、C类，一般项目统一归为B类。

（1）A类问题的定义：系统内的任意控制器和火灾探测器无法发出报警信号，无法实现要求的联动功能。

（2）B 类问题的定义：一般项目所产生的问题。

（3）C 类问题的定义：不影响联动功能的实现的问题。

二、验收组织方式

1. 验收的组织形式

由设备监造商组织，业主单位、运营单位、供货商、施工单位、监理单位依据合同要求和规范进行功能验收。

根据实际情况，功能验收时间原则不应超过一天/站。

2. 主要验收原则

FAS 系统功能验收采取抽检方式，功能验收前提供调试报告（含调试记录）。

如第三方检测单位检测的项目与功能验收项目重复的，优先采用第三方检测报告作为验收合格的依据，不再另行组织现场测试。

总体原则：按 FAS 系统测试主控项目的 10％比例进行抽检。其中：

（1）火灾探测器（含可燃气体探测器）和手动火灾报警按钮按照每个回路 10％的比例抽检。

（2）电话插孔按照实际安装数量的 10％进行抽检。

（3）火灾报警控制器进行全部检验。

（4）消防立泵/稳压泵（含消防水池）按照全部检验。

（5）防火卷帘 5 樘以下的应全部检验，超过 5 樘的应按实际安装数量的 20％的比例检验。

（6）针对图形工作站人机界面等软件工作抽取一个车站，进行全部功能检验。

在系统验收中，被抽验的装置应该是全部合格的，则验收通过。但是，由于多方面的原因，可能出现一些差错。为了既保证工程质量，又能及时投入使用，如第一次验收不合格，应在限期修复后，进行第二次验收。第二次验收时，对有抽验比例要求的，应按规定的比例加倍抽验，且不得有差错；第二次验收不合格，不能通过验收。

验收过程中如存在 A 类问题，判定功能验收不通过；如有 B 类问题且超过 30％，应判定功能验收不通过，如低于 30％，应判定功能验收通过，但存在的问题必须在开通前完成整改；如有 C 类问题，应判定功能验收通过，C 类问题开通运营前须整改完成 90％。

7.1.4.7　门禁系统

一、验收规范定义

1. 达到的验收条件

车站级门禁系统实现正常刷卡开门功能，能够正确与综合监控实现通信，中央级与各车站实现正常通信，授权信息正确下发，人机界面正常正确显示本站门禁系统信息。

2. 本系统验收问题进行等级定义

（1）A 类，安全项目。影响运营安全。

（2）B 类，重要项目。对运营有影响，但不对安全构成影响。

（3）C 类，一般项目。不影响功能使用。

二、验收组织方式

1. 验收的组织形式

由设备监造商组织，业主单位、运营单位、供货商、施工单位、监理单位依据合同要求和规范进行功能验收。

根据实际情况，功能验收时间原则不应超过一天/站。

2. 主要验收原则

门禁系统功能验收规范分为中央级功能及车站级功能。功能验收分别进行，中央级功能不影响到车站级功能验收结论。

门禁系统在测试记录完整情况下，由运营人员对门禁系统功能进行测试，对于各站通道门门禁功能的重要项目全检，设备房门禁功能按重要项目的20％抽检。实现该验收的条件为：

（1）运营人员在分项工程验收时完成了各站门禁设备（特别是磁力锁）安装检查，确认各磁力锁安装稳固正确。

（2）运营必须已提供各站运营人员授权信息。

如运营无法提供各站人员授权信息时，则临时授权测试卡，提供运营进行功能验证。

如第三方检测单位检测的项目与功能验收项目重复的，优先采用第三方检测报告作为验收合格的依据，不再另行组织现场测试。

3. 验收结论

车站级功能验收中B类问题如超过抽检数量的30％，则判定功能验收不通过；如问题低于抽检数量的30％，则判定功能验收通过，但存在的问题必须在开通运营前完成整改。如有C类问题，应判定功能验收通过，尽可能在开通运营前完成整改，如不能完成，则须在开通运营后请点完成整改。

中央级功能验收中B类问题如超过抽检数量的20％，则判定功能验收不通过；如问题低于抽检数量的20％，则判定功能验收通过，但存在的问题必须在开通运营前完成整改。如有C类问题，应判定功能验收通过，尽可能在开通运营前完成整改，如不能完成，则须在开通运营后请点完成整改。

7.1.4.8 综合监控专业

一、验收规范定义

1. 本专业达到的验收条件

已完成验收前的各项调试工作，功能满足合同要求。具体包括单体试验、接口调试和系统联调，重要设备均按照系统测试大纲进行了相关的调试。

2. 本专业验收问题进行等级定义

（1）A类问题：系统自身导致中心对车站失去监控权、控制失败、状态显示错误、数据丢失和功能未实现将无法使用的问题。

（2）B类问题：接口专业导致中心对车站失去监控权、控制失败、状态显示错误、数据丢失的问题。

（3）C类问题：系统监控界面设备名称、位置、编号描述与接口系统监控界面设备名称、位置、编号描述不一致及接口其他问题。

二、验收组织方式

1. 本专业验收的组织形式

由设备监造商组织，业主单位、运营单位、供货商、施工单位、监理单位依据合同要求和规范进行功能验收。

综合监控功能与综合监控系统相关接口验收联合进行，根据接口专业的安装、调试时间，综合监控系统分两个阶段进行功能验收：三权移交前、试运营前。

接口（专业）功能在每个车站验收时间不应超过半天（在具备条件时可考虑提前组织）。

2. 主要验收原则

综合监控专业在调试中需保存有完整调试记录，按照检查调试记录、现场抽测等方式验收。

综合监控与各专业的功能验收测试采用不同的方式进行，以每个接口专业为单位组织验收。

如第三方检测单位检测的项目与功能验收项目重复的，优先采用第三方检测报告作为验收合格的依据，不再另行组织现场测试。

3. 功能验收原则

（1）PSCADA 功能验收

① 对每站点程控卡片进行完整的验证，如有 A 类问题，判定功能验收不通过。如 B 类问题且超过抽检总数 40%，判定功能验收不通过，如低于抽检总数 40%，应判定功能验收通过，B 类问题中的影响控制功能的问题须在开通运营前完成整改，非控制类问题尽可能在开通运营前完成整改，如不能完成，须在开通运营后请点完成整改。如有 C 类问题，应判定功能验收通过，尽可能在开通运营前完成整改，如不能完成，须在开通运营后请点完成整改。

② 对每站点一般项目抽取 20% 进行验证，如 A 类问题且超过抽检总数 20%，判定功能验收不通过，如低于抽检总数 20%，应判定功能验收通过，但存在的问题必须在开通运营前完成整改。如有 B 类问题且超过抽检总数 50%，应判定功能验收不通过，如低于抽检总数 50%，应判定功能验收通过，B 类问题中的影响控制功能的问题须在开通运营前完成整改，非控制类问题尽可能在开通运营前完成整改，如不能完成，须在开通运营后请点完成整改。如有 C 类问题，应判定功能验收通过，尽可能在开通运营前完成整改，如不能完成，须在开通运营后请点完成整改。

（2）BAS 功能验收

① 对每站点重要项目抽取 20% 比例验证，如有 A 类问题，判定功能验收不通过。如 B 类问题且超过抽检总数 40%，判定功能验收不通过，如低于抽检总数 40%，应判定功能验收通过，B 类问题中的影响控制功能的问题须在开通运营前完成整改，非控制类问题尽可能在开通运营前完成整改，如不能完成，须在开通运营后请点完成整改。如有 C 类问题，应判定功能验收通过，尽可能在开通运营前完成整改，如不能完成，须在开通运营后请点完成整改。

② 对每站点一般项目抽取 5% 进行验证，如 A 类问题且超过抽检总数 20%，判定功能验收不通过，如低于抽检总数 20%，应判定功能验收通过，但存在的问题必须在开通运营前完成整改。如有 B 类问题且超过抽检总数 50%，应判定功能验收不通过，如低于抽检总数 50%，应判定功能验收通过，B 类问题中的影响控制功能的问题须在开通运营前完成整改，非控制类问题尽可能在开通运营前完成整改，如不能完成，须在开通运营后请点完成整改。如有 C 类问题，应判定功能验收通过，尽可能在开通运营前完成整改，如不能完成，须在开通运营后请点完成整改。

（3）与 FAS 系统功能验收

① 对每站重要项目抽测 50 个点进行验证，应包含每类设备，如有 A 类问题，判定功能验收不通过。如 B 类问题且超过抽检总数 40%，判定功能验收不通过，如低于抽检总数 40%，应判定功能验收通过，B 类问题中的影响控制功能的问题须在开通运营前完成整改，非控制类问题尽可能在开通运营前完成整改，如不能完成，须在开通运营后请点完成整改。如有 C 类问题，应判定功能验收通过，尽可能在开通运营前完成整改，如不能完成，须在开通运营后请点完成整改。

② 对每站点一般项目位置显示功能抽取 50 个点进行验证，如 A 类问题且超过抽检总数 20%，判定功能验收不通过，如低于抽检总数 20%，应判定功能验收通过，但存在的问题必须在开通运营前完成整改。如有 B 类问题且超过抽检总数 50%，应判定功能验收不通过，如低于抽检总数 50%，应判定功能验收通过，B 类问题中的影响控制功能的问题须在开通运营前完成整改，非控制类问题尽可能在开通运营前完成整改，如不能完成，须在开通运营后请点完成整改。如有 C 类问题，应判定功能验收通过，尽可能在开通运营前完成整改，如不能完成，须在开通运营后请点完成整改。

（4）与 PSD 系统功能验收

抽测一个典型车站进行验证。如 A 类问题且超过抽检总数 20%，判定功能验收不通过，如低于抽检总数 20%，应判定功能验收通过，但存在的问题必须在开通运营前完成整改。如有 B 类问题且超过抽检总数 50%，应判定功能验收不通过，如低于抽检总数 50%，应判定功能验收通过，B 类问题中的影响控制功能的问题须在开通运营前完成整改，非控制类问题尽可能在开通运营前完成整改，如不能完成，须在开通运营后请点完成整改。如有 C 类问题，应判定功能验收通过，尽可能在开通运营前完成整改，如不能完成，须在开通运营后请点完成整改。

（5）与 AF 系统功能验收

采用现场操作或查看试验记录的方式进行验证。如 A 类问题影响验收表中所列 2 个以上（含 2 个）的功能使用，判定功能验收不通过，反之，应判定功能验收通过，但存在的问题必须在开通运营前完成整改。如有 B 类问题影响验收表 3 个以上（含 3 个）功能使用，应判定功能验收不通过，反之，应判定功能验收通过，B 类问题中的影响控制功能的问题须在开通运营前完成整改，非控制类问题尽可能在开通运营前完成整改，如不能完成，须在开通运营后请点完成整改。如有 C 类问题，应判定功能验收通过，尽可能在开通运营前完成整改，如不能完成，须在开通运营后请点完成整改。

（6）与 ACS 系统功能验收

每站抽测 5 个门进行验证。如 A 类问题且超过抽检总数 20%，判定功能验收不通过，如低于抽检总数 20%，应判定功能验收通过，但存在的问题必须在开通运营前完成整改。如有 B 类问题且超过抽检总数 50%，应判定功能验收不通过，如低于抽检总数 50%，应判定功能验收通过，B 类问题中的影响控制功能的问题须在开通运营前完成整改，非控制类问题尽可能在开通运营前完成整改，如不能完成，须在开通运营后请点完成整改。如有 C 类问题，应判定功能验收通过，尽可能在开通运营前完成整改，如不能完成，须在开通运营后请点完成整改。

（7）与 SIG 系统功能验收

采用查看调试记录的方式进行确认。如 A 类问题影响验收表中所列 3 个以上（含 3 个）的功能使用，判定功能验收不通过，反之，应判定功能验收通过，但存在的问题必须在开通运营前完成整改。如有 B 类问题影响验收表 4 个以上（含 4 个）功能使用，应判定功能验收不通过，反之，应判定功能验收通过，B 类问题中的影响控制功能的问题须在开通运营前完成整改，非控制类问题尽可能在开通运营前完成整改，如不能完成，须在开通运营后请点完成整改。如有 C 类问题，应判定功能验收通过，尽可能在开通运营前完成整改，如不能完成，须在开通运营后请点完成整改。

（8）与 AFC 系统功能验收

采用现场操作或查看试验记录的方式进行验证。如 A 类问题影响验收表中所列 2 个以上（含 2 个）的功能使用，判定功能验收不通过，反之，应判定功能验收通过，但存在的问题必须在开通运营前完成整改。如有 B 类问题影响验收表所列 3 个以上（含 3 个）功能使用，应判定功能验收不通过，反之，应判定功能验收通过，B 类问题中的影响控制功能的问题须在开通运营前完成整改，非控制类问题尽可能在开通运营前完成整改，如不能完成，须在开通运营后请点完成整改。如有 C 类问题，应判定功能验收通过，尽可能在开通运营前完成整改，如不能完成，须在开通运营后请点完成整改。

（9）与 CCTV 系统功能验收

采用抽测一个典型站进行验证。如 A 类问题影响验收表中所列 2 个以上（含 2 个）的功能使用，判定功能验收不通过，反之，应判定功能验收通过，但存在的问题必须在开通运营前完成整改。如有 B 类问题影响验收表 3 个以上（含 3 个）功能使用，应判定功能验收不通过，反之，应判定功能验收通过，B 类问题中的影响控制功能的问题须在开通运营前完成整改，非控制类问题尽可能在开通运营前完成整改，如不能完成，须在开通运营后请点完成整改。如有 C 类问题，应判定功能验收通过，尽可能在开通运营前完成整改，如不能完成，须在开通运营后请点完成整改。

（10）与 PA 系统功能验收

抽测一个典型站进行验证。如 A 类问题影响验收表中所列 2 个以上（含 2 个）的功能使用，判定功能验收不通过，反之，应判定功能验收通过，但存在的问题必须在开通运营前完成整改。如有 B 类问题影响验收表 3 个以上（含 3 个）功能使用，应判定功能验收不通过，反之，应判定功能验收通过，B 类问题中的影响控制功能的问题须在开通运营前完成整改，非控制类问题尽可能在开通运营前完成整改，如不能完成，须在开通运营后请点完成整改。如有 C 类问题，应判定功能验收通过，尽可能在开通运营前完成整改，如不能完成，须在开通运营后请点完成整改。

（11）与 PIDS 系统功能验收

采用现场查看的方式进行验证。如 A 类问题影响验收表中所列 2 个以上（含 2 个）的功能使用，判定功能验收不通过，反之，应判定功能验收通过，但存在的问题必须在开通运营前完成整改。如有 B 类问题影响验收表中所列 3 个以上（含 3 个）功能使用，应判定功能验收不通过，反之，应判定功能验收通过，B 类问题中的影响控制功能的问题须在开通运营前完成整改，非控制类问题尽可能在开通运营前完成整改，如不能完成，须在开通运营后请点完成整改。如有 C 类问题，应判定功能验收通过，尽可能在开通运营前完成整改，如不能完成，须在开通运营后请点完成整改。

（12）与车辆及车地无线传输通道系统功能验收

采用查看调试记录的方式进行确认。如不存在 A、B 类问题，应通过验收。

（13）与通信集中告警系统功能验收

查看试验记录的方式进行确认。如不存在 A、B 类问题，应判断验收通过。

（14）与 CLK 系统功能验收

现场查看的方式进行验证。如不存在 A、B 类问题，应判断验收通过。

（15）与集中 UPS 系统功能验收

对每站点一般项目抽取 10% 进行验证，如 A 类问题且超过抽检总数 20%，判定功能验收不通过，如低于抽检总数 20%，应判定功能验收通过，但存在的问题必须在开通运营前完成整改。如有 B 类问题且超过抽检总数 50%，应判定功能验收不通过，如低于抽检总数 50%，应判定功能验收通过。如有 C 类问题，应判定功能验收通过，尽可能在开通运营前完成整改，如不能完成，须在开通运营后请点完成整改。

（16）与供电安全运行管理 WF 系统功能验收

① 单控校验、程控校验功能按照 ISCS-PSCADA 功能验证标准进行。

② 监视站级五防通信状态信息功能、五防系统投入\退出功能采用现场操作或查看试验记录的方式进行验证。如 A、B 类问题影响验收表中任何 1 个功能使用，判定功能验收不通过，反之，应判定功能验收通过。如有 C 类问题，应判定功能验收通过，尽可能在开通运营前完成整改，如不能完成，须在开通运营后请点完成整改。

（17）与 400V 电能管理系统功能验收

① 对每站点重要项目抽取 10% 比例验证，如有 A 类问题，判定功能验收不通过。如 B 类问题且超过抽检总数 50%，判定功能验收不通过，如低于抽检总数 50%，应判定功能验收通过，B 类问题中的影响控制功能的问题须在开通运营前完成整改，非控制类问题尽可

能在开通运营前完成整改，如不能完成，须在开通运营后请点完成整改。如有 C 类问题，应判定功能验收通过，尽可能在开通运营前完成整改，如不能完成，须在开通运营后请点完成整改。

② 对每站点一般项目抽取 5% 进行验证，如 A 类问题且超过抽检总数 20%，判定功能验收不通过，如低于抽检总数 20%，应判定功能验收通过，但存在的问题必须在开通运营前完成整改。如有 B 类问题且超过抽检总数 50%，应判定功能验收不通过，如低于抽检总数 50%，应判定功能验收通过，B 类问题中的影响控制功能的问题须在开通运营前完成整改，非控制类问题尽可能在开通运营前完成整改，如不能完成，须在开通运营后请点完成整改。如有 C 类问题，应判定功能验收通过，尽可能在开通运营前完成整改，如不能完成，须在开通运营后请点完成整改。

（18）视频分析系统功能验收

抽测两个车站进行验证。依据综合监控系统设计联络会文件中验证表格进行验证，如符合设计联络会文件需求，判断验收通过，反之，不通过。以上抽检项目全部合格视为验收通过，如出现不合格项则整改后重新抽检。

（19）与 FG 系统功能验收

抽测一个典型车站进行验证。如 A 类问题且超过抽检总数 20%，判定功能验收不通过，如低于抽检总数 20%，应判定功能验收通过，但存在的问题必须在开通运营前完成整改。如有 B 类问题且超过抽检总数 50%，应判定功能验收不通过，如低于抽检总数 50%，应判定功能验收通过，B 类问题中的影响控制功能的问题须在开通运营前完成整改，非控制类问题尽可能在开通运营前完成整改，如不能完成，须在开通运营后请点完成整改。如有 C 类问题，应判定功能验收通过，尽可能在开通运营前完成整改，如不能完成，须在开通运营后请点完成整改。

（20）综合监控辅助功能验收

依据综合监控系统设计联络会文件起草验证表格进行验证，如符合设计联络会文件需求，判断验收通过，反之，不通过。以上抽检项目全部合格视为验收通过，如出现不合格项则整改后重新抽检。

7.1.4.9　站台门系统

一、验收规范定义

1. 本专业达到的验收条件

站台门实现就地控制（LCB 单个滑动门、PSL 单侧控制）、IBP 盘控制、系统级信号控制（站台门系统接口已完成测试）。

2. 对本专业验收问题进行等级定义

（1）A 级，安全项目。影响使用运营安全。该项目功能未实现将无法使用或误导操作人员做出错误判断。

（2）B 级，重要项目。对运营有影响，但不对安全构成影响。

（3）C 级，一般项目。不影响功能使用或第三方设备引起的问题等。

二、验收组织方式

1. 本专业验收的组织形式

由设备监造商组织，业主单位、运营单位、供货商、施工单位、监理单位依据合同要求和规范进行功能验收。

根据实际情况，功能验收时间原则不应超过一天/站。

2. 主要验收原则

在已提交屏蔽门调试报告的前提下，屏蔽门所有设备实行 60％抽检，其中屏蔽门单体功能重要项目的 100％进行检查，合格则判定屏蔽门单体功能验收通过。

如第三方检测单位检测的项目与功能验收项目重复的，优先采用第三方检测报告作为验收合格的依据，不再另行组织现场测试。

7.1.4.10　电扶梯

一、自动扶梯

1. 验收规范定义

1）扶梯功能验收达到的条件

扶梯完成调试，整机性能检查合格。

2）对本专业验收问题进行等级定义

（1）A 级，安全项目。影响使用运营安全。该项目功能未实现将无法使用或误导操作人员做出错误判断。

（2）B 级，重要项目。对运营有影响，但不对安全构成影响。

（3）C 级，一般项目。不影响功能使用或第三方设备引起的问题等。

2. 验收组织方式

1）本专业验收的组织形式

由设备监造商组织，业主单位、运营单位、供货商、施工单位、监理单位依据合同要求和规范进行功能验收。

2）验收原则

运营总部门梯专业人员对每个车站每台扶梯进行 100％检验。重要项目 100％

通过检验，则应判定扶梯通过功能验收。一般项目不影响功能验收结论。

如第三方检测单位检测的项目与功能验收项目重复的，优先采用第三方检测报告作为验收合格的依据，不再另行组织现场测试。

二、电梯

1. 验收规范定义

1）本专业达到的验收条件

电梯完成调试，整机性能检查合格。

2）对本专业验收问题进行等级定义

（1）A 级，安全项目。影响使用运营安全。该项目功能未实现将无法使用或误导操作人员做出错误判断。

（2）B 级，重要项目。对运营有影响，但不对安全构成影响。

（3）C 级，一般项目。不影响功能使用或第三方设备引起的问题等。

2. 验收组织方式

1）本专业验收的组织形式

由设备监造商组织，业主单位、运营单位、供货商、施工单位、监理单位依据合同要求和规范进行功能验收。

2）验收原则

运营总部门梯专业人员对每个车站每台无机房电梯进行检验，如重要项目 100％通过检验，则应判定无机房电梯通过功能验收，非重要项目不影响功能验收结论。

如第三方检测单位检测的项目与功能验收项目重复的，优先采用第三方检测报告作为验收合格的依据。

7.1.4.11　防淹门

1. 验收规范定义

1）达到的验收条件

防淹门实现单体功能、信号系统控制（防淹门系统接口已完成测试）、IBP盘控制（防淹门系统接口已完成测试）。

2）对本系统功能验收问题进行等级定义

（1）A级，安全项目。影响使用运营安全。该项目功能未实现将无法使用或误导操作人员做出错误判断。

（2）B级，重要项目。对运营有影响，但不对安全构成影响。

（3）C级，一般项目。不影响功能使用或第三方设备引起的问题等。

2. 验收组织方式

1）本系统移交和验收的组织形式

由设备监造商组织，业主单位、运营单位、供货商、施工单位、监理单位依据合同要求和规范进行功能验收。

根据线路工期的实际情况，功能验收时间原则不应超过一天/站。

2）主要验收原则

在已提交防淹门调试报告的前提下，所有设备都进检验，每套防淹门按防淹门系统设备功能中80%重要项目进行抽查，其中抽查项目全部合格则判定该单体设备能验收通过。

7.1.4.12　供电专业

1. 验收规范定义

1）本专业达到的验收条件

（1）完成所有单体设备的安装，并进行电气现场交接试验，试验结果全部合格；

（2）供电系统按设计要求完成所有设备间的逻辑闭锁关系的实现；

（3）完成变电所送电开通及接触轨/网送电；

（4）顺利进行热滑试验后；

（5）所内SCADA已完成调试。

2）验收问题等级定义

（1）A级，安全项目。影响使用运营安全，该项目功能可能会导致运营安全事故隐患存在。

（2）B级，重要项目。对运营有影响，但不影响供电系统功能的实现。

（3）C级，一般项目。不影响功能使用，或者仅为后期与车辆联调功能时进行检验的设备。

2. 验收组织方式

1）本专业验收的组织形式

由设备监造商组织，业主单位、运营单位、供货商、施工单位、监理单位依据合同要求和规范进行功能验收。

根据工期的实际情况，功能验收时间原则不应超过一天。

2）主要验收原则

建设部门和各工点监理部完成分项、分部工程验收，并完成单位工程验前检查，确认验前检查所提出的各项整改按要求完成，并确认具备工程验收条件（不存在对运营安全构成威胁的工程缺陷，且具备基本功能要求），可进行工程验收。

供电专业在调试完成后需有完整的调试报告，与运营进行验收工作时，可以按设备验收表进行设备部分功能验证方式验收。

如第三方检测单位检测的项目与功能验收项目重复的，优先采用第三方检测报告作为验收合格的依据，不再另行组织现场测试。

7.1.4.13　主变电站

1. 验收规范定义

1）本专业达到的验收条件

完成所有单体设备的安装、调试，电气设备进行了现场交接试验，试验结果全部合格；变配电系统按设计要求完成所有设备间的逻辑闭锁关系的实现；输变电线路完成所有电气试验，具备从供电局对侧变电站往地铁新建变电站送电条件；主变电站自动化符合设计文件要求，调试完成。

2）本专业验收问题等级定义

（1）A 级，安全项目。影响运营安全，该项目功能可能会导致运营安全事故隐患存在。

（2）B 级，重要项目。对运营有影响，但不影响系统功能的实现。

（3）C 级，一般项目。不影响功能使用，或者仅为后期与车辆联调功能时进行检验的设备。

2. 验收组织方式

本专业验收的组织形式

由设备监造商组织，业主单位、运营单位、供货商、施工单位、监理单位依据合同要求和规范进行功能验收。

7.2　三方检测

作为设备监造商，在消防、智能、节能三方检测中，主要做好配合检测、敦促设备供货商配合检测、确保设备供货商的问题项目定时、按期完成整改，也协助业主单位协调好设备供货商、检测单位、现场监理、施工等单位的关系。

7.2.1　消防检测

消防检测内容通常为：消防水源；消火栓系统；气体灭火系统；火灾自动报警系统；防排烟设施；防火门、防火窗、防火卷帘；消防供配电；消防应急照明和疏散指示系统；建筑灭火器。因此，在消防检测阶段，设备监造商主要协调管理以上专业设备厂家的配合检测工作以及问题整改工作。

7.2.2　智能检测

智能检测内容通常为：环境与设备控制系统（温湿度传感器、温度传感器、二氧化碳传感器）；通风空调系统（组合式空调机组、柜式空调器、隧道风机、射流风机、轨道排热风机、排风\排烟风机、回排风机、新风\送风机、电动风阀）；空调水系统（冷水机组、冷冻冷却水泵、冷却塔、流量计、电动压差旁通装置、压差旁通阀、压力传感器、电动蝶阀、二通阀）；照明导向系统（照明回路、导向灯箱照明回路、屏蔽门光灯带）；应急照明电源系统（系统功能）；给排水系统（潜污泵、给水蝶阀）；电梯与扶梯系统（扶梯、电梯）；综合布线系统（光纤特性）；安全防范系统（智能化系统接地电阻、智能化系统与建筑物等电位联结）；门禁控制系统（读卡器功能、门禁控制器功能、门锁功能、系统控制功能、系统信息处理功能、系统报警功能、系统管理软件功能）。因此，在智能检测阶段，设备监造商主要协调管理以上专业设备厂家配合检测工作及问题整改工作，也要管理厂家配合人员必须对检测设备性能、功能、使用等方面内容熟悉了解。

7.2.3 节能检测

节能检测主要是对通风空调及照明配电系统性能进行测试，检测项目通常为：风口风量；系统总风量；风机单位风量耗功率；室内温度；室内湿度；空调机组/新风机组性能；空调系统冷冻水总流量；空调系统冷却水总流量；水力平衡度；冷冻水泵效率；冷却水泵效率；冷却塔性能；冷水机组性能；电源质量；平均照度；照明功率密度；送/排风机性能；风管漏风量。因此，在节能检测阶段，设备监造商主要协调管理以上专业设备厂家配合检测工作及问题整改工作。

7.3 试运行

系统试运行，是在整个车站设备系统安装调试、系统联调、大联调完成后进行的，这期间所有设备按照正常投入运行后的条件投入正常使用，目的就是在试运行期间观察各个系统设备的运行情况，各种运行环境、条件下系统功能的完备性、稳定性。以便于在整个车站系统投入正式运行前发现设备、系统潜在的缺陷和问题，从而及时解决保证系统正常投入运行后能够达到功能完备、运行稳定的目标。

为了做好试运行的管理工作，主要管理流程如下：

（1）设备监造商将制定设备试运行管理办法，明确设备试运行期间各个设备供货商的责任、义务，报经业主审批后下发各个设备供货商执行。

（2）在设备试运行期间，要求设备供货商在项目实施地常驻1～2名现场服务人员，以便于设备发生故障后24h内做出反应并解决问题。

（3）设备监造商将与设备试运行临管单位、施工监理、设计单位等单位和部门保持密切联系，随时了解设备运行情况，以便于及时了解设备试运行期间的问题，掌握设备试运行的第一手资料，组织供货商解决设备试运行期间所发现的问题。

（4）建立设备试运行问题记录表，主要内容包括：设备安装地点、设备问题发生时间、设备问题记录、设备问题分析、设备问题解决办法、设备问题解决结果等内容，见记录表下发各个设备供货商现场服务人员，及时记录，在设备试运行结束后，作为对各个设备供货商试运行付款的依据。

（5）试运行结束后，由设备监造商提交车站设备试运行总结报告，提交业主审查，作为整个设备试运行期间车站设备监造服务工作评价的依据。

（6）设备试运行，对于整个车站设备监造服务工作来说，是一个十分重要的环节，需要及时了解设备在现场的运行情况，当有问题发生时，需要及时赶到现场，如实记录问题发生的具体细节，并从技术上进行分析，找出问题的原因，问题可能涉及多个单位之间的协作，因此又存在着大量的协调工作，必要时要及时召开现场问题分析会议。同时，可能问题涉及其他系统间的接口问题，也需要进行大量的协调。在设备试运行期间，派出足够的具有丰富现场经验的技术人员，每天到各个车站进行巡视，与临管单位人员进行沟通，掌握第一手现场资料，同时与各个相关单位和设备供货商建立顺畅的信息沟通渠道，保证协调工作的顺利进行。

（7）设备监造商根据验收计划组织车站设备供货商参加各项验收活动，在验收过程中提出关于设备问题的，按要求督促供货商进行整改。

（8）设备监造商组织相关单位参加功能验收，见证并记录功能验收过程。

（9）设备监造商负责第三方的检测协调管理工作。第三方检测包括消防检测、智能检测、节能检测、环保检测、噪声检测、空气品质检测、卫生防疫检测等。

（10）设备监造商根据项目实施地市建设工程质量监督站要求选择符合认可的第三方材料检测单位负责公共区装修检测工作。

7.4　竣工验收

在竣工验收阶段，设备监造商主要按照业主要求和有关规定进行资料的收集、审核、归档：

案卷内的文件材料必须内容真实、准确、有效，即文件材料记载的内容与实际相符、图物相符，负有责任的各方签署手续（签字、盖章）齐全。

案卷规格统一为 A4 幅面，竣工文件材料要求书写端正、整洁，不得使用圆珠笔、铅笔、红蓝墨水、复写纸等褪色材料书写。凡由施工单位产生的原始材料，交业主的必须是一套原件，不得使用复印件加盖红章。

计算机出图必须是激光打印，不得使用计算机出图复印。

所有盖章统一用不褪色、快干的红色印泥加盖。修改、绘图、注记要用黑色碳素墨水。

资料及单位（分单位）工程综合质量检验评表、单位定程验收证明书等要盖施工单位法人章。

监理单位和施工项目技术负责人应确保竣工图的完整、准确、规范、标准，对竣工图要逐张予以审核签认，凡修改处都要标注修改依据，凡设计变更文件中的变更内容，必须在竣工图中全面反映。

竣工文件材料的验收与工程竣工的验收同步进行。即分为竣工档案的预验、初验、正式验收。

预验：由各施工单位按照本细则的要求对应归档的文件材料和竣工图进行自查后，送驻地监理单位进行审查，驻地监理单位应对竣工文件的完整性、真实性、准确性进行检查，审核设计变更内容在有关竣工图中的反映情况，签字确认并对存在问题提出整改意见，并督促施工单位进行整改。

初验：施工单位根据预验提出的意见整改后，将应归档的文件材料组卷。由业主（使用单位）组成的档案验收组进行检查，提出初验整改意见。如施工单位在工程初验时未将文件材料立卷，则施工单位在初验后，应按立卷的要求整理一套完整的竣工档案送业主档案资料部档案室复查。

正式验收：工程竣工验收前十五天，施工单位应填写《工程建设项目竣工档案验收申请表》，连同竣工档案提前送业主检查，并向业主申请竣工档案验收。

7.5　资产移交

（1）设备监造商负责组织完成本工程设备、资料等的移交工作。

（2）在整个系统合同执行过程中，设备监造商负责整理、汇总和保管形成的所有文件（含电子文件），在工程移交时，一并移交业主。

（3）设备供货商向业主提交的图纸、文件包括但不限于：

① 系统设备移交清单。

② 产品设计的图纸、资料。

③ 各阶段各项测试检验规范书和测试检验报告。

④ 安装手册。

⑤ 操作手册。

⑥ 用于维护的图纸、资料、手册。

⑦ 用于培训的图纸、资料、手册。

⑧ 最终技术文件。

（4）设备供货商向业主提交的图纸、文件必须先由车站设备监造采购项目部接收、确认，然后汇总整理齐全后交业主确认。设备监造商和业主的确认并不减轻系统各设备供货商的任何责任。

（5）图纸和文件必须以书面文件和电子文件两种方式提供，编制要求和应用软件版本应满足业主和设备监造商的要求。

7.6　培训及质保管理

7.6.1　培训

7.6.1.1　培训内容

培训的内容主要是设备的原理、设备组成结构、设备的操作、设备的维护保养、设备的使用注意事项等几个方面。设备监造商将按照各分组的主体设备和培训目标的要求，在与供货商合同澄清时提出相应的培训内容和要求，并在各供货设备的合同中加以详细规定。在实施具体培训前，设备监造商将组织由各供货商提供其设备的培训和相应的培训资料。根据设备监造商以往的工程经验，各系统设备具体培训内容建议如表 7-2 所示。

系统设备培训内容　　　　　　　　　　　　　　　　　　　表 7-2

序号	培训内容	培训目的
1	设备安装要求	了解安装要求
2	工具和材料介绍	掌握相关工具及材料的使用方法
3	设备安装手册解释	了解安装说明书内容、正确督导安装
4	图纸交底、安装示范	掌握设备安装要点、安装方法
5	设备操作、使用培训	掌握设备使用、操作方法
6	设备及系统维护、保养	掌握保养维护方法
7	系统操作及运行培训	掌握系统操作程序及运行安全措施
8	系统接口操作培训	掌握系统接口操作程序及安全措施

以上仅是建议内容，详细培训内容将视系统的具体设备进行调整。

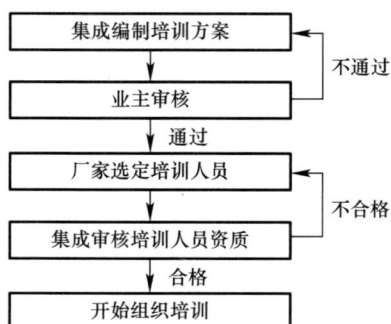

图 7-1　培训组织流程

7.6.1.2　培训组织流程

为保证培训工作效果，设备监造人员需编制全面、专业的培训方案，保障培训人员的专业素质，本项工作流程如图 7-1 所示。

7.6.1.3　培训时间和地点

培训时间根据运营商的要求制定，培训地点分工厂培训和现场培训。现场培训在设备到达现场后，在安装到调试结束的时间段内进行。工厂培训，视设备构成的内容及复杂程度，可安排不同的培训时间，大致可分为 3～5 天、5～10 天、10～15 天三种规格，具体体现合同的附件中。工厂培训由供货商在培训开始前 1 个月（30 天）确定所提供的地点，并提交设备监造商审查后由业主确认。现场培训主要在车站设备监造采购项目相应工程站点进行。

7.6.1.4　培训设施

供货商培训所使用的教学设施，包括现场培训时要求业主提供的条件，应在培训开始之前 1 个月（30 天）报设备监造商审查并由业主确认。在工厂进行培训所用的设施由供货商负责。现场培训设施由业主负责协调、准备。在与计算机相关的培训中，供货商应提供满足教学需要的计算机及相关设施。

7.6.1.5　培训材料和文件

在培训开始 1 个月（30 天）前，由供货商提交培训材料给设备监造商审查，并经业主确认。供货商应提供培训计划相应内容的详细材料，包括选用教材、自编讲义、音像制品等。所有培训用的材料和文件应以便于拷贝复制的形式提交。

7.6.1.6　对授课人员的要求

供货商在首次培训开始前 1 个月（30 天）应把授课人员的情况，包括授课人员的姓名、职称以及相关专业的工作经历交设备监造商审查，并报业主确认。如果业主认为不满意可以要求更换。

授课人员应当具有工程师或高级工程师职称，并有相关专业至少 5 年以上的工作经验。

7.6.1.7　培训考核

为使受培训人员能够掌握培训所学的知识和技能，供货商应制订相应的考核和考试方法和措施，并在培训前一个月交设备监造商审查后，由业主确认。

受培训人员在培训过程中都要接受考核和考试，供货商对受培训人员的考核、考试结果进行记录，在培训结束时给培训合格者颁发合格证书。

7.6.1.8　培训计划的制定与落实

设备监造商将根据各供货商的供货计划和整个工程的进度制定总的培训计划。该计划包括培训的分组、培训时间及地点、培训人员数量、培训内容等诸项相关内容。

设备监造商将培训计划提交业主审查确认后，分发给各供货商。

各供货商应根据培训计划，并结合其供货计划制定相应的具体实施方法（计划），其中包括时间、地点、人员、教材、资料、设施、考核措施等具体内容。该计划应在培训前 1 个月交由设备监造商审核。

7.6.2　质保管理

7.6.2.1　质保期服务

在安装调试验收后，设备进入质保期。根据设备、系统合同所规定的质保期时间跨度，在此期间内，供货商的服务内容包括：设备日常运行的咨询服务；设备维护的技术咨询服务；紧急现场维修服务；备品备件的提供；设备使用状况报告；设备环境状况报告等。

7.6.2.2 故障响应

在质保期内，各供货单位对故障的响应是一个重要问题，各采购合同均对故障响应时间作了严格的规定。在实际工作中，除了要关注故障响应时间以外，还应注意对故障响应的技术能力。

7.6.2.3 备品备件

在质保期内，是否使用供货商提供的备品备件，如果使用了备品备件，则设备监造商负责监督供货商补充。在质保期之后，其备品备件由运营商自己负责。

7.6.2.4 监造服务内容

在质保期内，（虽然地铁的经营权已经移交运营商）设备监造商要对各供货商对其供货范围内所进行的质保服务内容、工作量等进行管理；了解其维修保养工作的设备种类、所在车站、具体位置、时间等；与运营管理部门和供货商一道对其维修保养工作的具体技术内容进行界定；对维修保养工作的具体部件、部位进行统计以确定故障性质；了解备品备件使用情况、仓储情况，加强对备品备件的管理。

对其故障响应情况进行分析、管理。统计各系统供货商故障响应时间，为日后确定故障响应时间提供依据；统计各系统供货商处理故障所需时间，为制定有关管理办法提供依据。

协调技术咨询服务；协调备品备件提供；协调维护保养咨询；督促供货商按期进行回访，提交设备使用状况报告，提交设备环境状况报告。

7.6.2.5 质保期服务

设备监造商承诺在质保期内安排常驻人员在现场为机电设备作质保期服务，处理系统质保期间出现的问题。

如遇到系统出现大的故障，设备监造商在接到业主的通知 24h 内派足够的人员赴现场处理问题。

7.6.2.6 服务监督

设备监造商对各专业设备的质保期服务定期每季度出具服务评价，交业主确认。
设备监造商的服务评价作为各专业设备质保金支付/扣减的依据之一。

7.6.2.7 质保期后服务

在质保期结束前 60 天，设备监造商向业主提交一份质保期后服务建议书，供业主确认。

7.6.2.8 质保期

设备监造服务合同、设备供货合同质保期为两年。

第 8 章 考核与问题整改

8.1 设备监造商考核办法

对设备监造商的考核按自然月度检查，考核工作由车站设备部负责，并对考核结果进行书面通报。考核结果分为"优秀"、"合格"、"不合格"，按照出现问题的影响面比较，每次考核折算成 C 类问题次数大于 30 次（含 30 次）的列为"不合格"；未出现 A 类问题且折算成 C 类问题不大于 12 次（含 12 次）的列为"优秀"；折算成 C 类问题次数在 12 次至 30 次的列为"合格"。每个季度出现两次不合格情况时，业主将约谈项目经理和单位法人代表，并要求写出内部整改报告，现场监督整改，更换不称职人员。年度考核：提请业主根据项目部年度内累计考核结果为"优秀"的次数排序推荐业主单位对厂家或个人的优秀荣誉评定。设备监造商对厂家考核表如表 8-1 所示。

设备监造考核表 表 8-1

序号	评价内容及扣分标准	问题类别	发生次数
1	各阶段人员按照合同约定配置到位。月度检查每次发现一项记一次 A 类问题	A	
2	设计联络阶段汇总设计联络文件，设计联络结束一周内编制完成设计联络报告。月度检查每次发现一项记一次 C 类问题	C	
3	按照合同用户规格书和技术要求的指标和参数审核测试方案（型式试验、样机测试、接口测试、出厂测试），并在测试开始前三天提交业主审阅。月度检查每次发现一项记一次 C 类问题	C	
4	设备监造过程文件包含会议纪要、接口协议、测试报告、出厂验收等必须真实，不得造假。月度检查每次发现一项记一次 B 类问题	B	
5	监造阶段监造设备质量，不符合合同要求的设备不得出厂。所有设备未经出厂验收不得出厂。月度检查每次发现一项记一次 A 类问题	A	
6	车站正式送电前一个月需制定本站甲供设备的调试计划并送业主审核，需制定所有甲供设备调试台账并按周更新。未有计划和台账月度检查每次发现一项记一次 C 类问题	C	
7	合同签订后建立合同资金及投资总计划。按月度更新。月度检查每次发现一项记一次 C 类问题	C	
8	及时审核支付申请（三个工作日），月度检查每次发现一项记一次 C 类问题	C	
9	合同条款和用户规格书须符合招标文件要求。月度检查每次发现一项记一次 A 类问题	A	
10	按合同按月组织项目组负责人会议至少一次。月度检查每次发现一项记一次 B 类问题	C	
11	按月编制设备监造月报，月报内容满足业主管理要求	C	
12	经办合同业主月度设备监造态度评价不满意一次 A，非常不满意评价记三次 A	A	

序号	评价内容及扣分标准	问题类别	发生次数
13	月度工程监理或施工单位对设备监造出现投诉并经业主核实后即记一次B	B	
评价 等级			
备注	① 具体考核办法以业主最终颁布的为准 ② 为便于统计分析，根据各类问题的影响面做如下定义：A类问题：指严重问题；B类问题：指比较严重问题；C类问题：指一般问题；A＝2B＝4C ③ 每次检查，汇总各类问题出现次数：A类问题"XX"次，B类问题"XX"次，C类问题"XX"次，并置换成C问题次数"XX"次，以便于统计分析 ④ 考核按所管理的供货合同每季度考核一次		

8.2 监造提交资料

设备监造商在项目执行的过程中需要提交的材料：年度项目实施计划，季度项目实施计划，月度项目实施计划，设备培训管理计划，系统验收计划，大联调、试运行计划，设备安装、调试、试验计划，出厂检验计划，设备监造计划，设计联络计划以及以上各章节的成果性文件等。

8.3 遗留问题整改

安装工程、系统安装工程的子单位工程质量验收通过后，业主组织、设备监造商协助业主组织各方进行遗留问题整改后，运营单位提前进入机电系统管理；熟悉设备运营环境。条件成熟的子单位工程可向运营单位移交。

业主组织、设备监造商协助业主组织完成遗留问题整改，完成单位工程实物资产核对，运营单位全面介入。

业主、运营单位检查遗留问题整改情况，确认单位工程实物清单，核对维修用的专用工器具、甲供设备备品备件。

附　　录

附表 1　支付申请

支付申请

（　　年　　月　　日）

机电项目名称		合同编号	
卖方		系统设备项目管理机构/设备监造商	
合同金额		本次支付金额	

系统设备项目管理机构/监造商：

　　现根据合同第　　　　　款规定，呈报支付申请，请予审核。随申请附上：

（1）文件 1 ＿＿＿＿＿共＿＿＿份，每份共＿＿＿页；

（2）文件 2 ＿＿＿＿＿共＿＿＿份；每份共＿＿＿页；

（3）文件 3 ＿＿＿＿＿共＿＿＿份；每份共＿＿＿页；

（4）其他支持材料＿＿＿＿份；编号份分别为：

编号：（＿＿＿＿＿＿＿＿）（＿＿＿＿＿＿＿＿）（＿＿＿＿＿＿＿＿）

开户银行：

开户名称：

银行账号：

卖方项目经理：（签字并加盖公章＿＿＿＿＿）　　　　　　　　　年　　月　　日

系统设备项目管理机构/监造商审核意见：

经办：（＿＿＿＿＿＿＿）　　　项目经理：（＿＿＿＿＿＿＿）

　　年　　月　　日　　　　　　　　　　　年　　月　　日

采购服务商审核意见：

经办：（＿＿＿＿＿＿＿）　　项目经理：（＿＿＿＿＿＿＿）　　负责人：（＿＿＿＿＿＿＿）

　　年　　月　　日　　　　　　　　年　　月　　日　　　　　　　　年　　月　　日

注：各项目在使用时应列明各文件及支持材料的具体名称、数量等。

附表 2 合同修改书

合同修改书［序号］

合同 号 .... 合同修改书编号 ....

合同名称 ....

合同签订日期 .... 合同生效日期 ....

买　　方 ....

设备项目
管理机构
/监造商 ....

卖　　方 ....

合同修改书内容

....

....

对项目执行时间表的修改	有□	无□
对合同金额的修改	有□	无□
合同修改书附件	有□	无□

合同修改书生效

日期： ....

合同修改书签字人：　　　　　　　　　　　　　　　　　　　　（证书签字地点和日期）

　　（签字）　　　　　　　　　　　（签字）　　　　　　　　　　　（签字）

买方（印刷体）	设备项目管理机构/设备监造商（印刷体）	卖方（印刷体）
签字人姓名 （印刷体）	签字人姓名 （印刷体）	签字人姓名 （印刷体）

附表 3 变更报告

_____变更申请

填报方（盖章）：　　　　　　　　　　　　　　　　　　　　填报时间：　　年　月　日

合同名称		变更编号	
合同编号		变更额 300 万元以上	☐是　　☐否
合约方		项目管理机构或 系统设备监造商	
变更原因			
主要内容、数量： 项目内容与数量（增加）： 项目内容与数量（减少）： 填报单位（项目经理签字，盖公章）　　　　　　　　　　　　　　填报时间：　　年　月　日			
变更费用（元）	变更前合同价		变更后合同价	
	增加		减少	
	净增加或减少			
变更支持材料：技术、经济分析材料，其他材料共：　　　份			
项目管理机构或系统设备监造商项目经理意见： 项目经理：　　　　　　　　　　　　　　　　　　　　　　　　　　年　月　日			

注：此表可根据买方要求更改。

附表 4　安装督导开始证书

安装督导开始证书

项目名称 ....

买　　方 ....

设备项目
管理机构
/监造商 ....

卖　　方 ....

合　同　号 ....　合同签订日期 ....

项目经理（单位名称/姓名） ....

安装督导开始日期 ....

　　注：以下为安装督导中需由卖方进行督导的内容。如有需要可加附页填写。

....

....

....

安装督导开始证书签字人：　　　　　　　　　　　　　　　　　　　　　（证书签字地点和日期）

（签字）　　　　　　　　　　（签字）　　　　　　　　　　（签字）

———————————　———————————　———————————

买方（印刷体）　　设备项目管理机构/设备监造商（印刷体）　　卖方（印刷体）

签字人姓名　　　　　　　签字人姓名　　　　　　　签字人姓名
（印刷体）　　　　　　　（印刷体）　　　　　　　（印刷体）

附表5 安装督导完成证书

安装督导完成证书

项目名称：

工程名称/工程编号 ....

买　　方 ....

设备项目
管理机构
/监造商 ....

卖　　方 ....

合　同　号 ....　合同签订日期 ....

项目经理（单位名称/姓名）...

安装督导开始日期 ....

安装督导完成日期 ....

注：以下为安装督导过程中发现的需由卖方进行整改的小缺陷以及整改意见。如有需要可加附页填写。

....

....

安装督导完成证书签字人：　　　　　　　　　　　　　　　　　　　（证书签字地点和日期）

（签字）	（签字）	（签字）
_____	_____	_____
买方（印刷体）	设备项目管理机构/设备监造商（印刷体）	卖方（印刷体）
签字人姓名 （印刷体）	签字人姓名 （印刷体）	签字人姓名 （印刷体）

附表6 预验收证书

××市轨道交通____号线 _　　　　　采购合同

预验收证书

项目名称：

工程名称/工程编号 ....

买　　方 ....

设备项目
管理机构
/设备监造商 ....

卖　　方 ....

合　同　号 ....　合同签订日期 ....

试运行开始日期 ....

试运行期限 ....

试运行结束日期 ....

保证期开始日期 ....

合同规定保证期期限 ....

合同规定最终验收日期 ....

　　注：以下为预验收过程中发现的需由卖方进行整改的小缺陷以及整改意见。如有需要可加附页填写。

....

....

预验收证书签字人：　　　　　　　　　　　　　　　　　　　　（证书签字地点和日期）

（签字）　　　　　　　　　　　（签字）　　　　　　　　　　　（签字）

———————————　　———————————　　———————————

买方（印刷体）　　　设备项目管理机构/设备监造商（印刷体）　　　卖方（印刷体）

签字人姓名　　　　　　　　签字人姓名　　　　　　　　签字人姓名
（印刷体）　　　　　　　　（印刷体）　　　　　　　　（印刷体）

　　注：验收内容做为本表格的附件。

附表 7 最终验收证书

最终验收证书

项目名称：

工程名称/工程编号 ....

买　　方 ....

设备项目
管理机构
/监造商 ....

卖　　方 ....

合 同 号 ....   合同签订日期 ....

预验收证书签发日期 ....

保证期开始日期 ....

合同规定保证期期限 ....

合同规定最终验收日期 ....

　　注：以下为最终验收过程中发现的需由卖方进行整改的小缺陷以及整改意见。如有需要可加附页填写。

....

....

....

最终验收证书签字人：　　　　　　　　　　　　　　　　　　　　（证书签字地点和日期）

　　　　（签字）　　　　　　　　　　　　（签字）　　　　　　　　　　　　（签字）

　　───────────　　　　───────────　　　　───────────

　　买方（印刷体）　　设备项目管理机构/设备监造商（印刷体）　　卖方（印刷体）

　　签字人姓名　　　　　　　签字人姓名　　　　　　　签字人姓名
　　（印刷体）　　　　　　　（印刷体）　　　　　　　（印刷体）

　　注：验收内容做为本表格的附件。

附表 8　进度计划报审表

进度计划报审表

项目名称：＿＿＿＿＿＿＿＿＿＿＿＿＿　　　　　　　　　　　　　　　　　　编号［序号］

致：＿＿＿＿＿＿＿＿＿（设备监造单位）：
兹报送＿＿＿＿＿＿＿＿＿＿＿＿＿＿＿＿＿＿＿＿＿＿＿＿＿＿＿＿＿＿＿＿＿设备制造进度计划，请审核批准。

编制说明：

附：进度计划表

供货单位（章）＿＿＿＿＿＿＿项目经理＿＿＿＿＿＿编制人＿＿＿＿＿＿日期＿＿＿＿＿＿

设备监造审核意见	项目工程师（设备监造）审查意见： 项目工程师＿＿＿＿＿＿日期＿＿＿＿＿＿
	项目经理（设备）审批意见： 项目经理＿＿＿＿＿＿日期＿＿＿＿＿＿

注：本表由供货商填写进度计划表。

附表9 设备新改制造工艺方案报审表

设备新改制造工艺报审表

项目名称：_____   编号［序号］

至：_____（设备监造）

    现报送_____设备制造工艺方案（全套、部分），已经我单位技术部门审核通过，详细说明和图表见附件。请予以审查批准。

附件：1. 原生产工艺
        2. 现生产工艺
        3. 现生产工艺对于原工艺的差异及影响

供货单位（章）_____项目经理_____供货单位技术负责人_____日期_____

设备监造审核意见	项目工程师评审意见： 项目工程师_____日期_____
	项目经理： 项目经理_____日期_____

注：本表由供货商填写。

附表 10　设备监造细则

×××
设备监造项目

×××车站
×××系统设备生产监造细则

编制单位：设备监造单位

项目经理：

审 核 人：

编 制 人：

编制时间：

×××项目××设备第×次生产监造×××（设备监造概述）

生产监造工作的内容

一、文件见证

序号	检验内容		检验标准	检验方法	检验结果	备注
1	计划和进度	生产、运输计划 生产流程及各步骤对应时间 生产进度管理文件	符合进度要求 文件管理	文件见证 文件收集		
2	质量保证体系	公司资质 主要生产工艺及生产工艺流程 主要原材料质量证明文件 质量保证体系及相关文件	供货商质量保证体系齐全； 生产过程记录齐全； 厂家内部对产品质量管理 符合合同要求	文件见证 文件收集		
3	质检人员资质	供货商质检人员资质资料	供货商质检人员资质资料 与检验单签名的人员相符； 人员资质资料	文件见证 文件收集		
4	已生产设备性能证明材料	与合同对照的设备质量证明 材料检测项目中包含合同对 设备性能要求检测文件	根据设备生产、检测情况 收集相关资料与合同对照	文件见证 文件收集		
⋮	⋮		⋮	⋮		

二、现场见证

序号	检验内容		检验标准	检验方法	照片	备注
1	生产环境	生产环境生产工艺、流程 装配方式	与提交文件相对应	现场见证		
2	质量保证体系	生产流程科学 不合格产品管理 厂家自检工序 设备、材料储存环境	与提交文件相对应； 符合合同内相关要求；	现场见证		
⋮	⋮		⋮	⋮		

三、已生产设备检查
（1）设备外观

序号	检查项目	检查方法及检测工具	结果	备注
1	设备名称	与设备清单一一核对		
2	设备型号、规格	按照设计要求、合同约定进行设备型号、数量的确认		
3	柜体外型尺寸、安装尺寸、柜体密封情况检查。	现场用钢卷尺实际测量，观察柜体密封措施		
4	柜体颜色、进、出线开孔尺寸及位置。	用规定的色卡现场比对		
5	设备铭牌	确认是否安装，内容是否正确。安装位置要统一		
6	按钮尺寸、按键颜色	使用测量工具及色卡比对		
⋮	⋮	⋮		

（2）生产工艺

序号	验收项目	验收方法及检测工具	验收结果	备注
1	设备安装方式	检查设备安装位置是否合理，安装是否牢固，是否符合设计规范的要求		
	⋮	⋮		

（3）功能实现

序号	验收项目	验收方法及检测工具	验收结果	备注
1	⋮	⋮		

监造情况汇总表述：

附件：1. 审核的文件扫描件
　　　2. 现场检查的照片
　　　3. 进度计划落实对应表

项目工程师：

项目经理：

日期：

附表 11 设备制造主要外购件采购计划表

设备新改制造工艺报审表

项目名称：

编号［序号］

至：_____（设备监造）

根据编号为_____设计图纸要求，需采购下列外购件，请予认可。

附件：1. 外购件供应商资质证明材料
　　　2. 外购件供应商提供的产品质量保证资料

供货商单位（章）_____项目负责人_____日期_____

外购件名称	型号	规格	数量	供应商	生产厂	备注

设备监造审核

项目工程师审核意见：	项目经理审核意见：
项目工程师_____日期_____	项目经理_____日期_____

注：本表由供货商填写。

附表 12　设备样机验收合格证

设备样机验收合格证

项目名称：　　　　　　　　　　　　　　　　　　　　　　　　　　　　　　　编号［序号］

至：＿＿＿＿＿＿＿＿＿＿＿＿＿＿＿（供货单位）

　　自＿＿年＿＿月＿＿日 至 ＿＿年＿＿月＿＿日，通过对＿＿＿＿＿＿＿＿＿＿＿＿设备样机试验及检查，认为贵司生产的＿＿＿＿＿＿＿＿＿＿样机符合《＿＿＿＿＿＿＿＿＿＿设备采购合同（合同编号：＿＿＿＿＿＿＿＿＿＿＿）》及相关国家技术标准的要求，验收合格，特此证明。

项目工程师：＿＿＿＿＿＿＿＿
项目经理：＿＿＿＿＿＿＿＿
设备监造（章）：＿＿＿＿＿＿
日　　　期：＿＿＿＿＿＿

注：本表由设备监造监理填写。

附表 13 设备出厂验收合格证

设备出厂验收合格证

项目名称：   编号〔序号〕

至：_____（供货单位）

自 _____ 年 _____ 月 _____ 日 至 _____ 年 _____ 月 _____ 日，通 过 对 _____本次出厂设备试验及检查，认为贵司本批生产的_____符合《_____设备采购合同（合同编号：_____）》及相关国家技术标准的要求，验收合格，同意出厂，特此证明。

附件：1. 出厂设备清单

项目工程师：_____

项目经理：_____

设备监造（章）：_____

日　　　期：_____

注：本表由设备监造监理填写。